D1683077

Recent Researches in the Music of the Baroque Era, 167 (Supplement)

Santiago de Murcia
Cifras selectas de guitarra

Facsimile

Edited by Alejandro Vera

A-R Editions, Inc.
Middleton, Wisconsin

This facsimile is a supplement to Santiago de Murcia, *Cifras selectas de guitarra: Introduction, Transcription, and Critical Report*, edited by Alejandro Vera, published as volume 167 in the series Recent Researches in the Music of the Baroque Era by A-R Editions, Inc.

Santiago de Murcia's "Cifras selectas de guitarra" is reproduced with the kind permission of the Pontificia Universidad Católica de Chile. Photographs: Omar Faundez Carvajal.

Published by A-R Editions, Inc.
Middleton, Wisconsin

© 2010 Pontificia Universidad Católica de Chile, Sistema de Bibliotecas

All rights reserved. No part of this book may be reproduced or transmitted in any form by any electronic or mechanical means (including photocopying, recording, or information storage and retrieval) without permission in writing from the copyright holder.

Printed in the United States of America

ISBN-13: 978-0-89579-688-2
ISBN-10: 0-89579-688-0
ISSN: 0484-0828

♾ The paper used in this publication meets the minimum requirements of the American National Standard for Information Sciences—Permanence of Paper for Printed Library Materials, ANSI Z39.48-1992.

Contents

Cifras selectas de guitarra

   [Apuntes elementales de teoría musical]   [IIr]
   [Instrucciones para afinar la guitarra en relación con otros instrumentos]   [IIIr]
   Índice de las obras contenidas en este libro   [IVr]
   Explicación para facilitar la ejecución en aquellas cosas más estrañas de estas obras   [Vr]
   1. Jácaras por la E   1r
   2. Marionas por la B   2r
   3. Difrencias de gallardas por la E   3v
   4. Pavanas por la E   4v
   5. Españoletas por la E   6r
   6. Folías españolas por la E   7v
   7. Jácaras francesas por la D   8v
   8. El Amor por la E   9v
   9. Tarantelas por la E   10r
   10. Las vacas por la E   11r
   11. Folías despacio al estilo de Italia   13v
   12. Pasacalles de compasillo por la E   18v
   13. A proporción por este tono   19v
   14. Villanos por la C   20v
   15. Caballero por la C   21r
   16. Paradetas por la C   22r
   17. Canarios por la C   23v
   18. Menuet fácil   24v
   19. Menuet   25r
   20. Otro [Menuet]   25r
   21. Otro [Menuet]   25r
   22. Otro [Menuet]   25v
   23. Otro [Menuet]   25v
   24. Otro [Menuet]   26r
   25. Otro [Menuet]   26r

26. El menuet inglés   26v
27. Menuet   27r
28. Otro [Menuet]   27r
29. Otro [Menuet]   27v
30. Otro [Menuet]   27v
31. Otro [Menuet] difícil   28r
32. Otro [Menuet]   28r
33. Otro [Menuet]   28v
34. Otro [Menuet]   28v
35. Jácaras de la costa   29r
36. El torneo por la C   29v
37. La Azucena por la E   31v
38. Los imposibles por la D   32r
39. Cumbé por la A   [33v]
40. Zarambeques por la C   35r
41. Obra por la C   35v
42. Bailad caracoles por la C   37v
43. Marsellas por la B   38r
44. Canción   39v
45. Marcha de los oboes   40r
46. Marcha valona   40r
47. Marcha de los carabineros   40v
48. Marcha de las guardias de la Reina Ana   41v
49. Paspied nuevo   [42v]
50. Burée por la D   43r
51. Gavota   43v
52. Gavota   43v
53. Idea nueva, y obra especial de clarines   45r
54. Obra por la K3   50v
55. Burée   52v
56. Pasacalles de compasillo por la O   53r
57. A proporción   54r
58. Pasacalles de compasillo por el +   55r
59. A proporción   56v
60. Pasacalles de compasillo por la B   57v
61. A proporción   58r
62. Pasacalles de compasillo por la G   59r
63. A proporción   61r
64. Pasacalles de compasillo por la D   62r

65. A proporción   63v
66. Pasacalles aclarinados por la C a compasillo   64v
67. Pasacalles a compasillo por la H   66r
68. A proporción   67v
69. Pasacalles de compasillo por la A   68v
70. A proporción   69v

1841
1422
0.419

CIFRAS SELECTAS DE GUITARRA

POR

DON SANTIAGO DE MURCIA

MAESTRO DE LA REINA N.S.

DOÑA MARIA LUISA DE SABOYA

AÑO DE MCCXXII

CURTIS'S HINTS

ON GUITARS,

FOR

BOTH NATIVES OF NORTH

AMERICA & ABROAD.

BY MALLETT & SHOUT.

LOND. MDCCCXL.

[Apuntes elementales de teoría musical] [IIr]

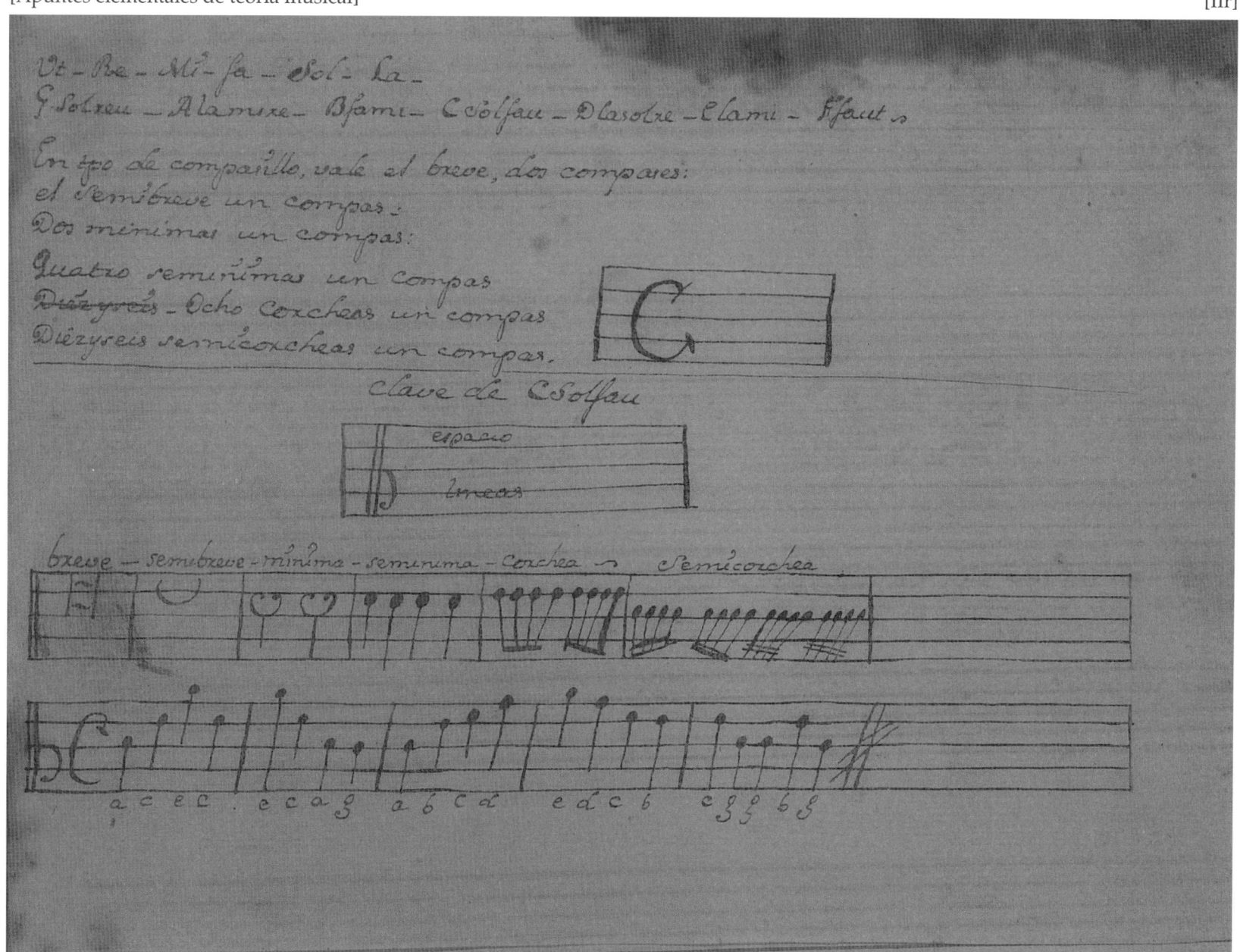

Ut – Re – Mi – fa – Sol – La –

Gsolreut – Alamire – Bfami – Csolfaut – Dlasolre – Elami – Ffaut.

En tpo de compasillo, vale el breve, dos compases:

el Semibreve un compas.

Dos minimas un compas:

Quatro seminimas un compas

~~Diezyseis~~ – Ocho Corcheas un compas

Diezyseis semicorcheas un compas.

Clave de Csolfaut

espacio

lineas

breve – semibreve – minima – seminima – Corchea – Semicorchea

a c e c . e c a g a b c d e d c b c g g b g

[Instrucciones para afinar la guitarra en relación con otros instrumentos]

Para templar la Guitarra, digo pon[er]...
ygre con el quinto bordon del arpa.

Pa. Templar la Guitarra con bandurria se igualan las [...] ataque con, las segundas de la [...]
durria pisadas estan en segundo traste; y estas mismas segun en asi, con el quinto bordon del harpa.

Para poner la Guitarra con Violin: se igualan las terceras de la Guitarra pisadas en segundo traste
con la segunda del Violin.

Para poner acordes Guitarra Bandurria y Violin se igualan la prima de la Guitarra con la prima del
Violin y con la segunda de la Vandurria; o sino, mejor es igualar las terceras de la guitarra; y despues de
 hacer con la segunda del Violin; y se templan la demas cuerdas de la guitarra. y si los 3 instrumentos no
 bien templada, se hace, el segundo punto natural y e tañe un poco. y si
 hacen una voz; el del Violin puede irse igualando su segunda y el de la Vandurria su prima para que
 mas acordes de [templados]

Para templar la Guitarra con el Tiple, se igualan las terceras del Tiple con las cuerdas de la Guitarra, de suerte [que] hagan una misma voz, y las de mas se templen ni mas ni menos como
las de la Guitarra.

Para templar el violín [...] que al ayre que es Alamire con la segunda del violín en la misma consonancia y las otras [...] se templan al tenor de la segunda, y templadas Guitarra y violín quedar las cuerdas [...] consonantes como se sigue vg.=

Para templar la Guitarra con el violín se toca el bordón del violín suelto y se ponen las terceras de la Guitarra en la misma consonancia que hace el bordón vg:

alamire · delasolre · Gesolreut · befami · elami

alamire

ÍNDICE DE LAS OBRAS
Contenidas En este Libro.

Jacaras por la E. Folio — 1	DE Proporcion por la E. F° — 19	Gallardas de el Torneo. F° — 31
Marionas por la B. F° — 2	EL Villano por la C. F° — 20	La Azuzena p. la E. F° — 31
Gallardas por la E. F° — 3	EL Caballero por la C. F° — 21	Los Imposibles p. la D. F° — 32
Pabanas por la E. F° — 4	Mennet Facil por la C. F° — 24	Canarios por la A. F° — 33
Españoletas por la E. F° — 6	Canarios por la C. F° — 23	Cumbe por la A. F° — 33
Folias Españolas por la E. F° — 7	Paradetas por la C. F° — 22	Zarambeques por la C. F° — 34
Jacaras francesas por la D. F° — 8	Seis Menuetes. F° — 25. 26	Obra por la C. de Alemania,
EL Amor por la E. F° — 9	Mennet Ingles. F° — 26	Correnta, Zarabanda, y Giga.
Tarantelas por la E. F° — 10	Otros 8 Menuetes. F° — 27. 28	F° — 35. 36. 37.
Las Bacas por la E. F° — 11	Jacaras dela Costa. F° — 28	Bailad Caracoles p. la C. F° — 37
Folias Ytalianas por la E. F° — 13	El Torneo por la C. F° — 29	Marsellas por la B. F° — 38
Passac. de Compassillo p. la E. F. 18	Jacaras de el Torneo. F° — 30	Cançion. F° — 39

Marcha de Oboes, Y Marcha
Valona. F.° _____ 40
Marcha de Carabineros. F.° 41
Marcha delas Guardias
de la Reina Ana. F.° _____ 41
Paspies Viejo. F.° _____ 42
Paspies Nuebo. F.° _____ 42
Buree p.ᵃ la D. F.° _____ 43
Gabota. F.° _____ 43
Otra Gabota F.° _____ 43
Osea nueba, Y Obra especial
de Clarines. F.° 45. 46. 47. 48. 49.
50. _____
Obra por la K.ᵗᵃ de Preludio, Alem.ᵈᵃ
Correnta. Zarab.ᵈᵃ y Giga. F.° 90. 91. 52

Buree por la D. F.° _____ 52
Passacalles de Compassillo, y
Proporcion por la O. F.° 53. 54
Passcalles de Compassillo, Q
Proporcion por el F. F.° 55. 56. 57.
Pass.ˢ de Compassillo, y de prop.ᵒⁿ
Por la B. F.° _____ 57. 58.
Pass.ˢ de Compassillo, y de
Prop.ᵒⁿ por la G. F.° 59. 60. 61.
Pass.ˢ de Compassillo, Y de
Prop.ᵒⁿ por la D. F.° 62. 63.
Pass.ˢ Aclarinados de Compas.
Por la C. F.° _____ 64. 65.
Pass.ˢ de Compassillo, Y de
Prop.ᵒⁿ por la H. F.° 66. 67.

Passc. de Compassillo, Y de
Prop.ᵒⁿ por la A. F.° 68. 69. 70. 71.
Obra de Alemanza, Correnta,
Y Giga. por la E. F.° _____ 73.
Obra de Coreli, de Alemanza,
Correnta, Zarabanza, y Giga.
Por la E. F.° _____ 74. 75. 76. 77.
Otra Obra de Coreli, de Grave, o
Preludio, Alem.ᵈᵃ y dos Gigas
Por el F. F.° 77. 78. 79. 80.
Difrentes piezas por la B.
F.° _____ 81. 82. 83. 84. 85.

Explicacion para facilitar la execución en aquellas cosas mas estrañas de estas Obras.

Suponiendo la intelligencia en sacar la Zifra, la qual es: que las cinco lineas, son las cinco cuerdas dela Guitarra. comenzando acontar, desde la infima, que es la prima; y assi hasta la ultima, que es la quinta. Los numeros que se hallan en dichas lineas, ó cuerdas, (que es lo mismo) son los Trastes en donde se ha de pisar; si fuere un Uno en primero Traste; si un dos, en segundo; si un tres, en tercero; y assi delos demas. Donde se halla un Cero: se herira aquella cuerda en bacio sin pisar en ningun Traste. Quando estan los numeros unos encima de Otros, se heriran aun tiempo. esto es en quanto ala mano izquierda, y para llevar los dedos bien ordenados, se ponen los puntillos junto al numero, que siendo uno, se pisara con el dedo indize, si fueren dos punticos; se pisara con el dedo deel corazon. Si fuesen tres; con el Anular. Si fuesen quatro; con el Menique. Cuia direccion se pone en todos los Tañidos inclusivamente hasta el folio 26. persuadido, que enterado deel practico conocimiento delo expresado, podra el aficionado curioso servirle de Luz, y conocimiento para el Residuo delas Restantes Obras deeste Libro: y de Todas las demas. Tocante ala mano derecha, en primer lugar se advierte: que el comun estilo atodos los principiantes: que pongan el dedo menique fuera dela puente dela Guitarra, para que este mas firme la mano, por que muchos no pueden entonces herir las cuerdas puesta la mano en el aire, sino dela suerte dicha. Lo qual no se vera practicado en ningun diestro, que trate aeste instrumento con algun primor, maiormente quando son Obras delicadas, i en ay golpes rasgueados, pues deve enestos casos Tocarse enel medio deel instrumento.

y solo v.sar dela mano puesta en la puentecilla, q. se necesita que suene mas, como q. se acompaña a otro Instrum.to Los dedos con que se yeren las Cuerdas son, el pulgar, el indize, y el del Corazon. Advirtiendo q. el pulgar sirue para Terceras, quartas, y quintas. Los otros dos, para segundas, y primas: con el cuidado que nunca se yere dos v.s con un mismo dedo, pues s.pre indize, y el del corazon, han de Serir alternatiuamente. Esto es en quanto a sacar la Zifra llana, pues para otras gracias, que uan señaladas en estas Obras, y asi mesmo, el modo de Ordenar la mano, en la precisa execucion de muchas cosas dificultosas) se explicaran todas con sus exemplos. Prim.te s.pre. que se hallase una Vaia, que atrauiesa las lineas, y que los numeros esten uno deb.o de otro, se considerara, uno encima de otro, como sifuera golpe lleno, Sirvo aun Imp.o. que por lo regular es entres Cuerdas; cuio exemplo se vera en las Jacaras de la E. en el primero folio, a la vuelta de la oja, ultim.a dif.a V.g.a .... Este modo v.so se halla tambien con otra Vaia debajo, demas de la q.a trabiesa las lineas, la q.l precisa a poner Zeja, que es: Tender el dedo indize, que comprenda todas las cuerdas por igual, sujetandolas con fuerza. Advirtiendo que todas las v.s q.e se hallase una Vaia, se pondra la zeja, en el Traste de el numero mas infimo de los que señala la Zifra, como se ve en el f.o 18. en la ultima difrencia de folios. V.g.a .... Tambien sirue esta Vaia, para mantenerse en aq.l Traste todo el tiempo de la Zifra que señala, como se vera en m.s partes. Los menos Circulos, que se hallan en la Zifra; se llaman: extrasinos. La execucion de estos es; Serir el prim.r golpe o numero desde adonde comienza el extrasino; y los demas que comprehende, los explica la mano izquierda, con la circunstancia, que q.do van descendiendo de menos, a más, van cayendo los dedos: q. empiezan de más, a menos, se va Rebatiendo hasta encontrar el mas infimo numero; siendo el mismo extrasino quien tambien lo explica; pues q. está dela parte de arriba, y los numeros de bajo, es cayendo los dedos: q. están los numer.s encima, y el extrasino de bajo, es ir Rebatiendo como queda d.ho. siendo exemplo deesto la ultima Difren.a dela Jacara por la E. en el f.º 2 [musical notation] Tambien suelen comenzar los extrasinos, con el mismo golpe   Rasgueado, Rebatiendo, ó cayendo según la Regla d.ha. como en el f.º 77. al tercer comp.s deel Preludio Graue de Corelli se Re. V.g.a [musical notation]

Quando es en dos cuerdas aun tiempo d.ho extrasino; se advertira, que siendo de mas, a menos: se ha de tener prevenida la mano, adonde ba a parar; para que Rebatiendo ambos dedos aun tiempo expliquen con claridad, ilimpieza adonde Salen. V.g.a [musical notation] Al fin deTodas las mas Tocadas, ó canciones, se Hallan estos extrasi.nos de menos a mas   con una señal al ultimo como una coma V.g.a ,, la q.l se llama mordente: su execucion es. despues de hauer caido el dedo donde cierra el extrasino, se Vuelve a Rebatir dejandole caer con toda presteza sin perder el Tmpo. V.g. [musical notation]

Tambien esta señal deel mordente, se Halla sin extrasino, su ejecucion sera dela misma manera arriba d.ha. siendo el Rebatir, i caer, unas V.s deel Traste antecedente, y otras de dos Trastes antes, según el Tono por donde se Tañe, y el buen oydo deel Tañedor. Otras V.s la misma Cifra es el gobierno. V.g.do [musical notation] Esta Señal ++ que es la mas comun, se llama Trinado, su execucion

es, como q.e araña aquella cuerda, siendo spre. el Trinado enel Traste de adonde se lebanta el dedo, y q.do Ubiere
duda se atenderá Si debajo del d.ho Trinado, ay algun numero pequeño, pues adonde se deue Trinar, segun
fuere. Vg.a   Tambien se hallan en alg.s ocasiones Trinas
en dos Cuerdas   aun Impo.s para ejecutarlos, es necesario Trin.r
con los dedos que se leuantan delos Trastes antecedentes, v Trinar, en los mismos Trastes, q.e se deja. Vg.

Lo explicado podra conducir adar algun conocim.to para executar
las gracias, y filigranas, que caben en este Instrum.to (como
Vnico) las quales son el alma delo q.e se Tañe: pero no obstante no podra el Aficionado debuen gusto, y no pe-
rezoso) sacar el fruto, como de oirlas ejecutar al diestro, que con la voz viva pueda dirigir con fundamentales
principios; no aquellos congregados en el numero de aporreantes, ò Pañadores de Vellota, que pretenden
saborear el sentido de el oido afuerza de andar apuñadas con la Guitarra. D.s nos libre de tal granizo de dedo.
En q.to adar el aire alo que se Tañe, Tambien es dificultado, sino se oye, ò se saue Musica, pues siendo sus mismos Caracteres, ò figuras, quien gobierna la Zifra; solo diré de passo: que esta figura O. que se llama Sem
breue, se halla al fin de las Tocatas, la q.e Vale 1. comp.s esta d. que se llama minima, los golpes, q.e gobier-
nan despacio por entrar dos al comp.s esta J se llama Seminima, se lleuan mas aprisa q la Minima: por q entran
4 al comp.s esta J se llama corchea, ba duplicado lo prompto, de la Seminima, por q entran 8. al comp.s esta J se
llama Semicorchea se toca otro mas dapriso q la Corchea, p.r q.e entran 16. al comp.s a qualquiera de esta figura q.e se halla con puntillo sele aumenta la mitad desu Valor. Vg.a d. J. J. J.

Jácaras Por La E.

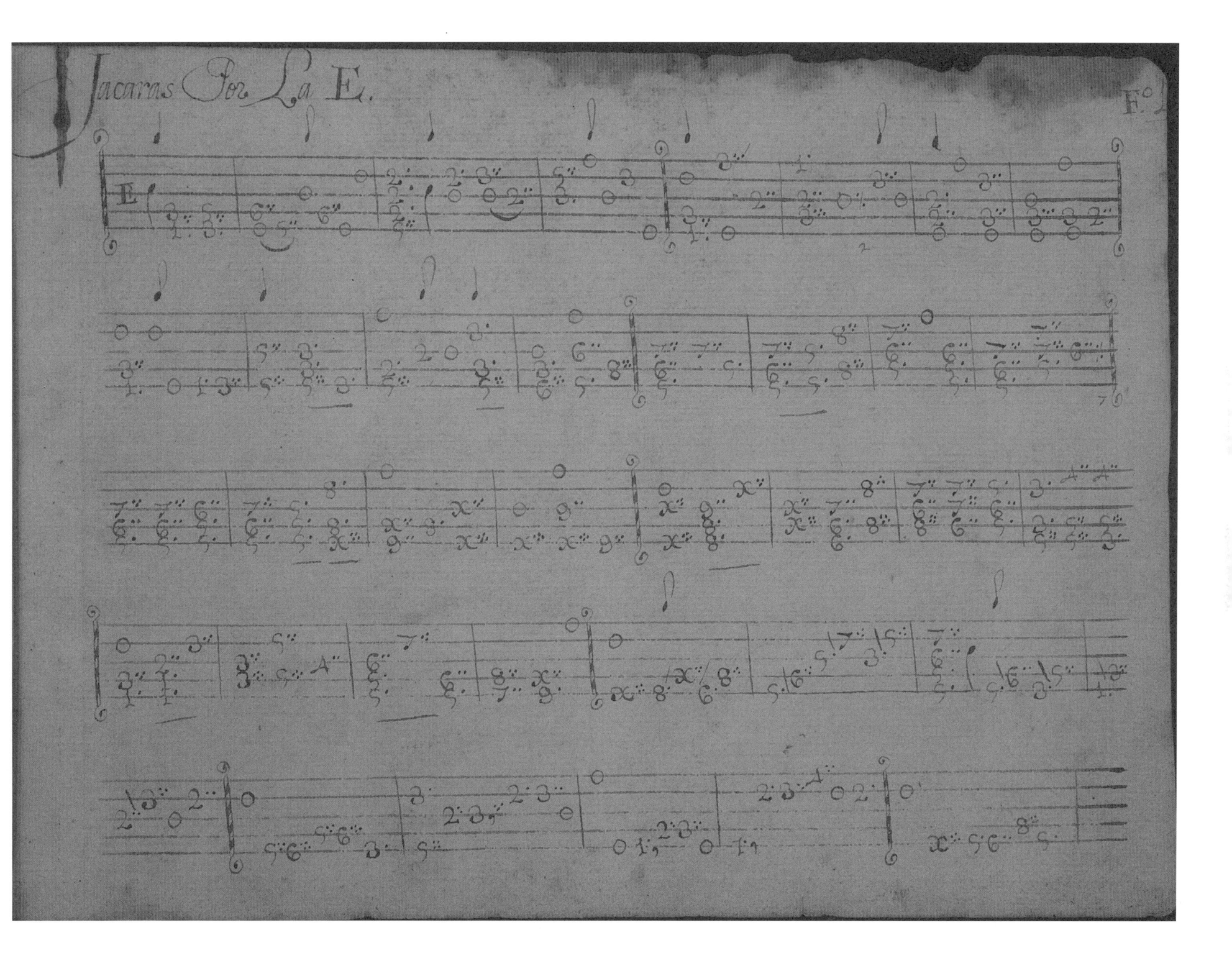

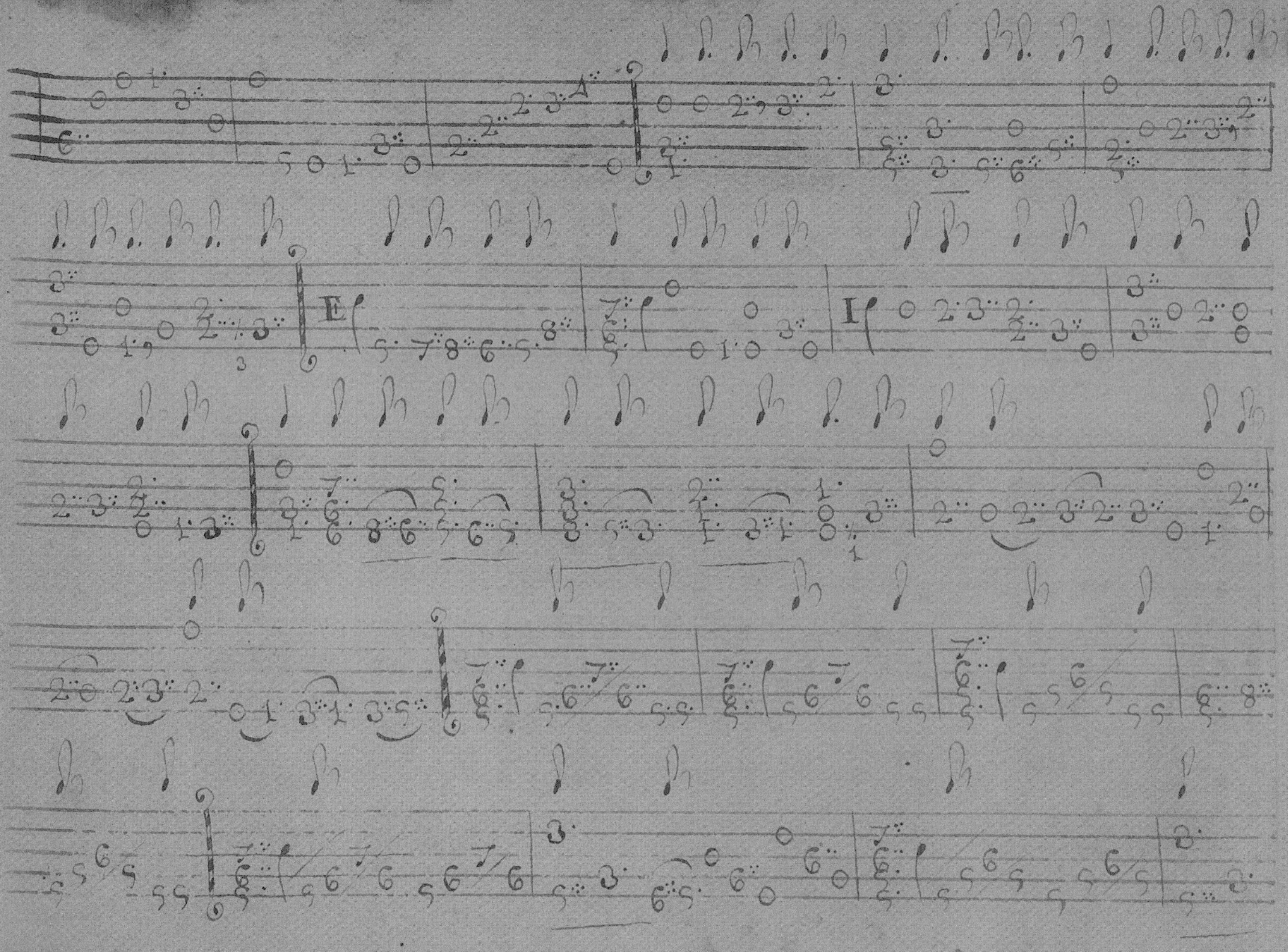

Marionas por La B.

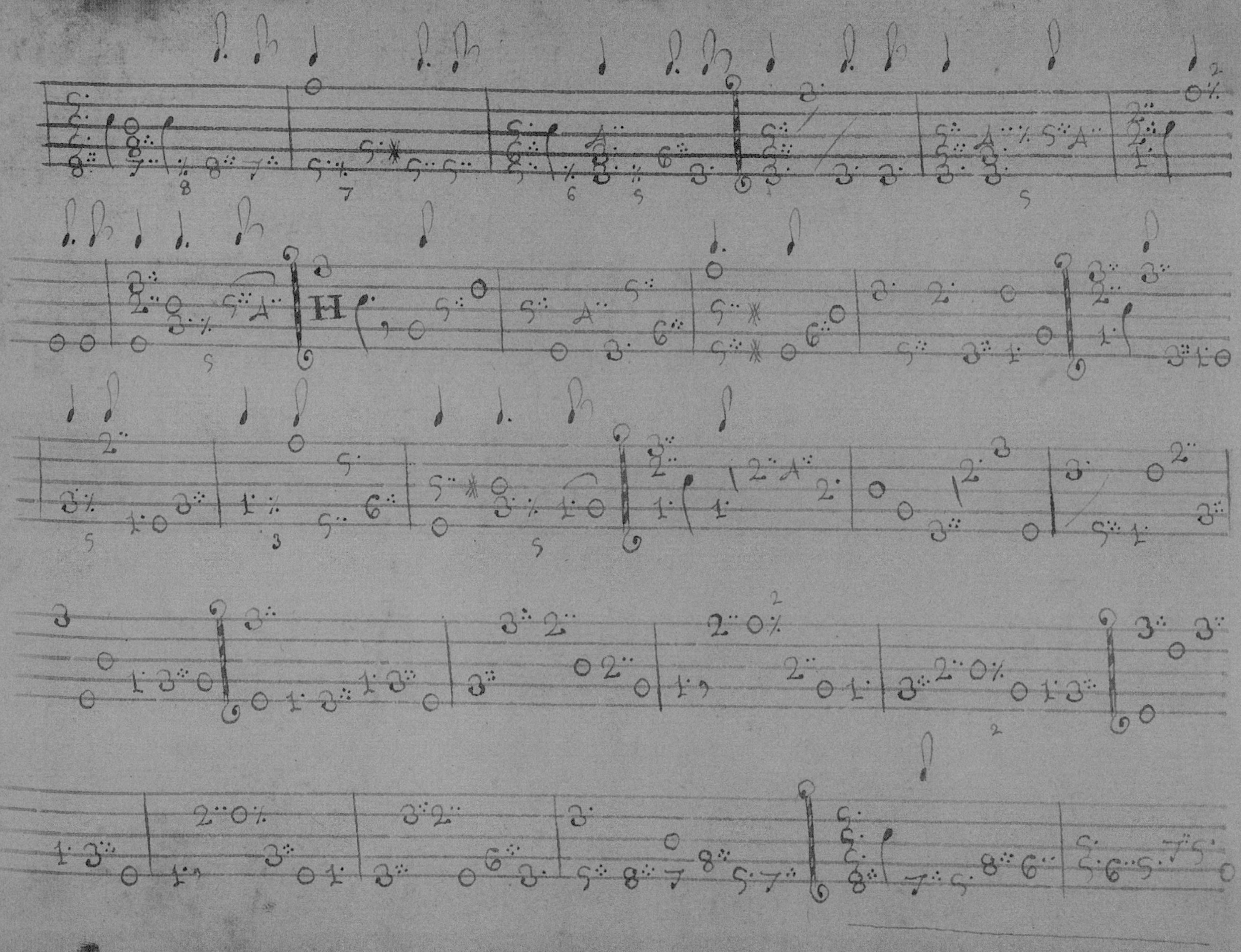

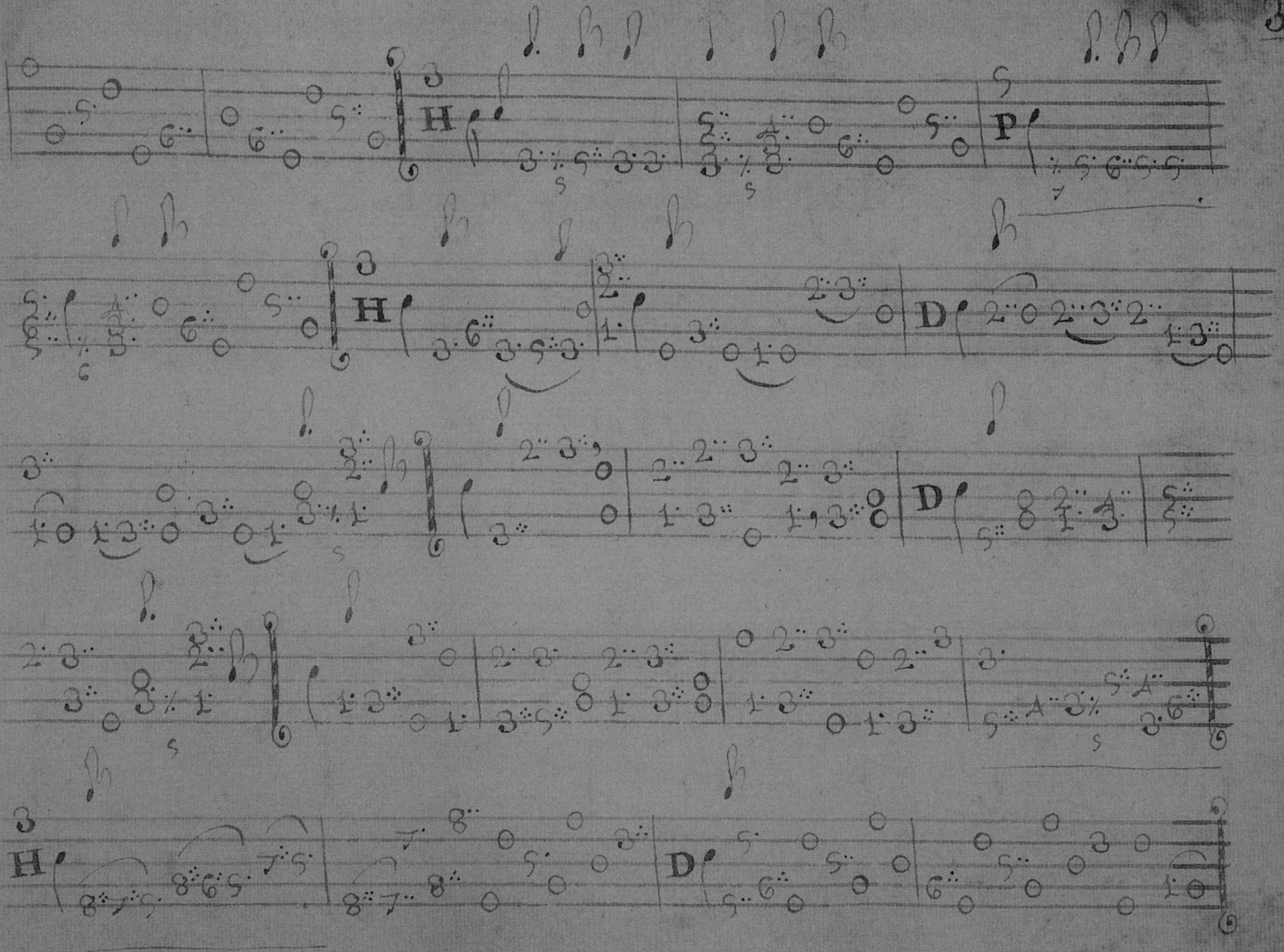

Difrencias de Gallardas por la E.

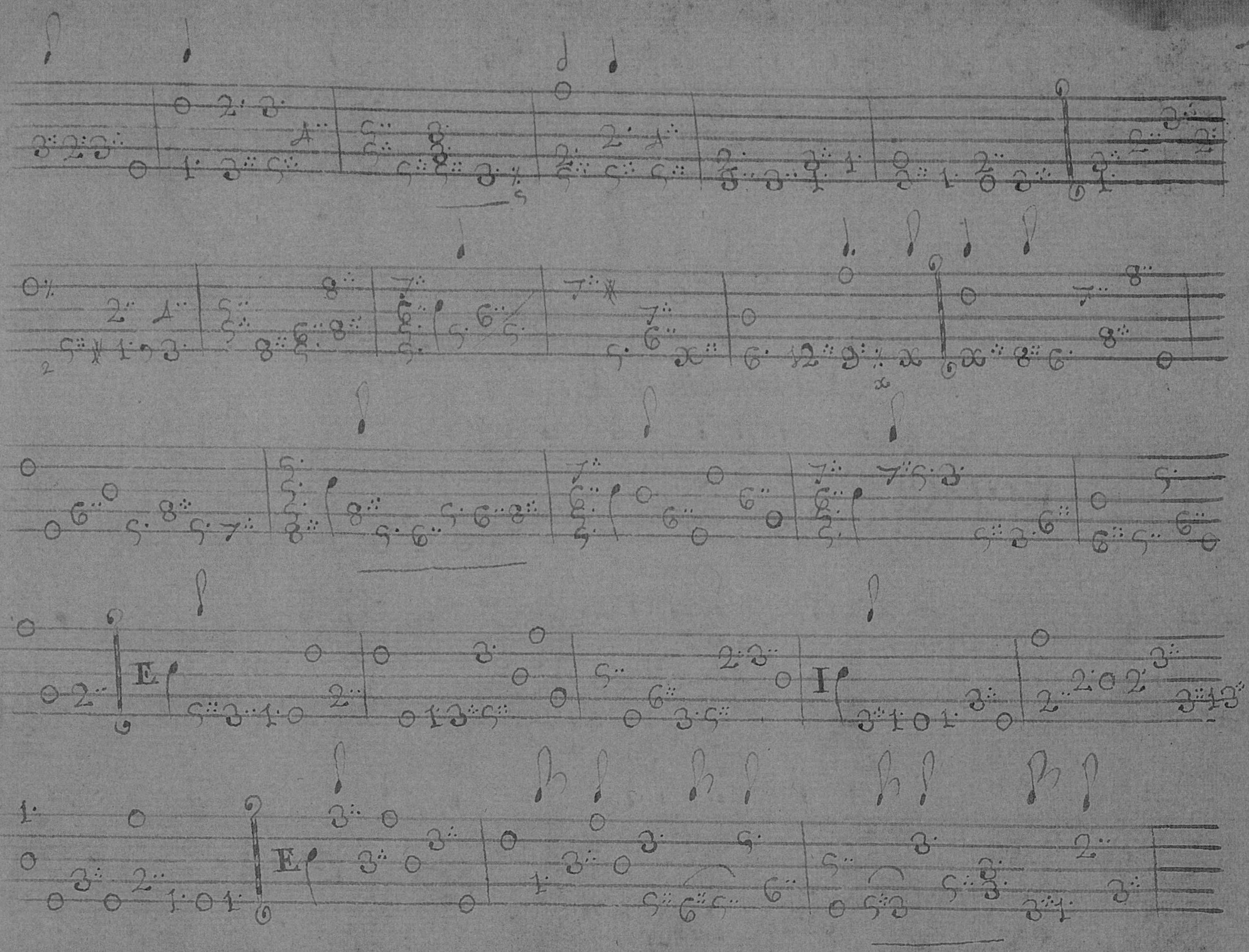

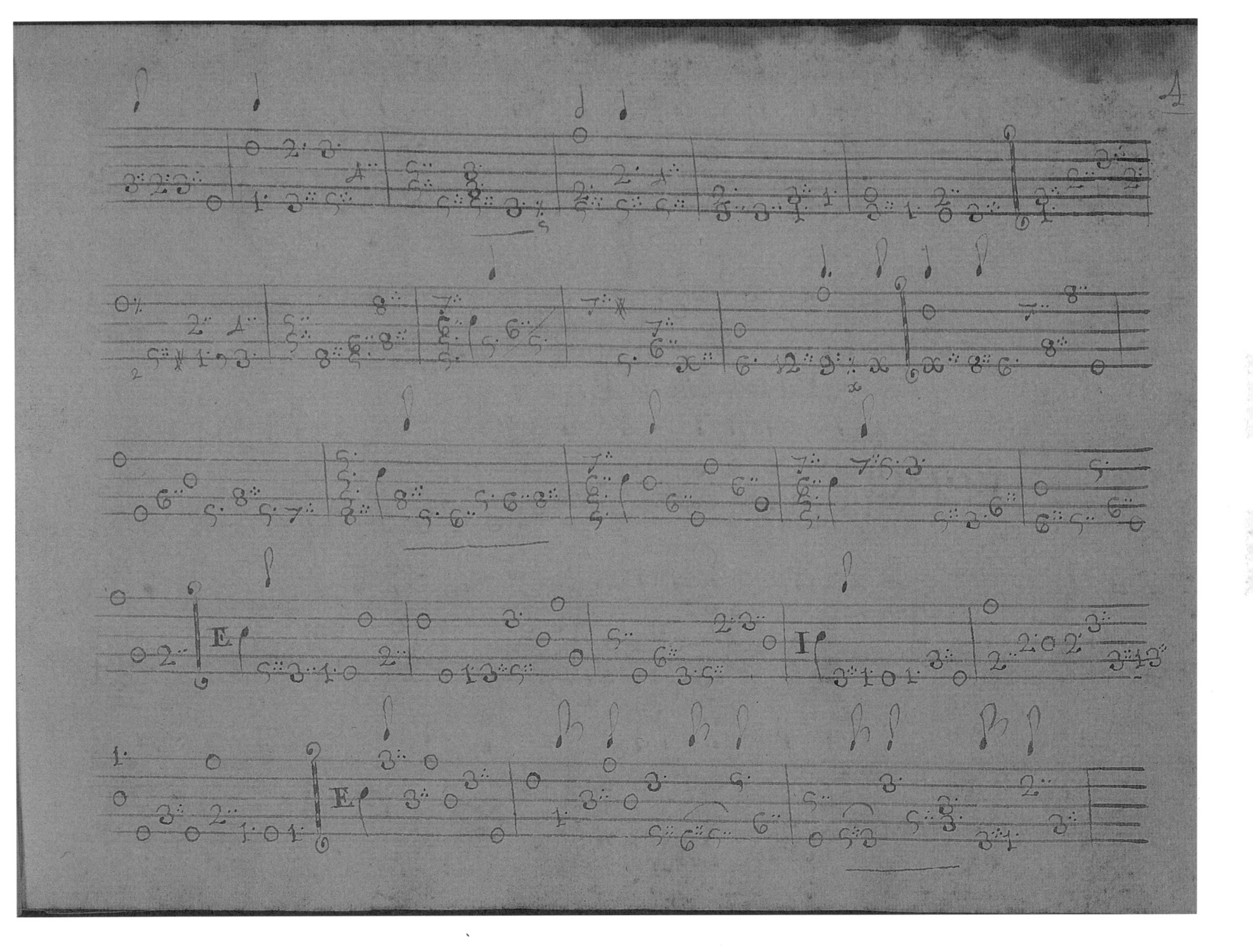

Pabanas Por la E.

Siguen.

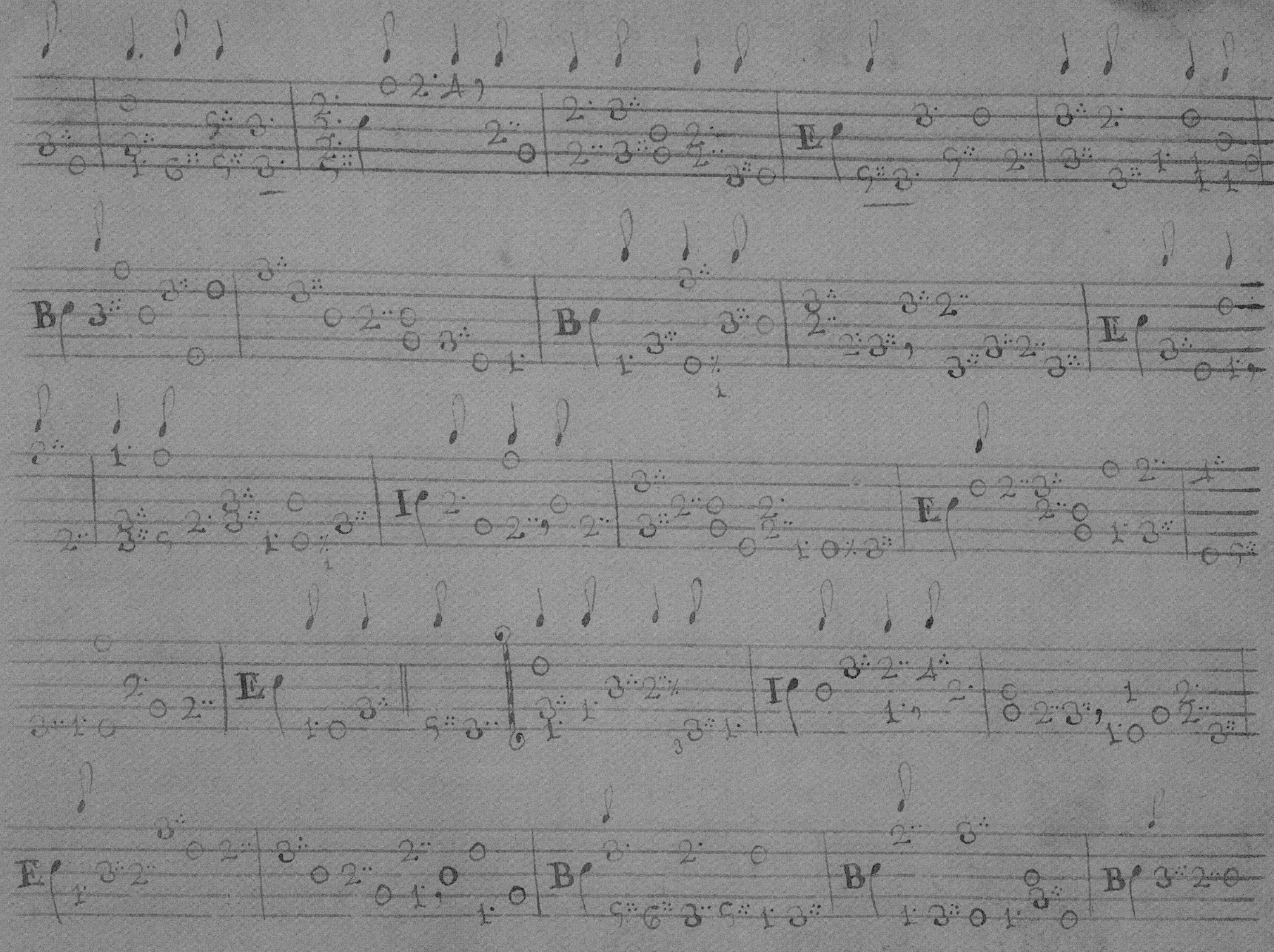

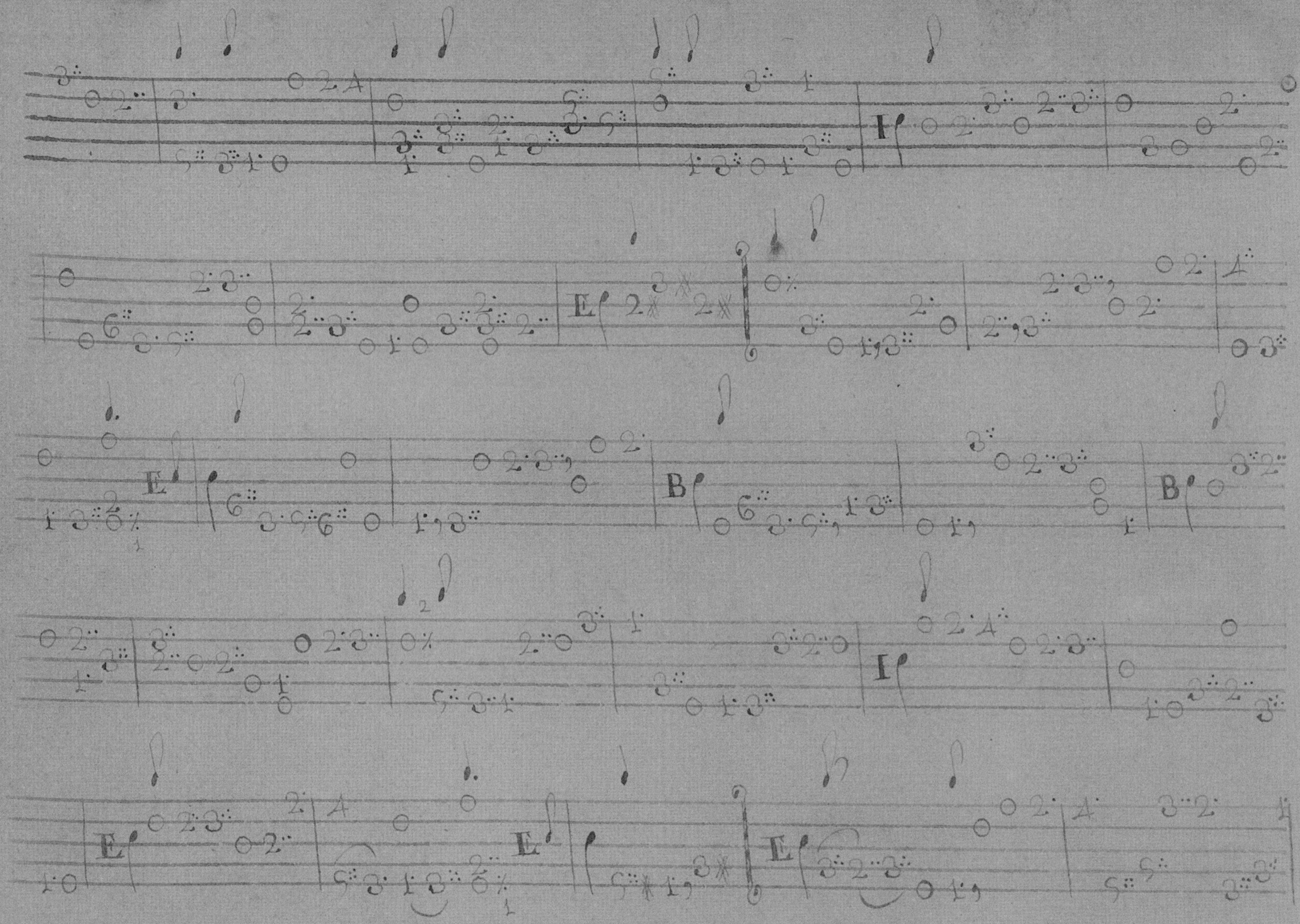

Españoletas por La E.

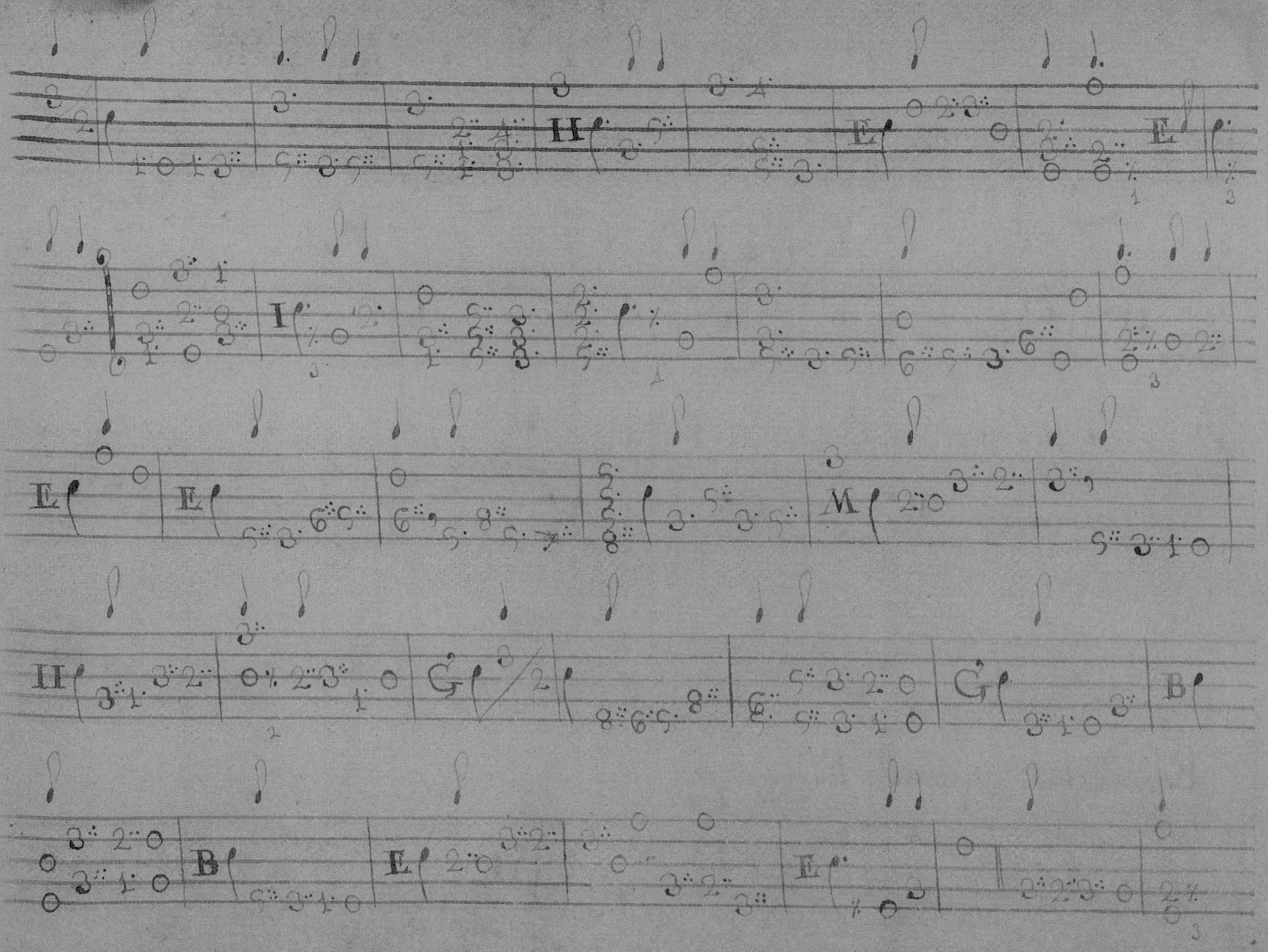

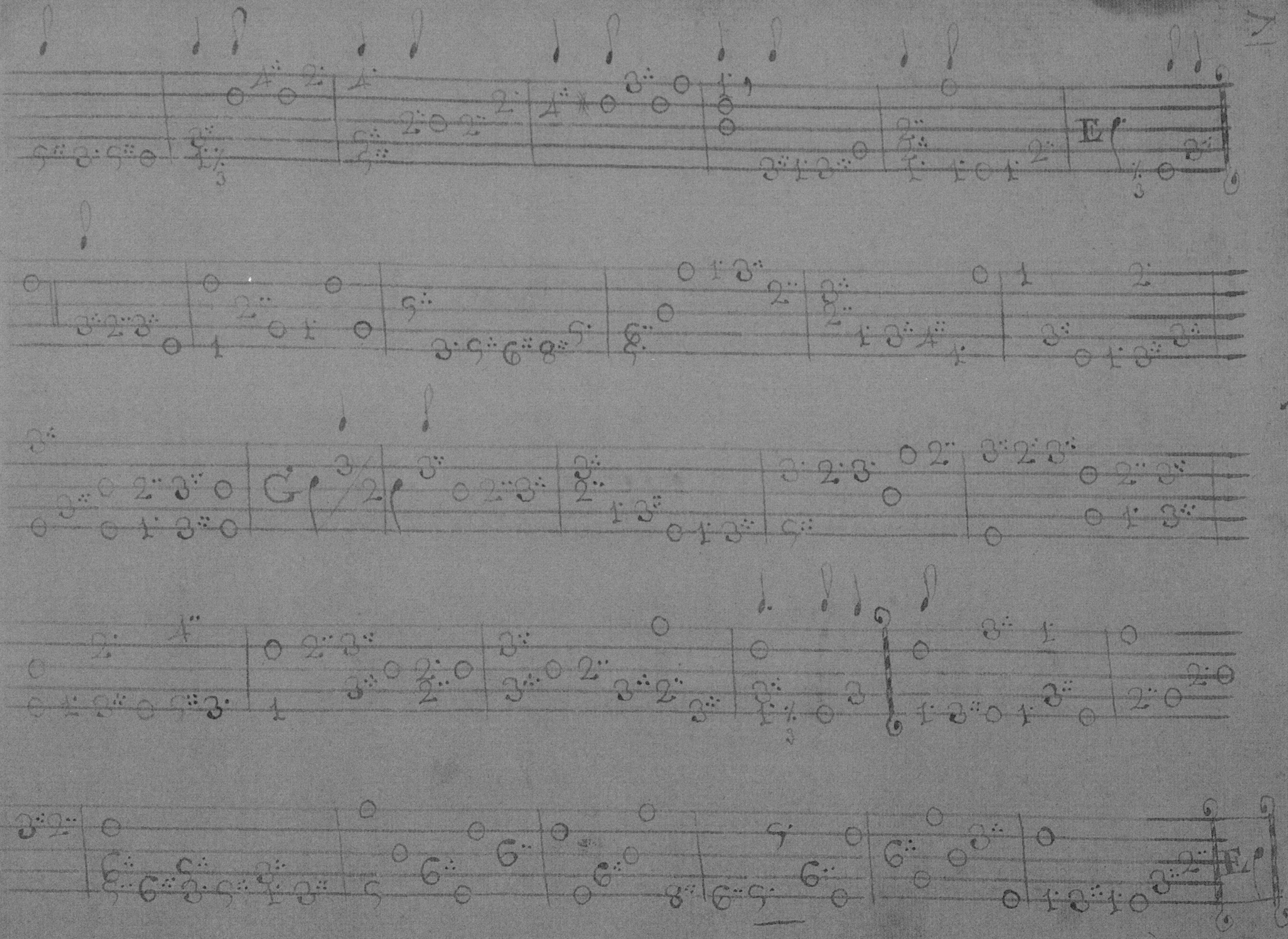

Folias Españolas Por La E.

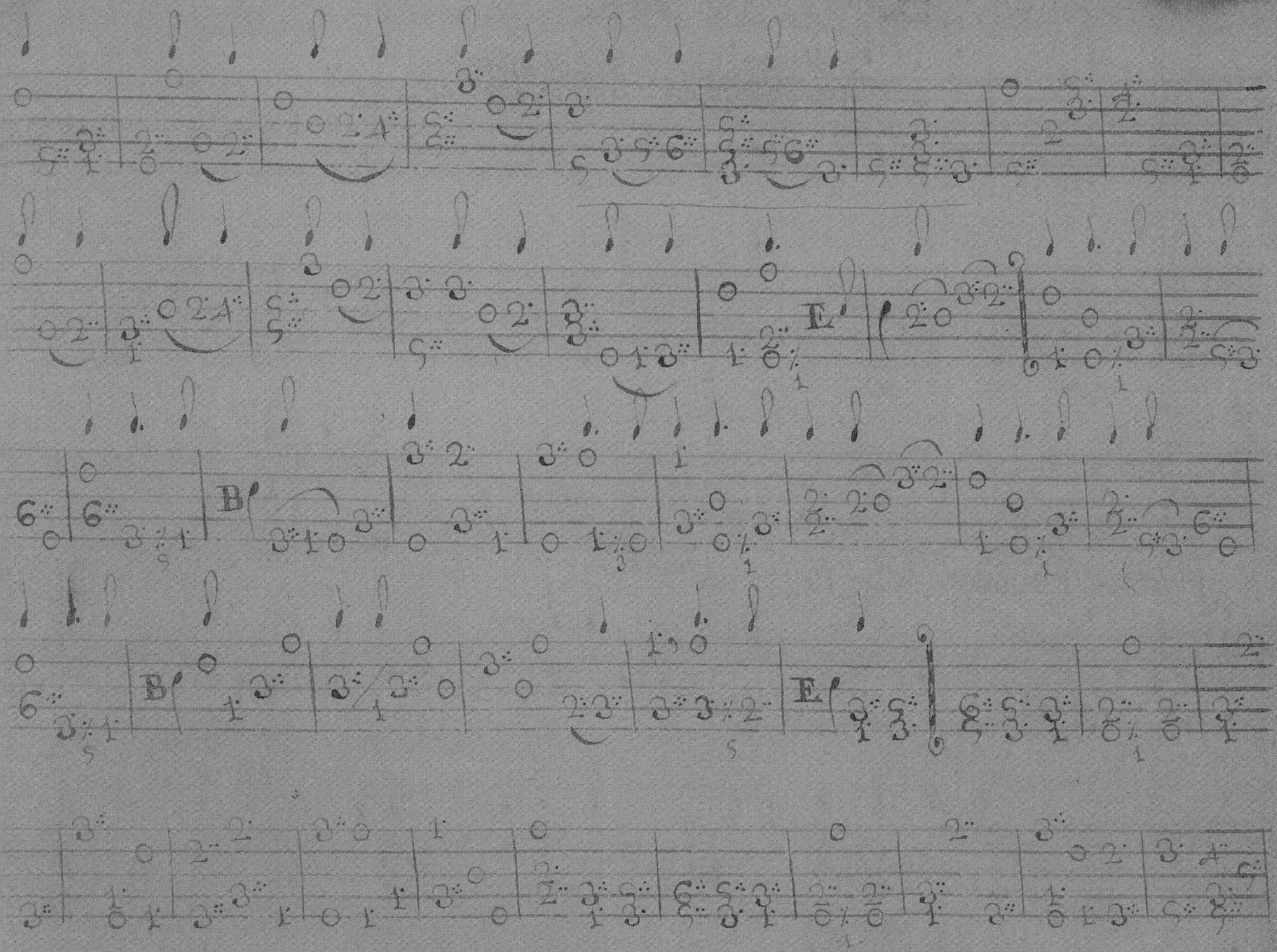

Jacaras Francesas Por La D.

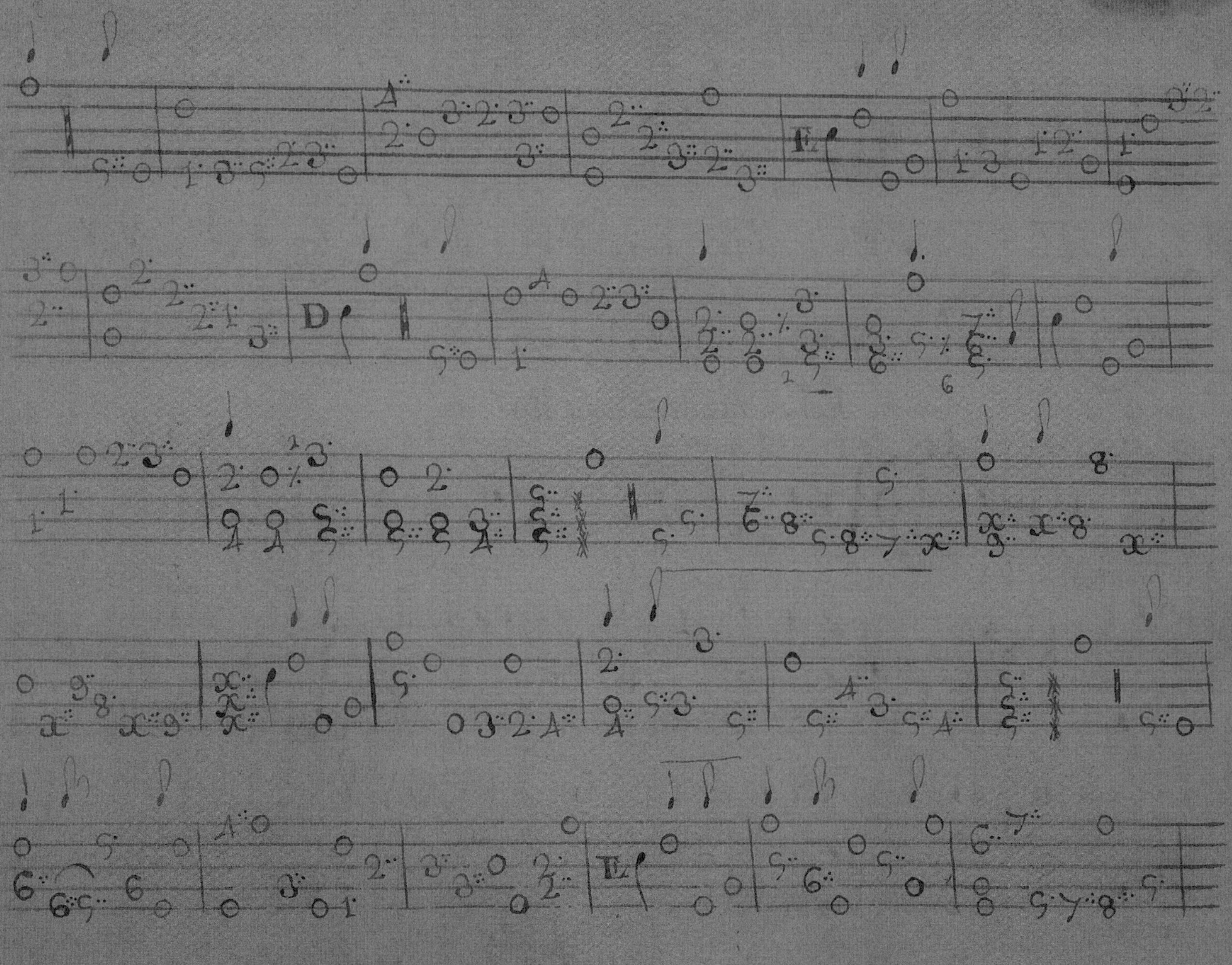

EL Amor Por La E.

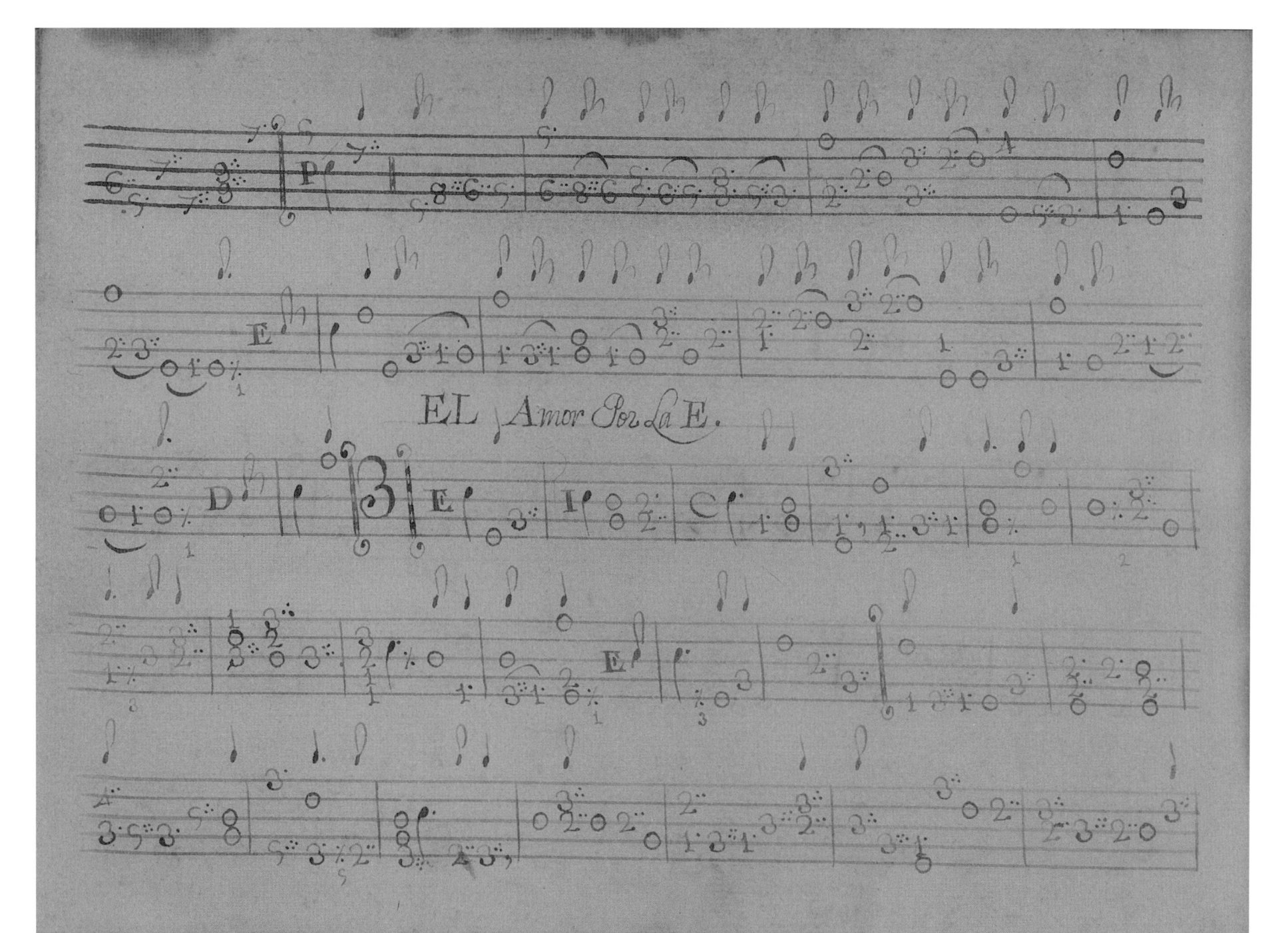

Tarantelas p.r la I

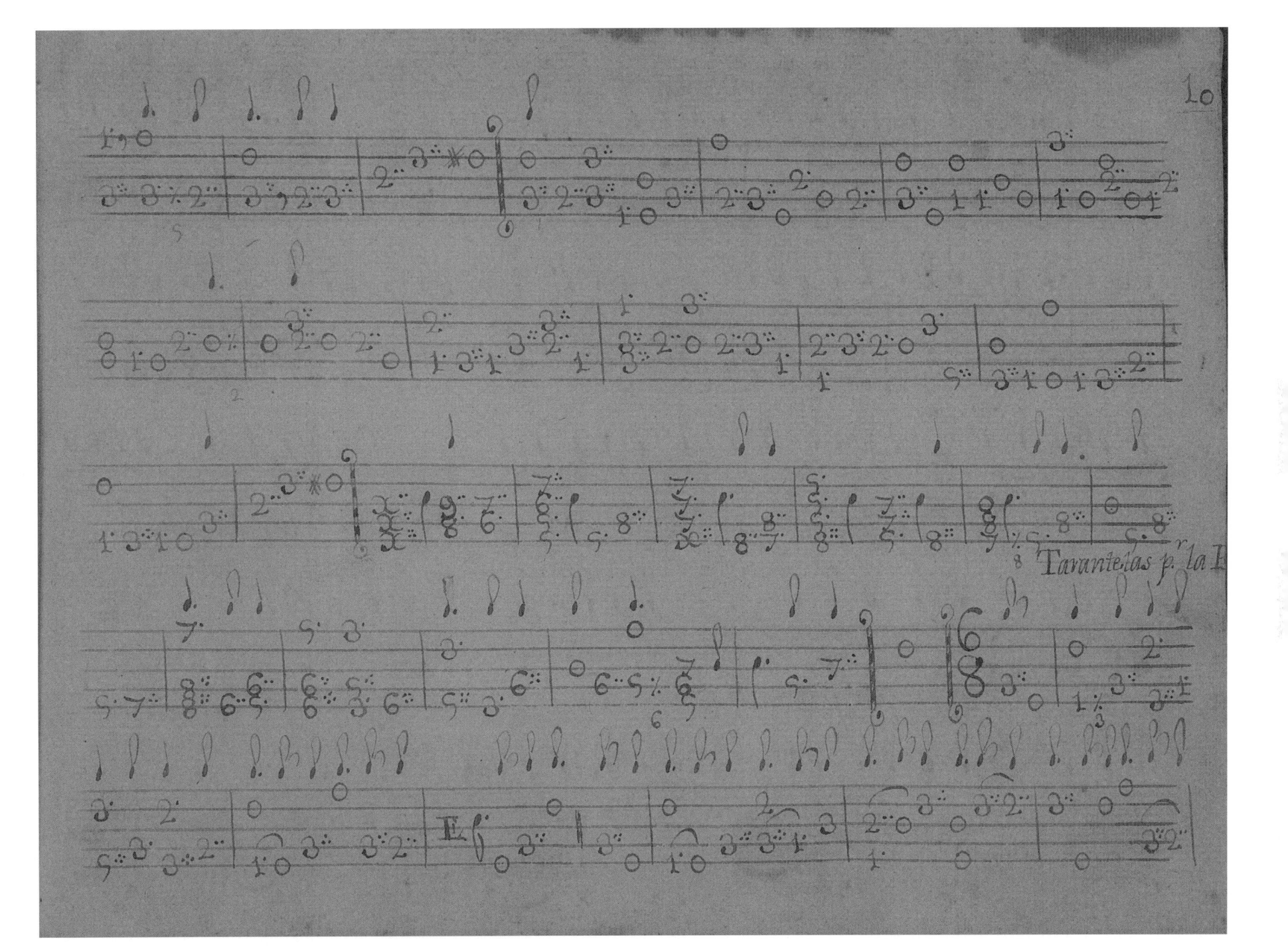

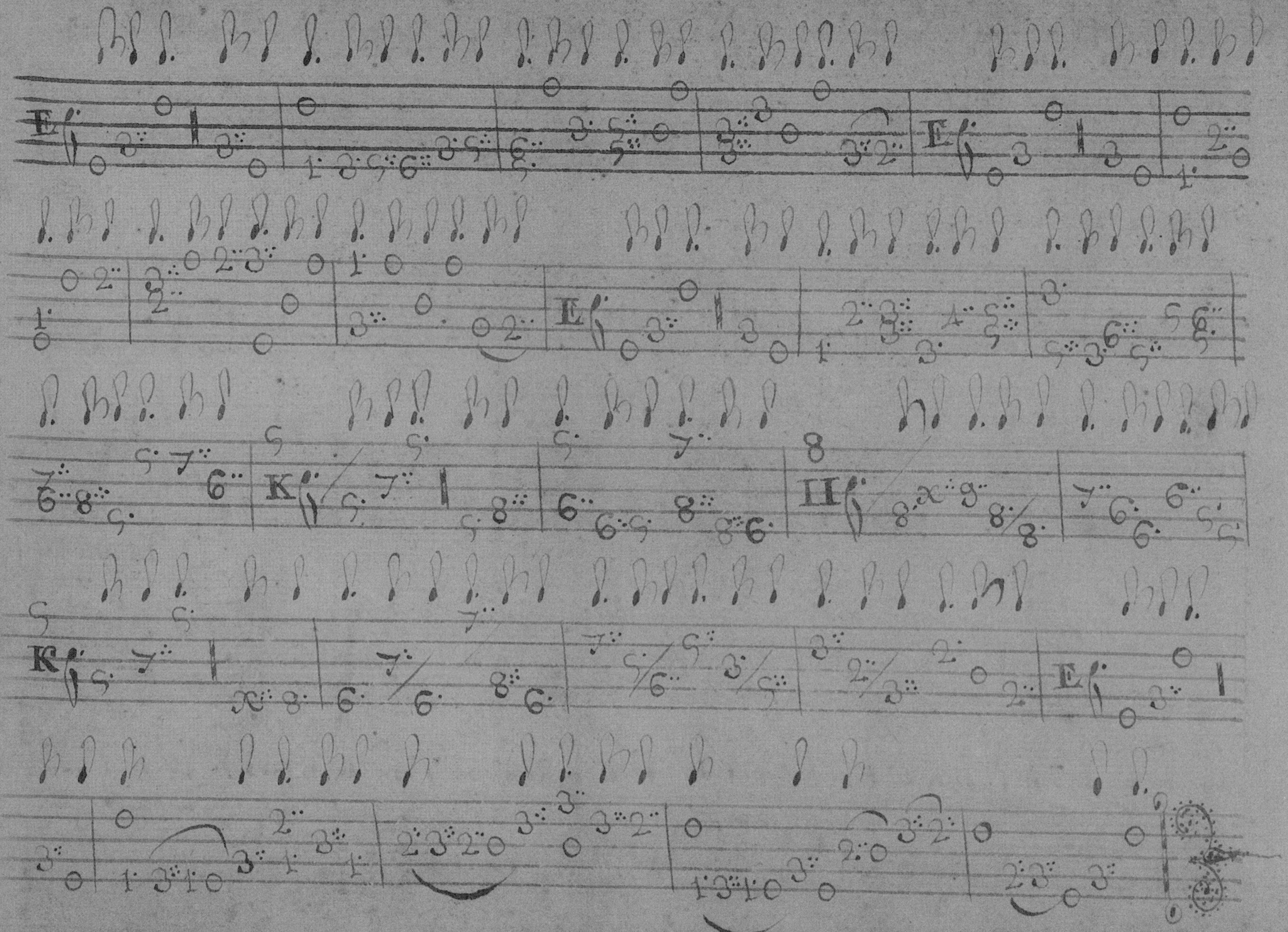

Las Bacas por La E.

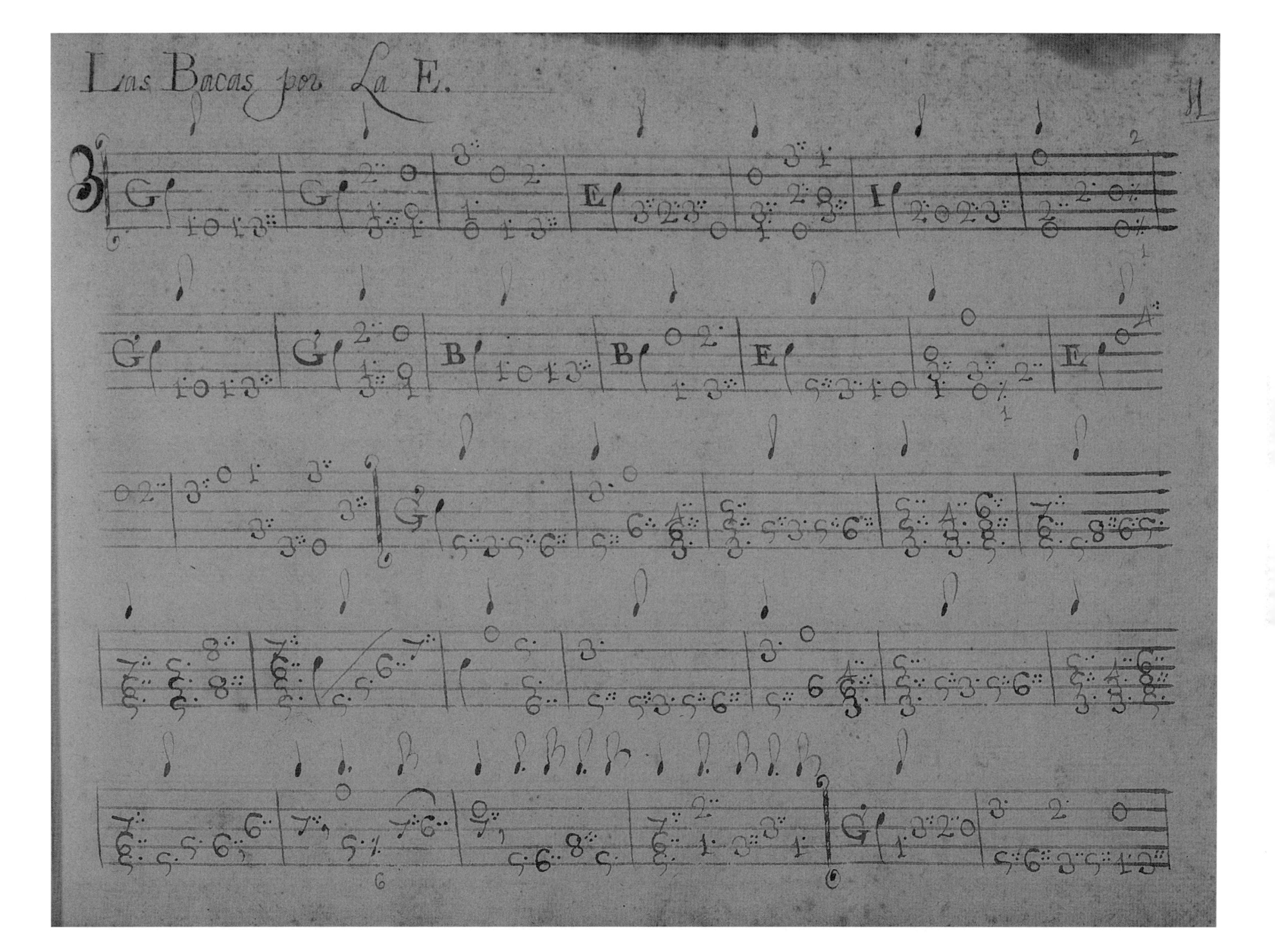

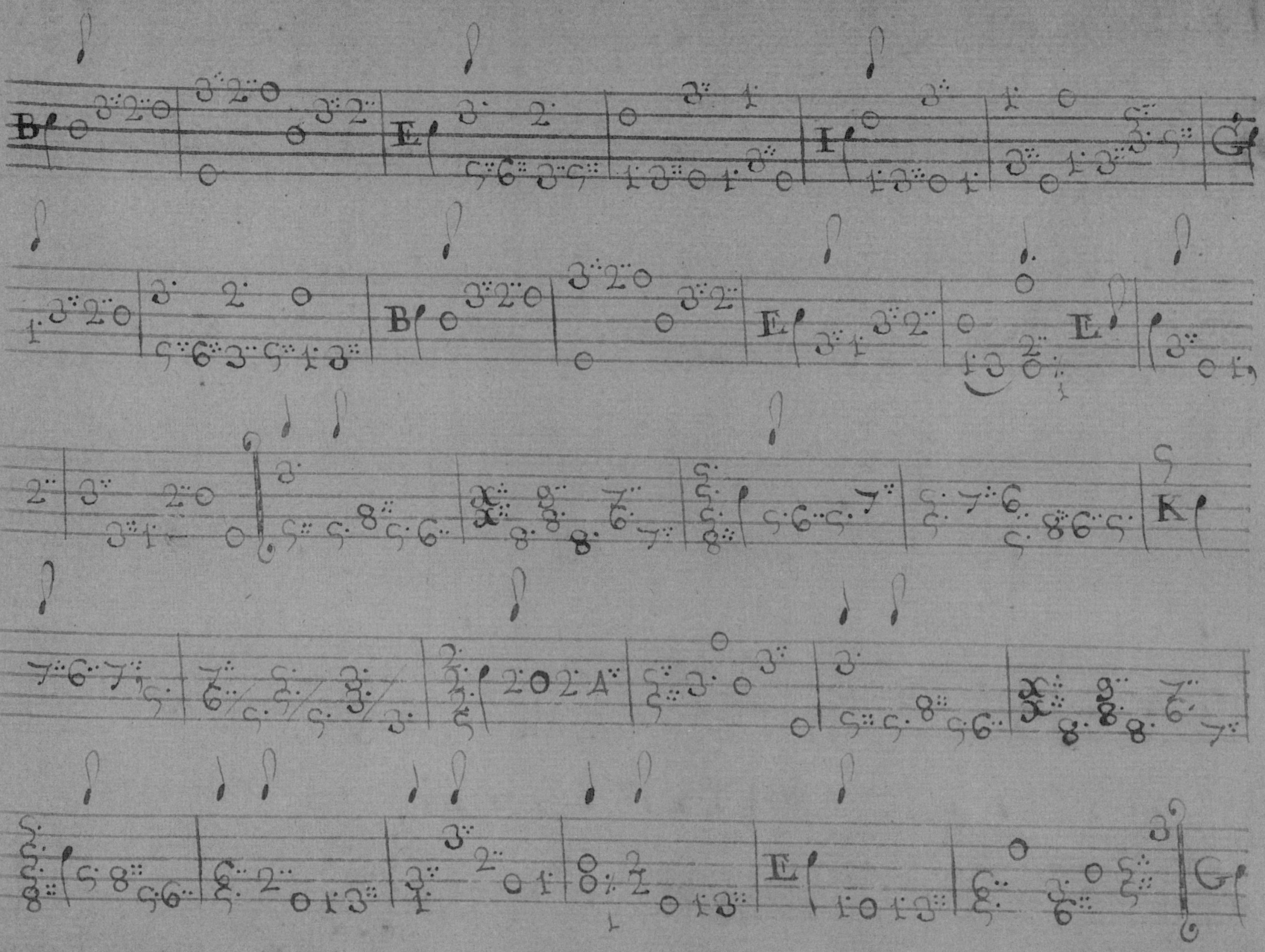

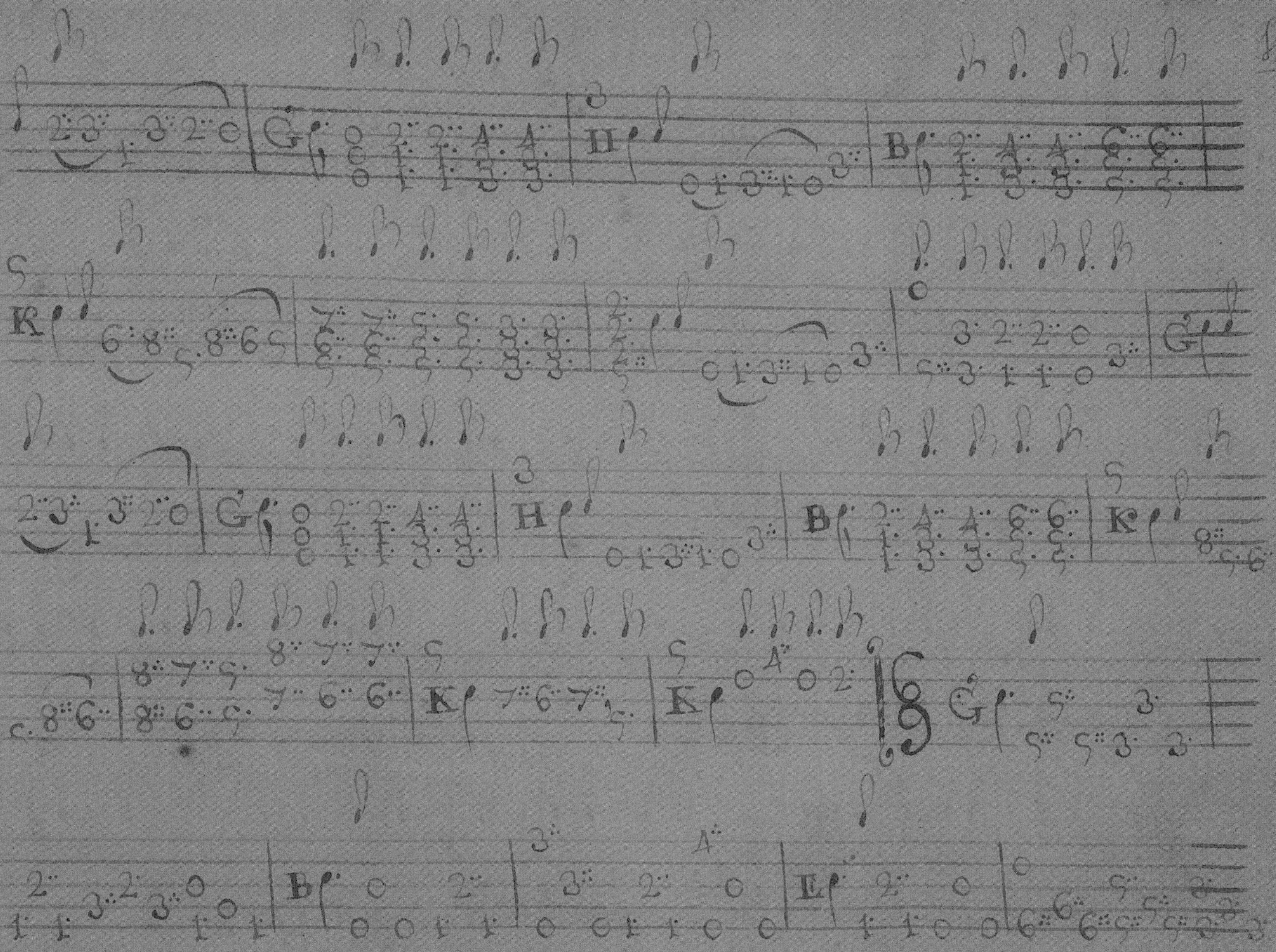

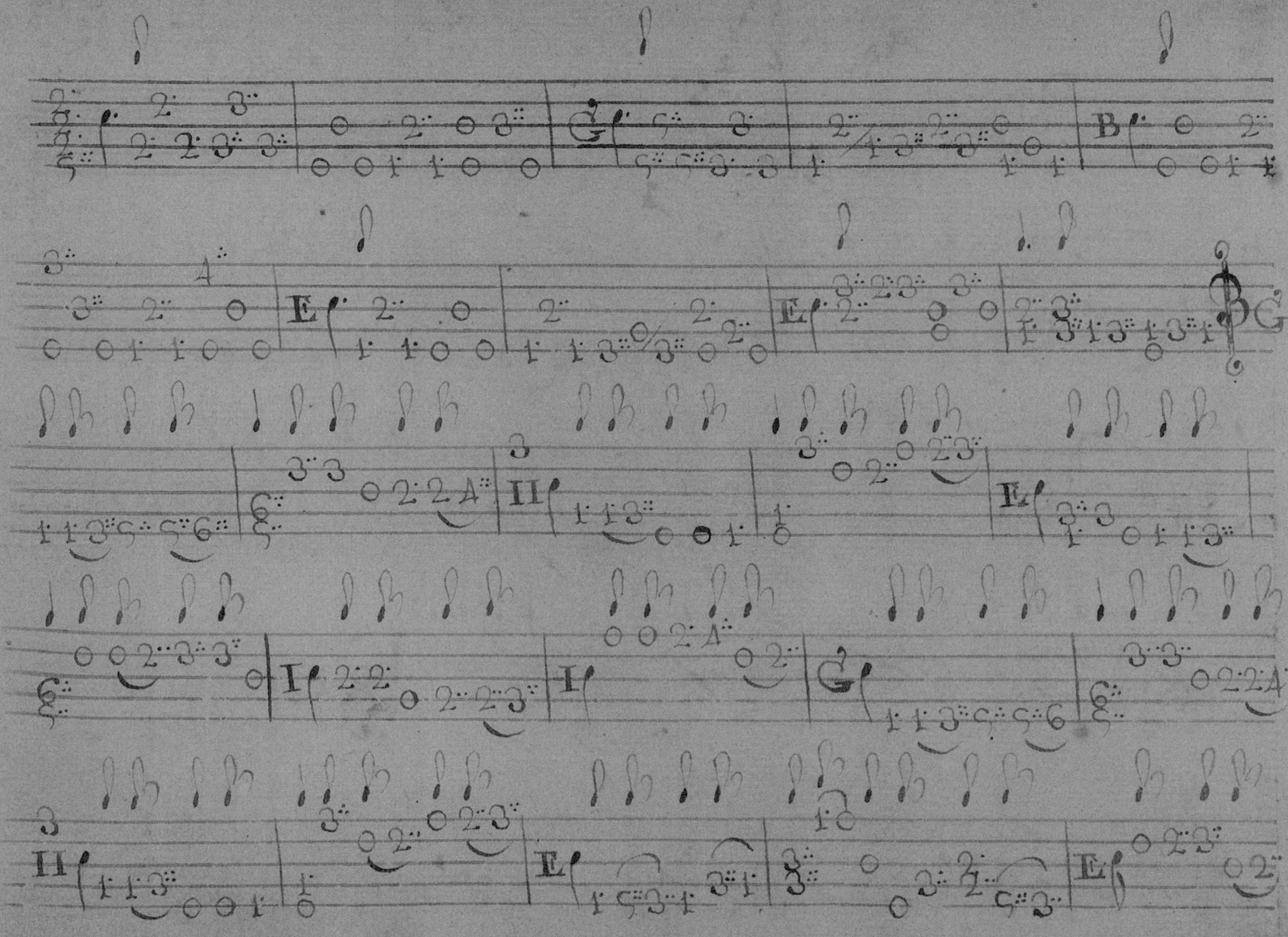

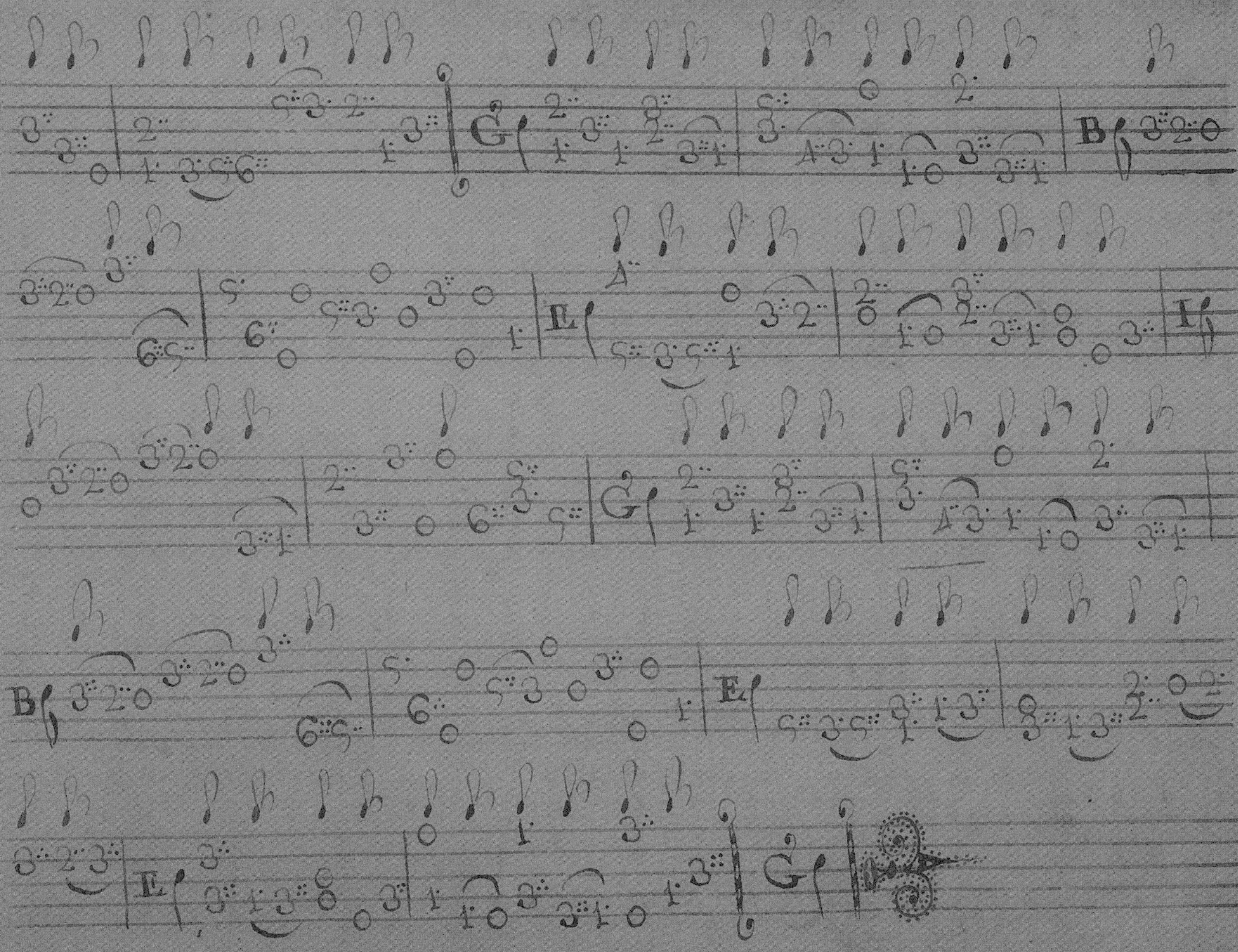

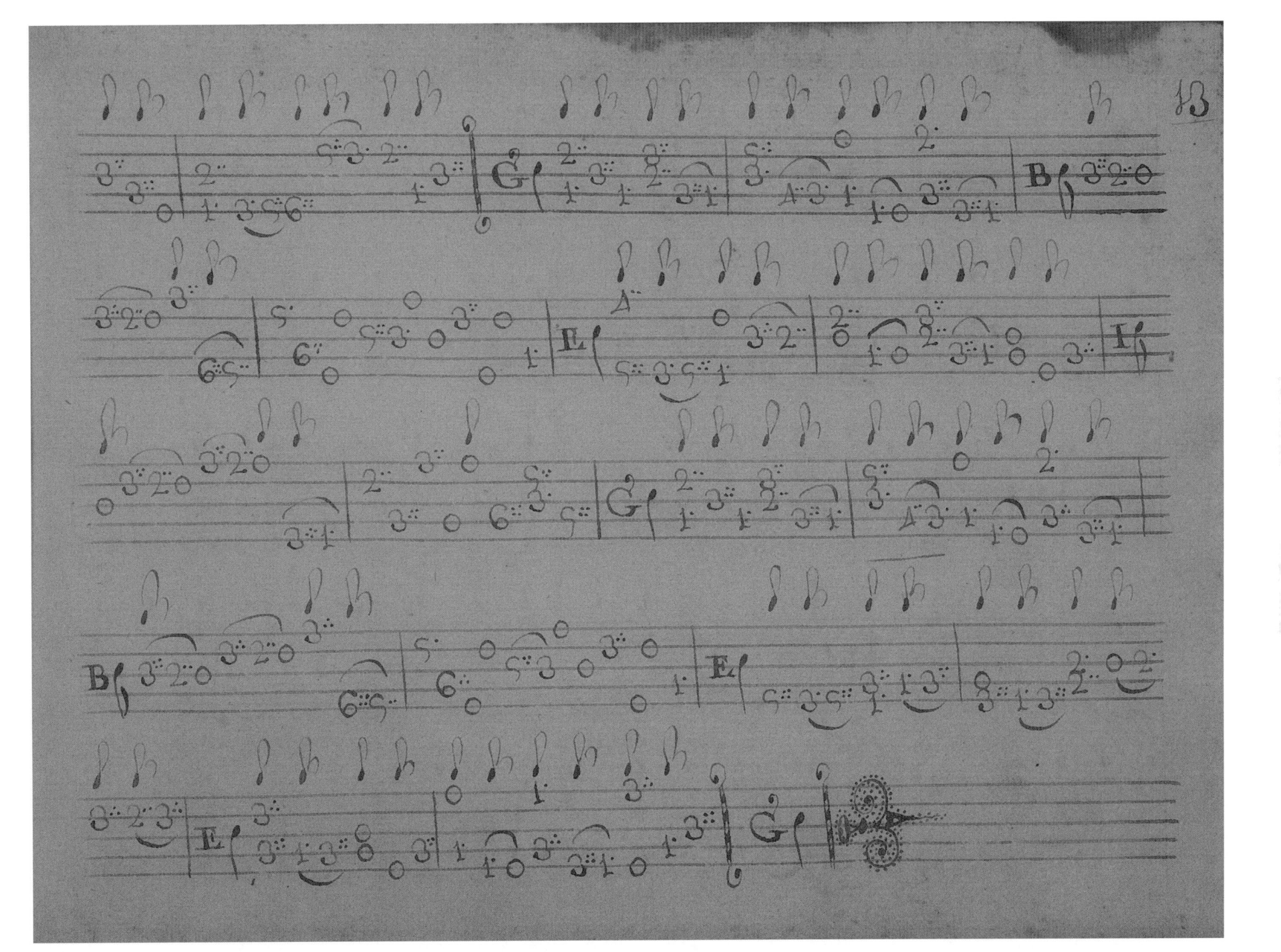

Folias Despacio al estilo de Italia

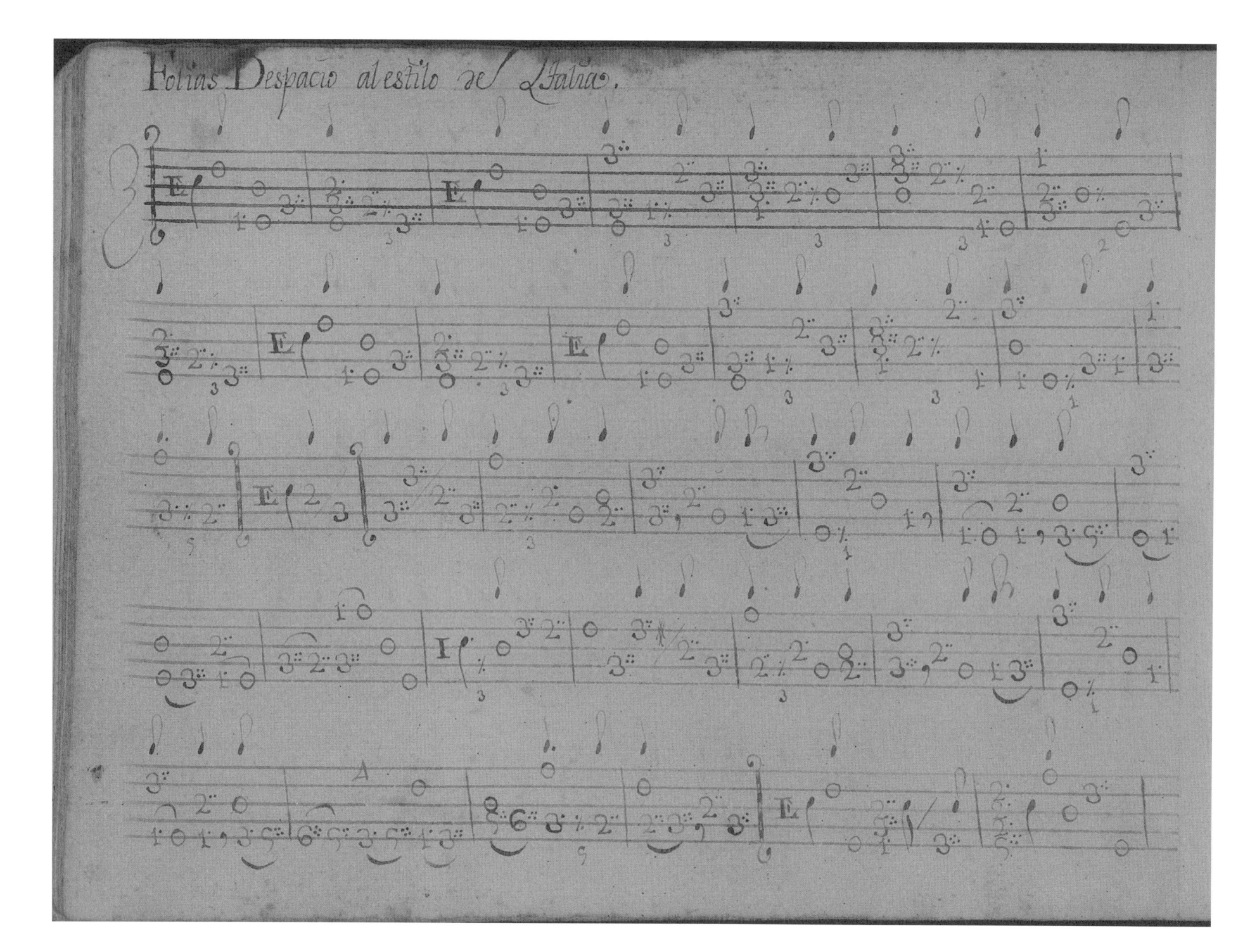

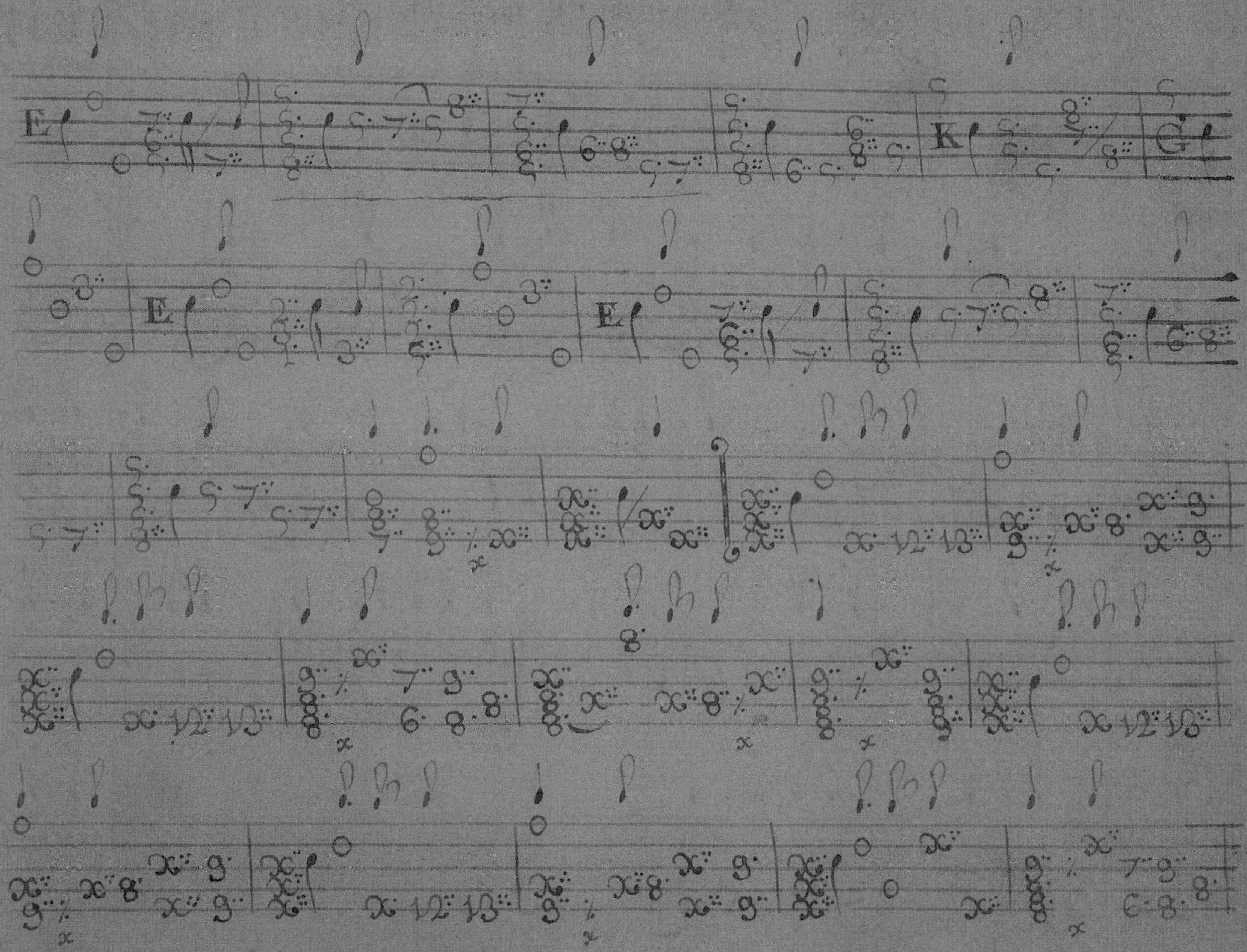

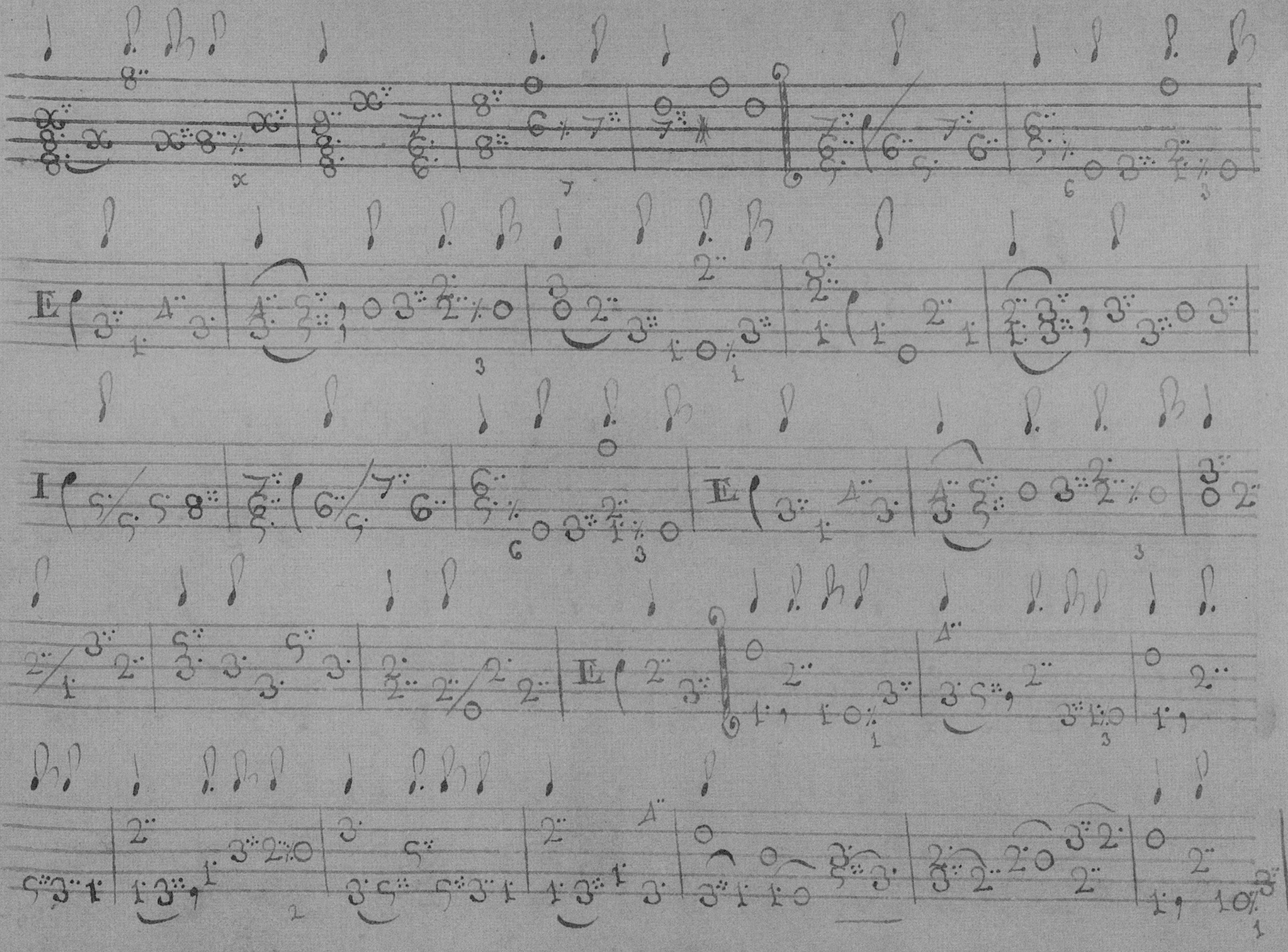

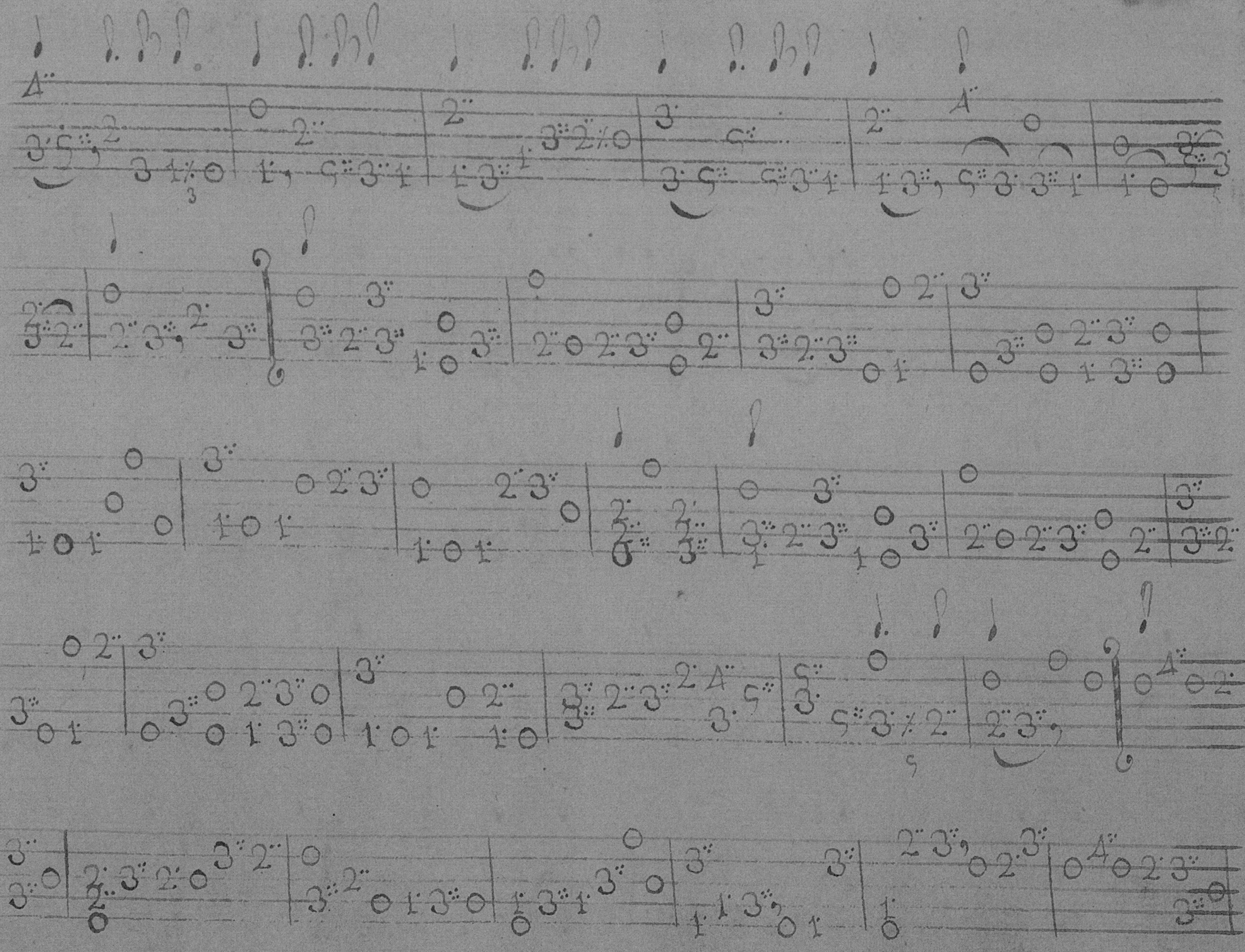

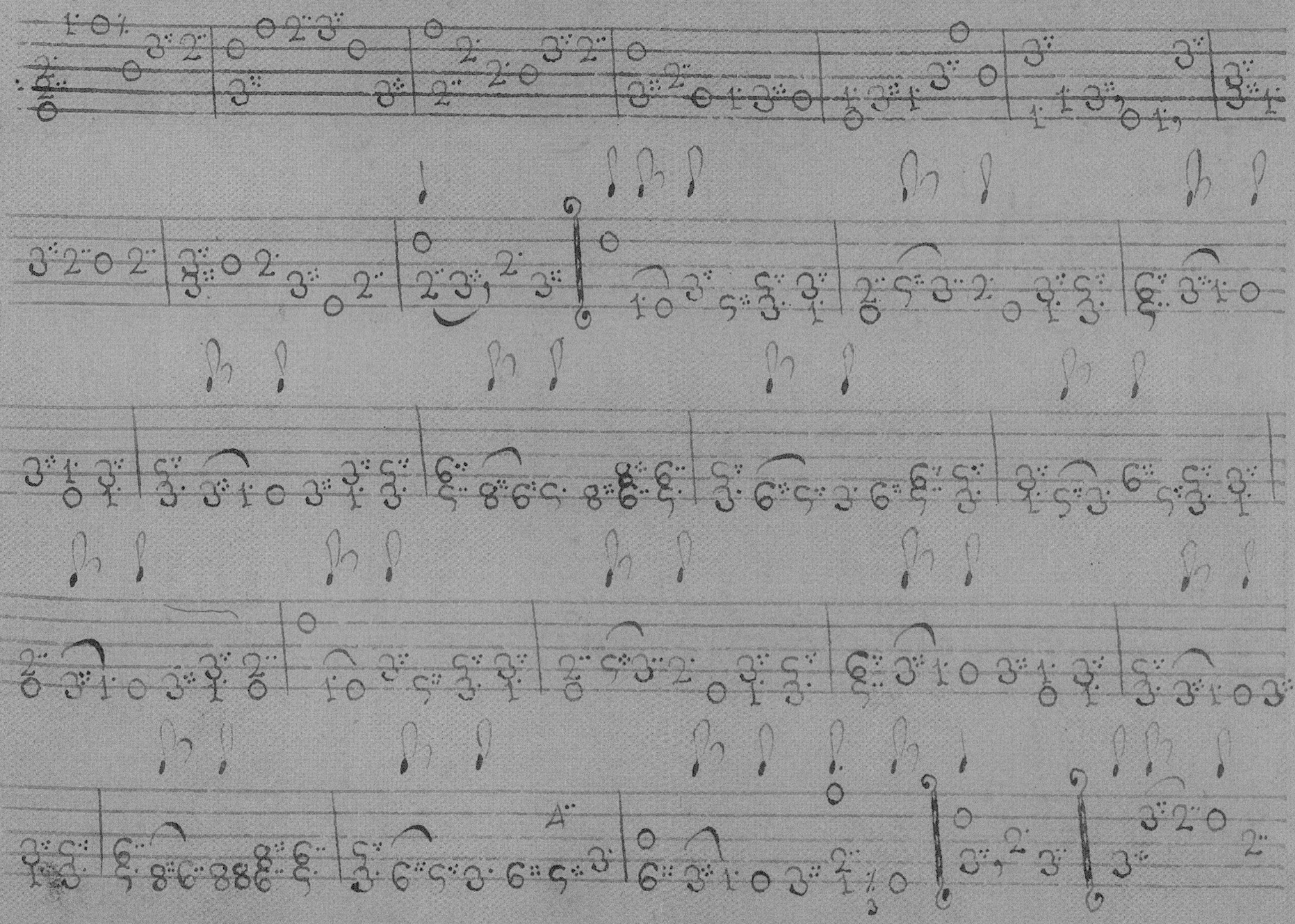

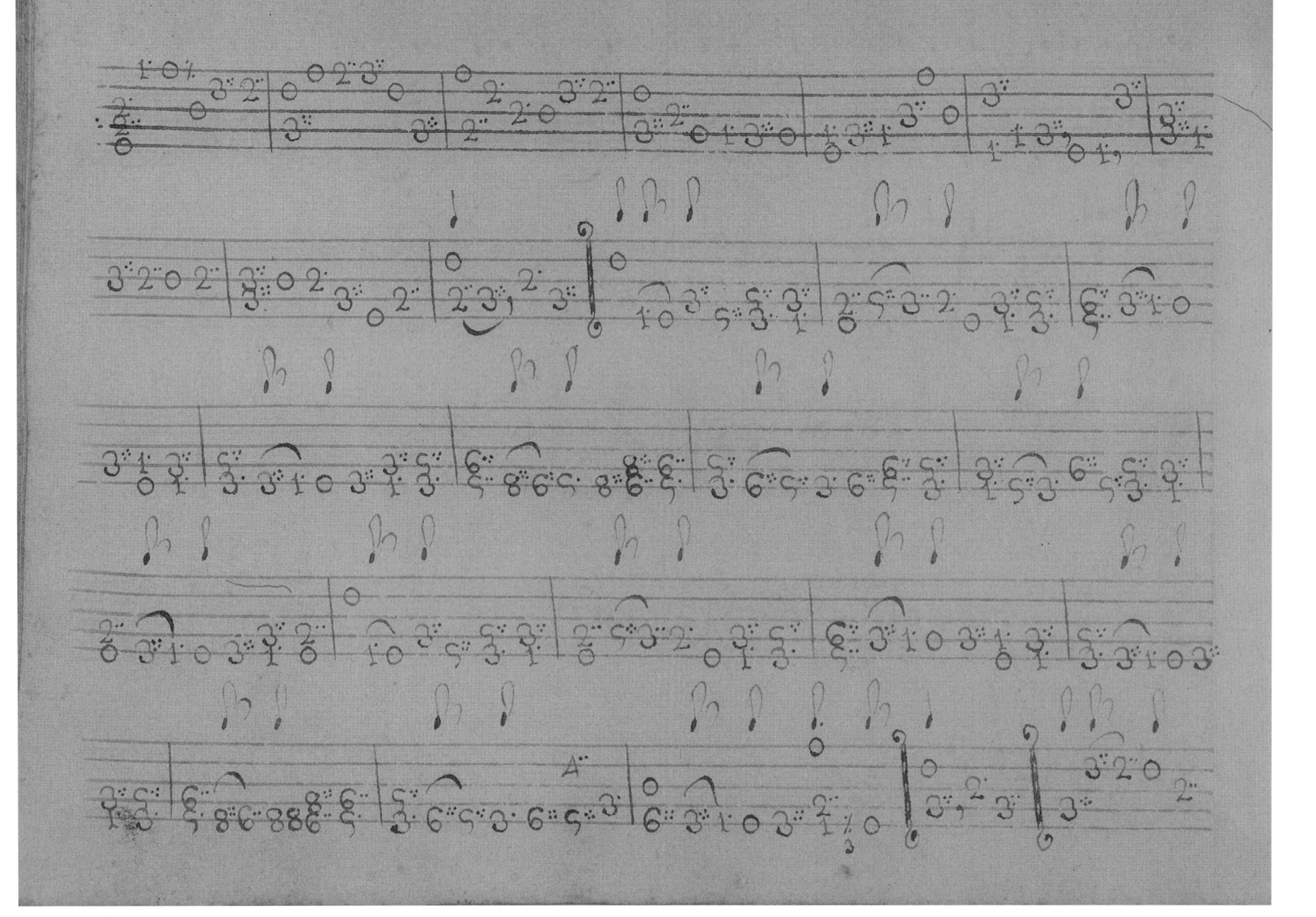

16

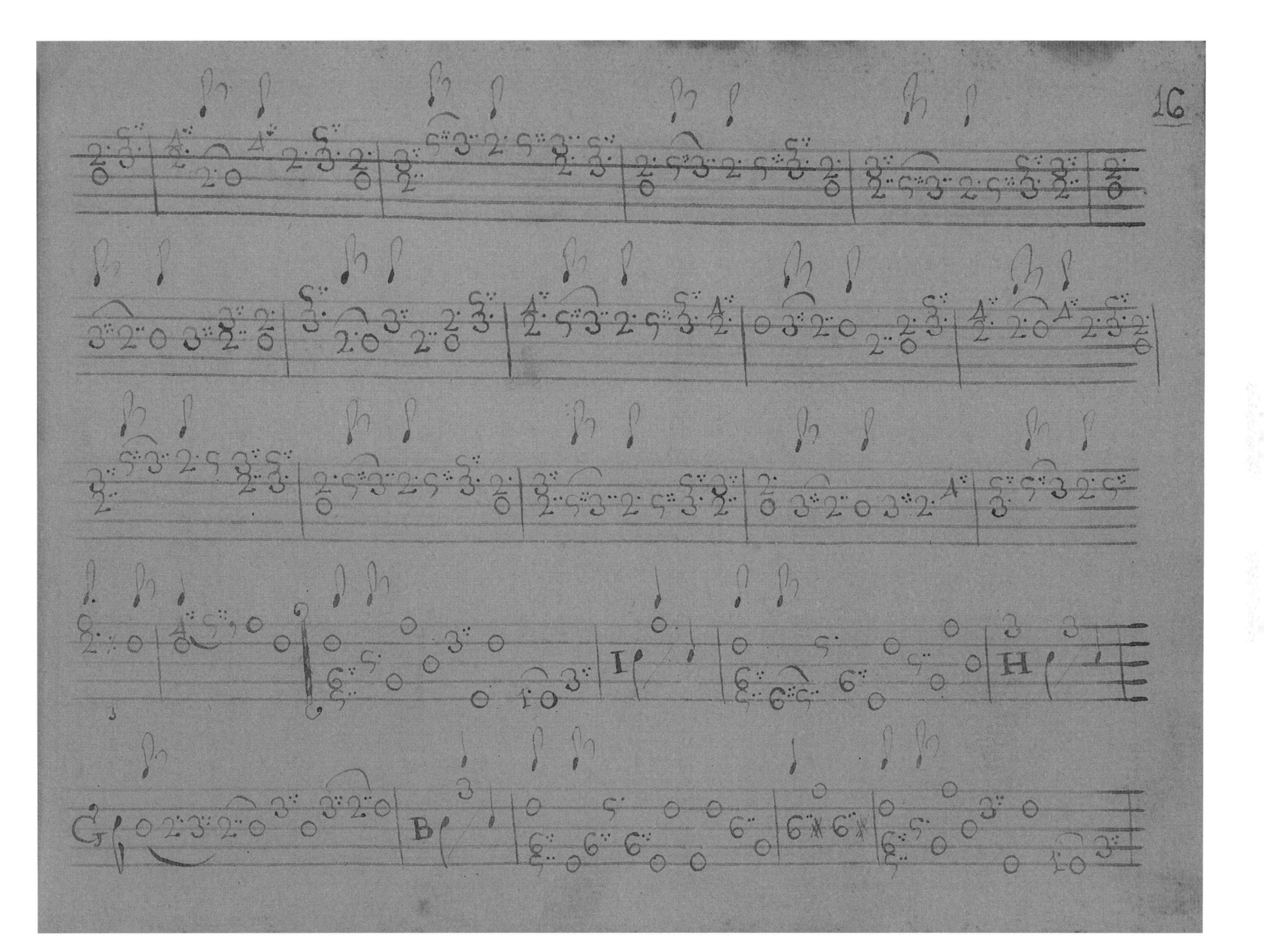

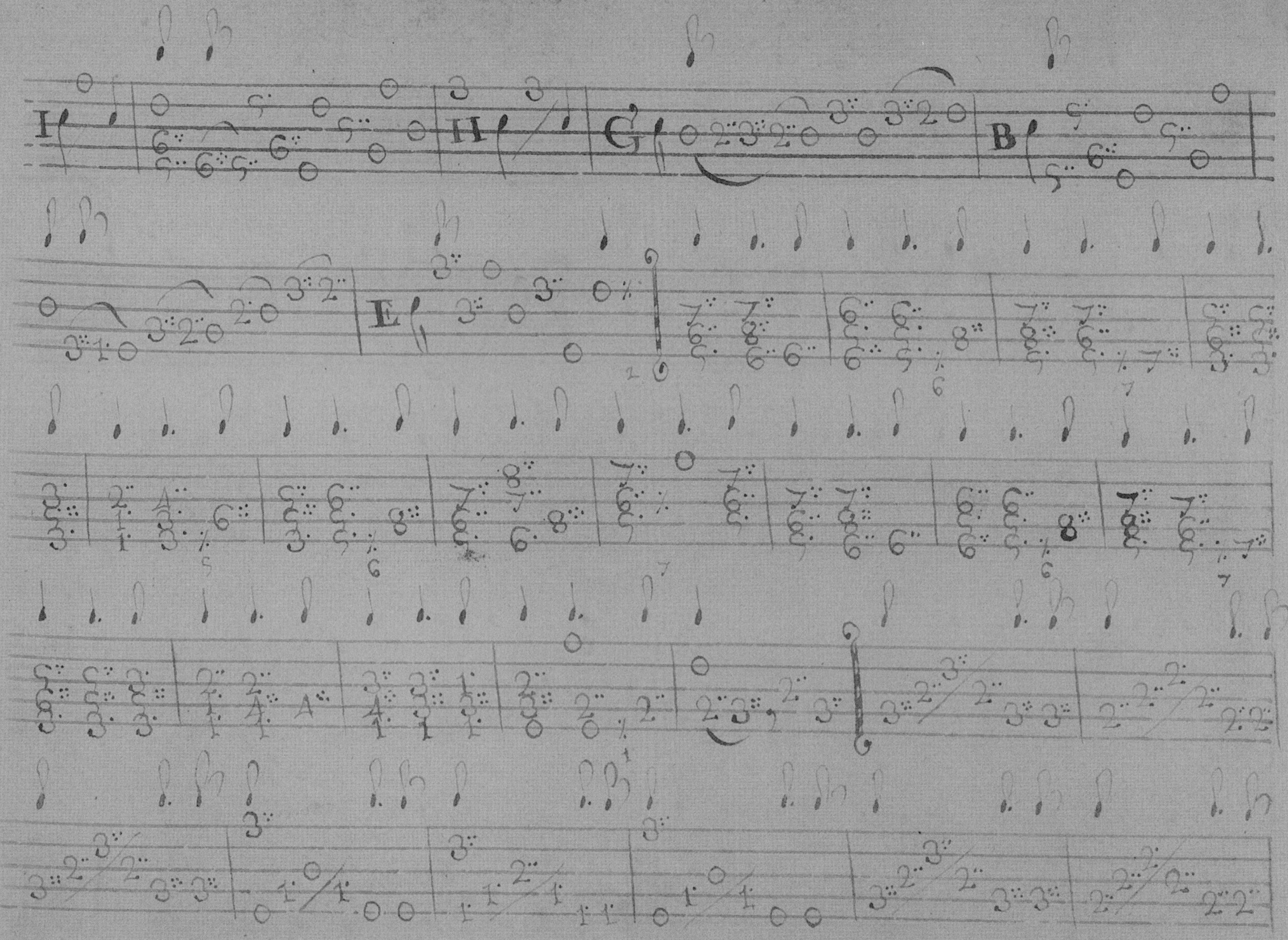

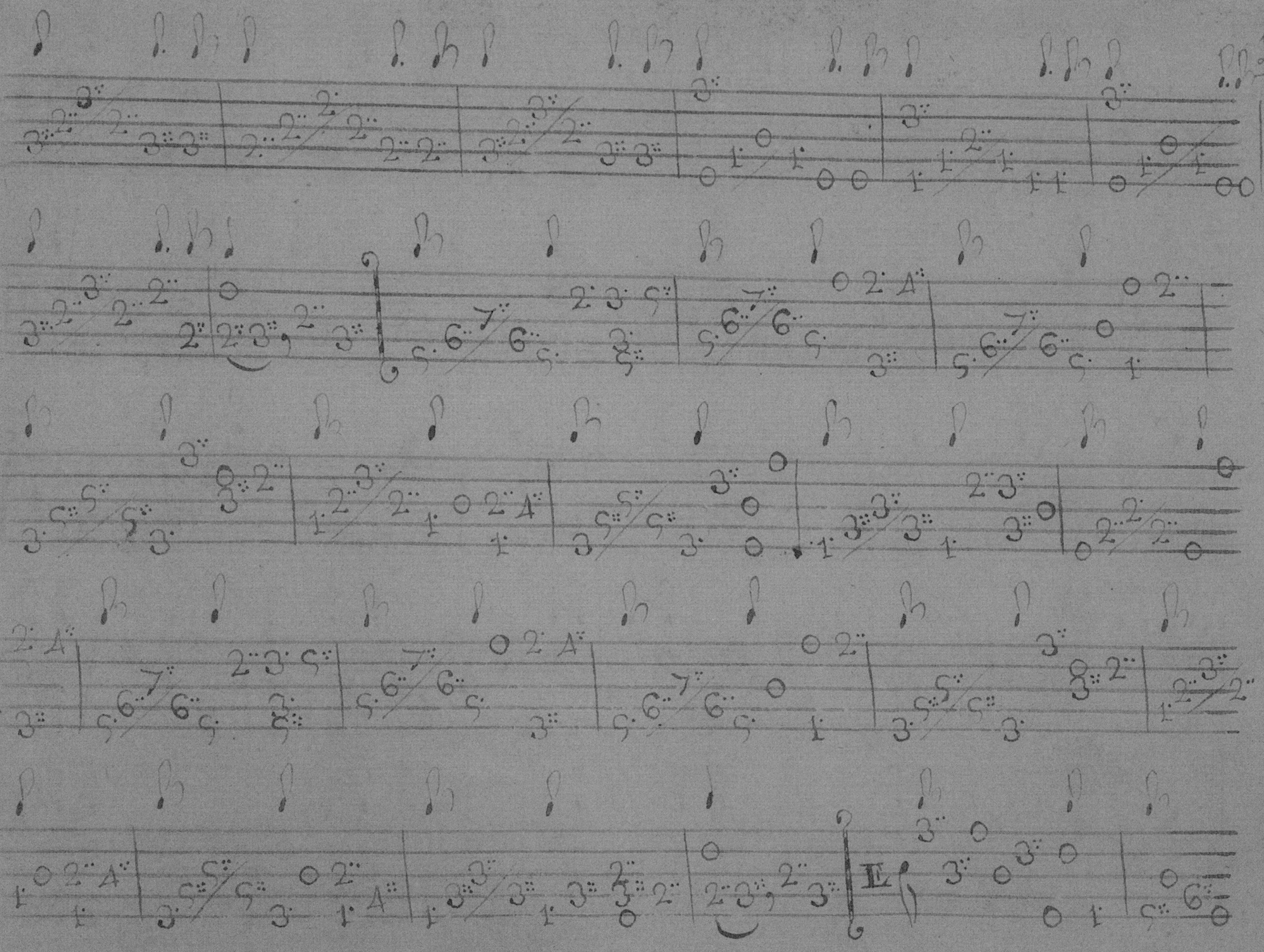

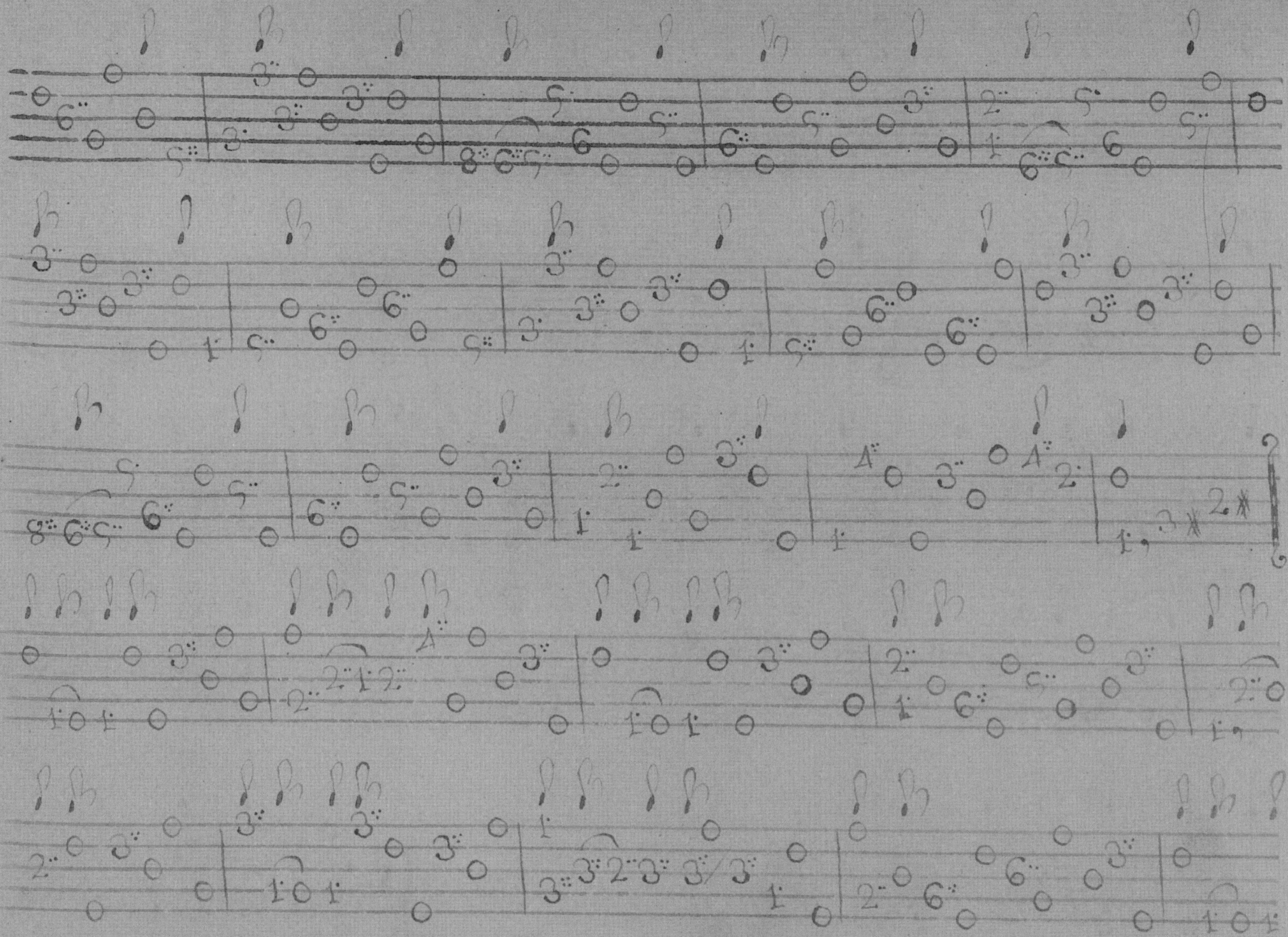

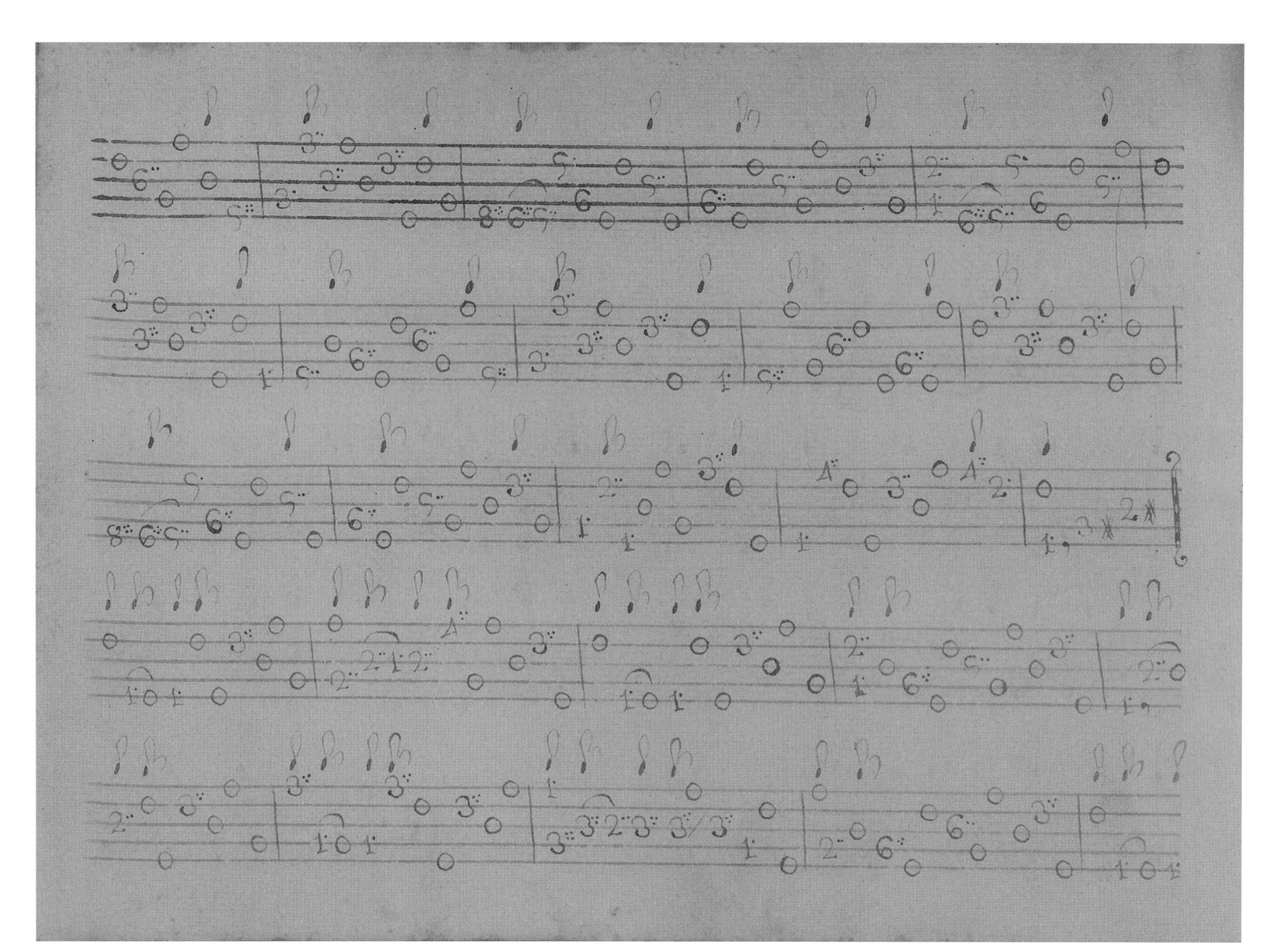

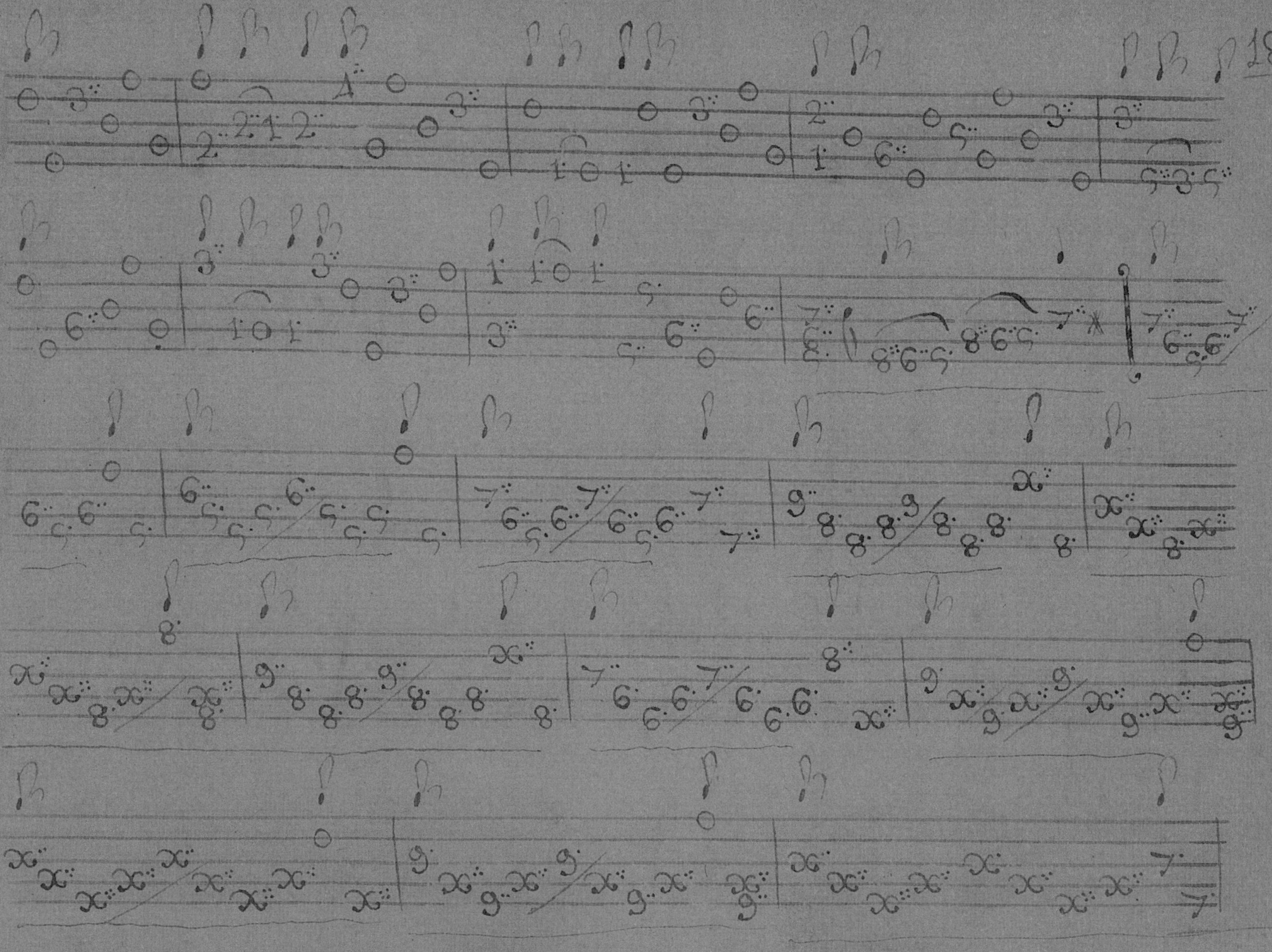

Passacalles de Compassillo por La E.

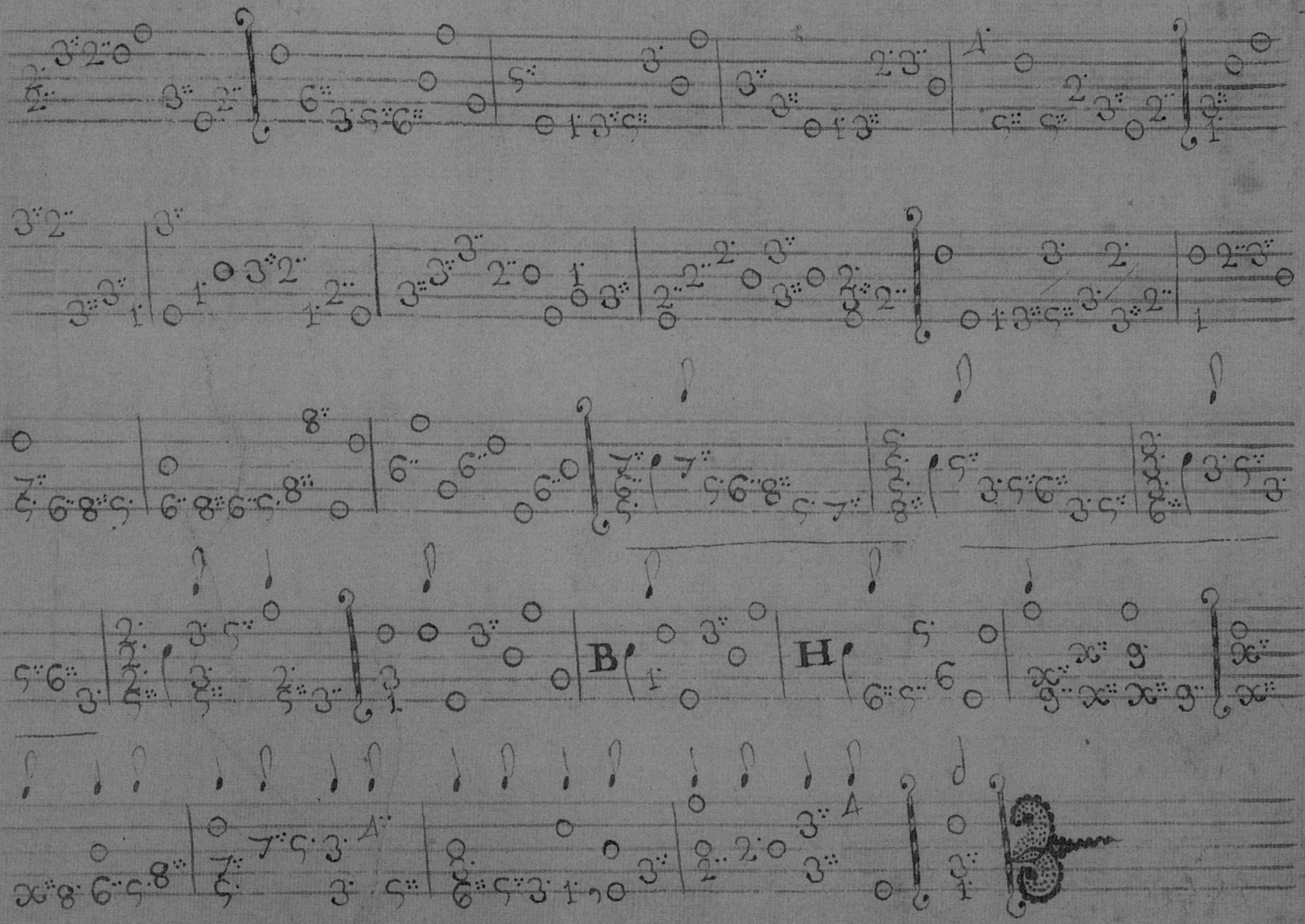

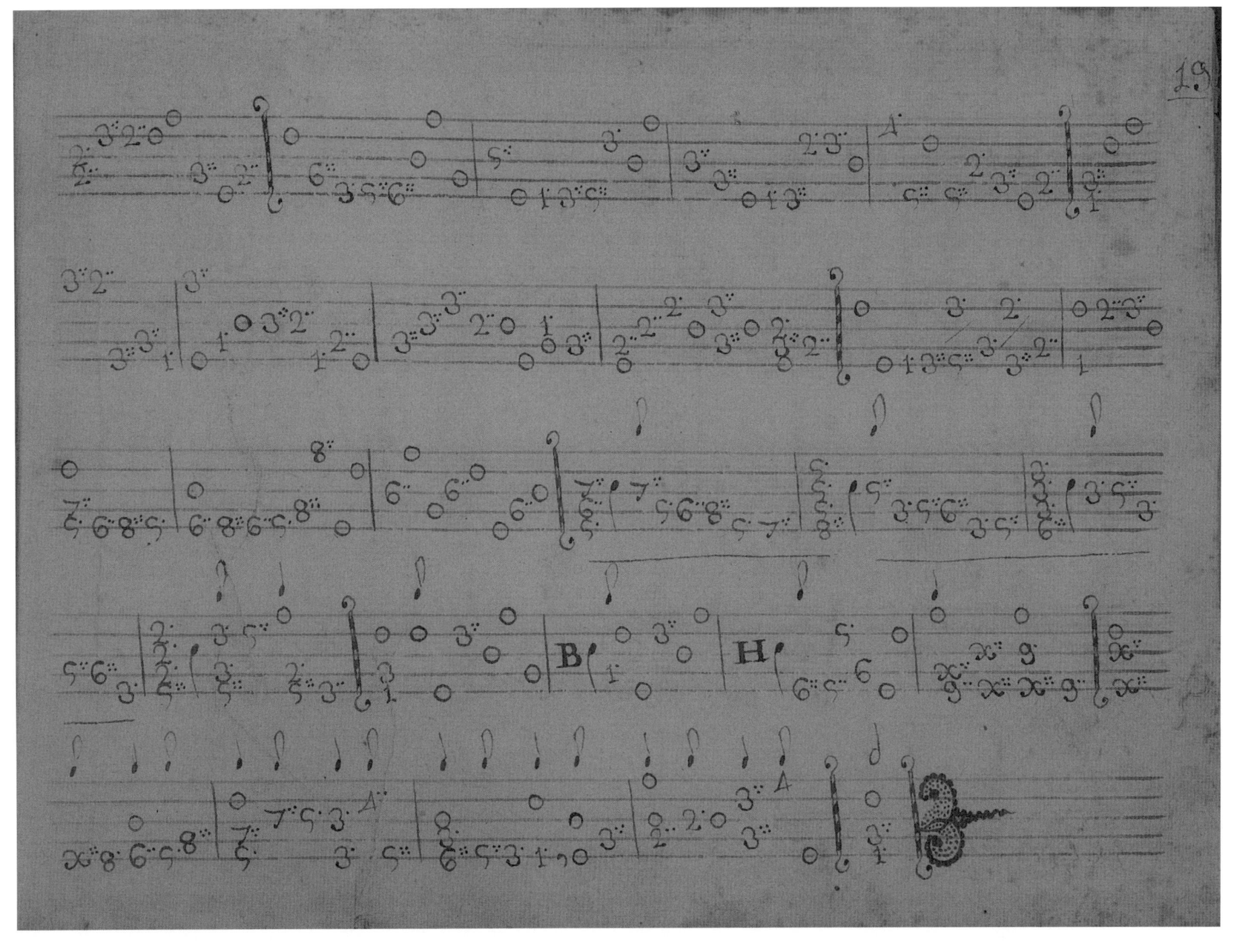

A proporcion por este Tono.

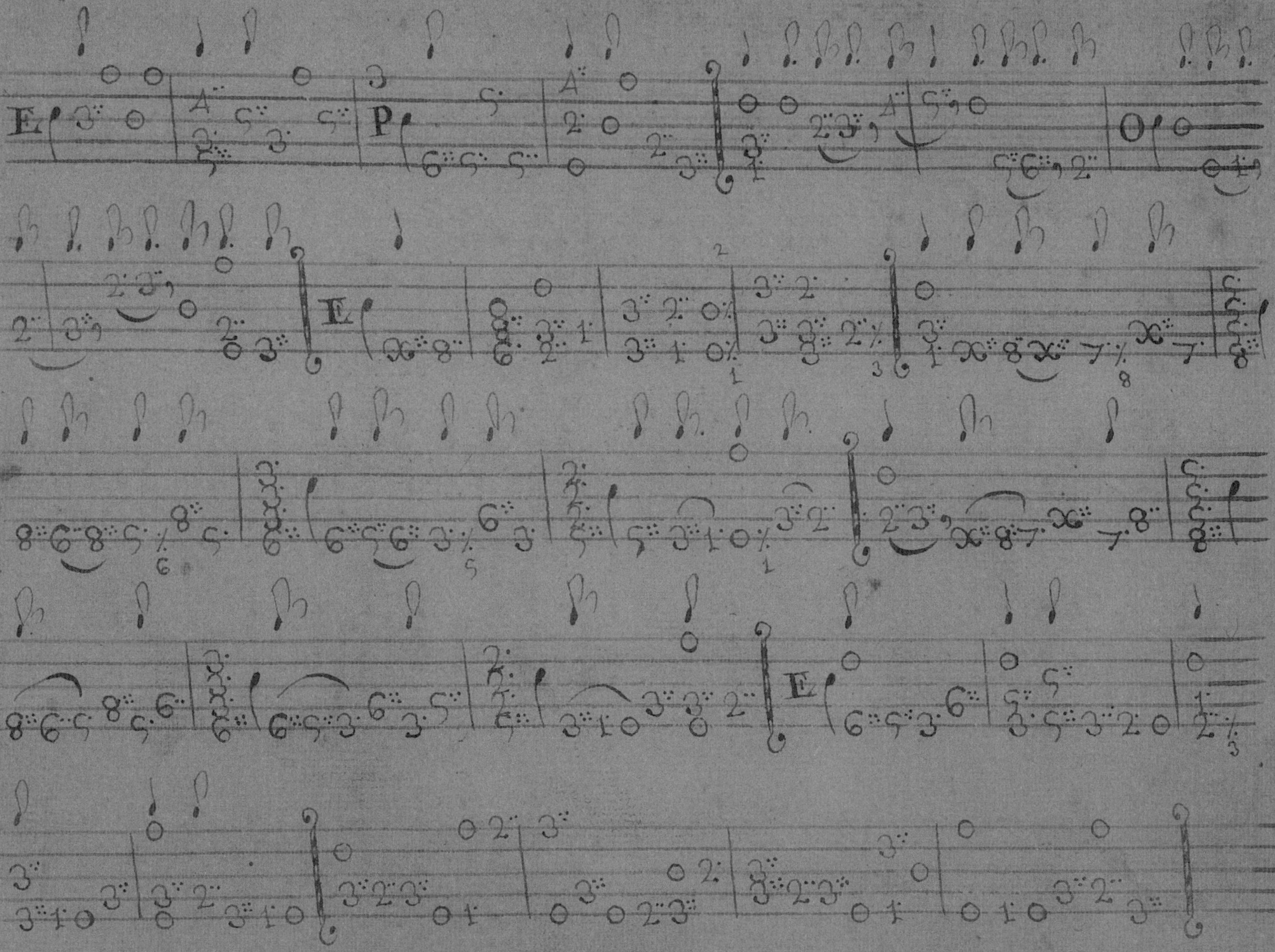

Villanos Por La C.

Caballero por la C.

Siguen

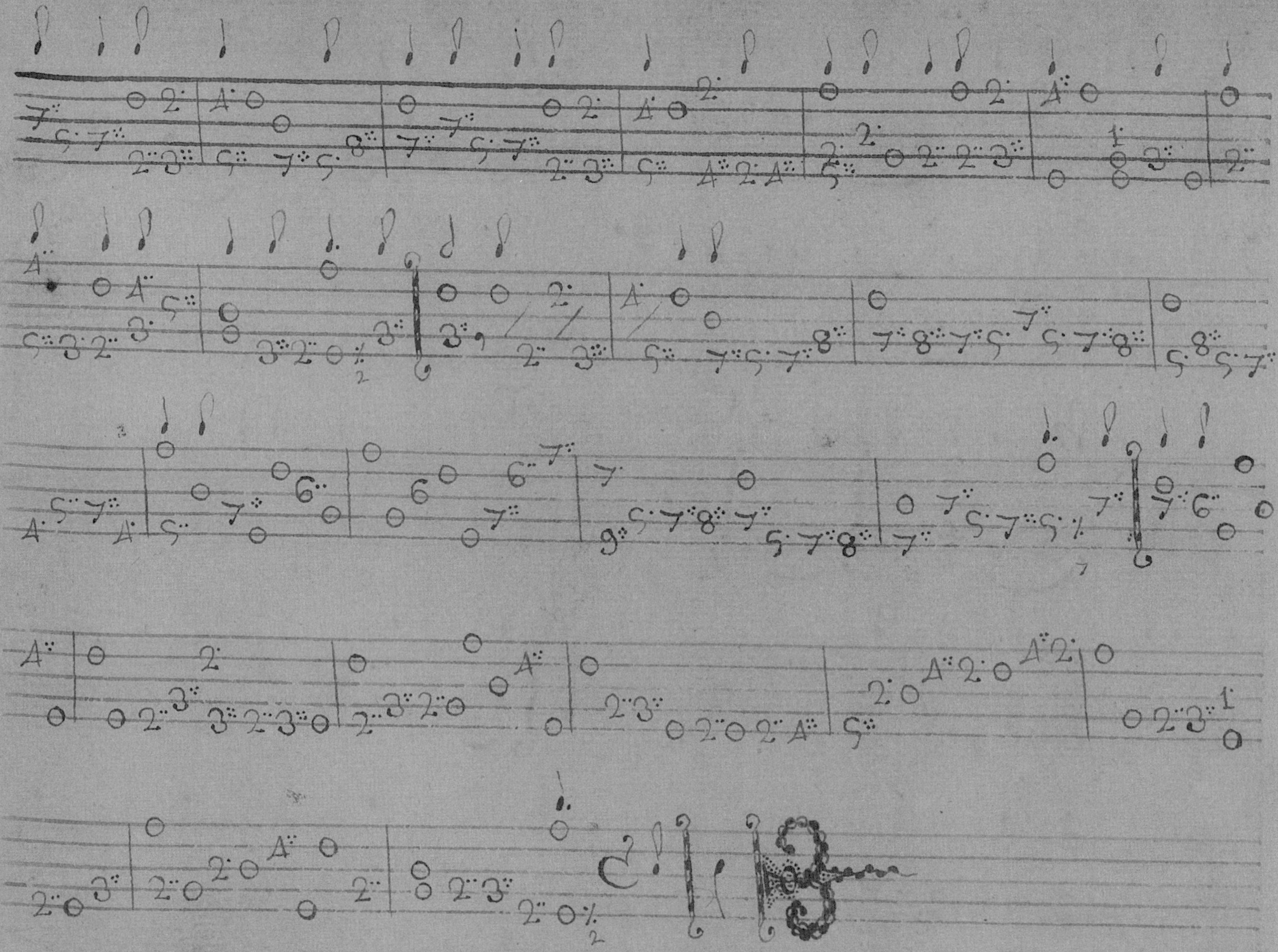

Paraseta por La C.

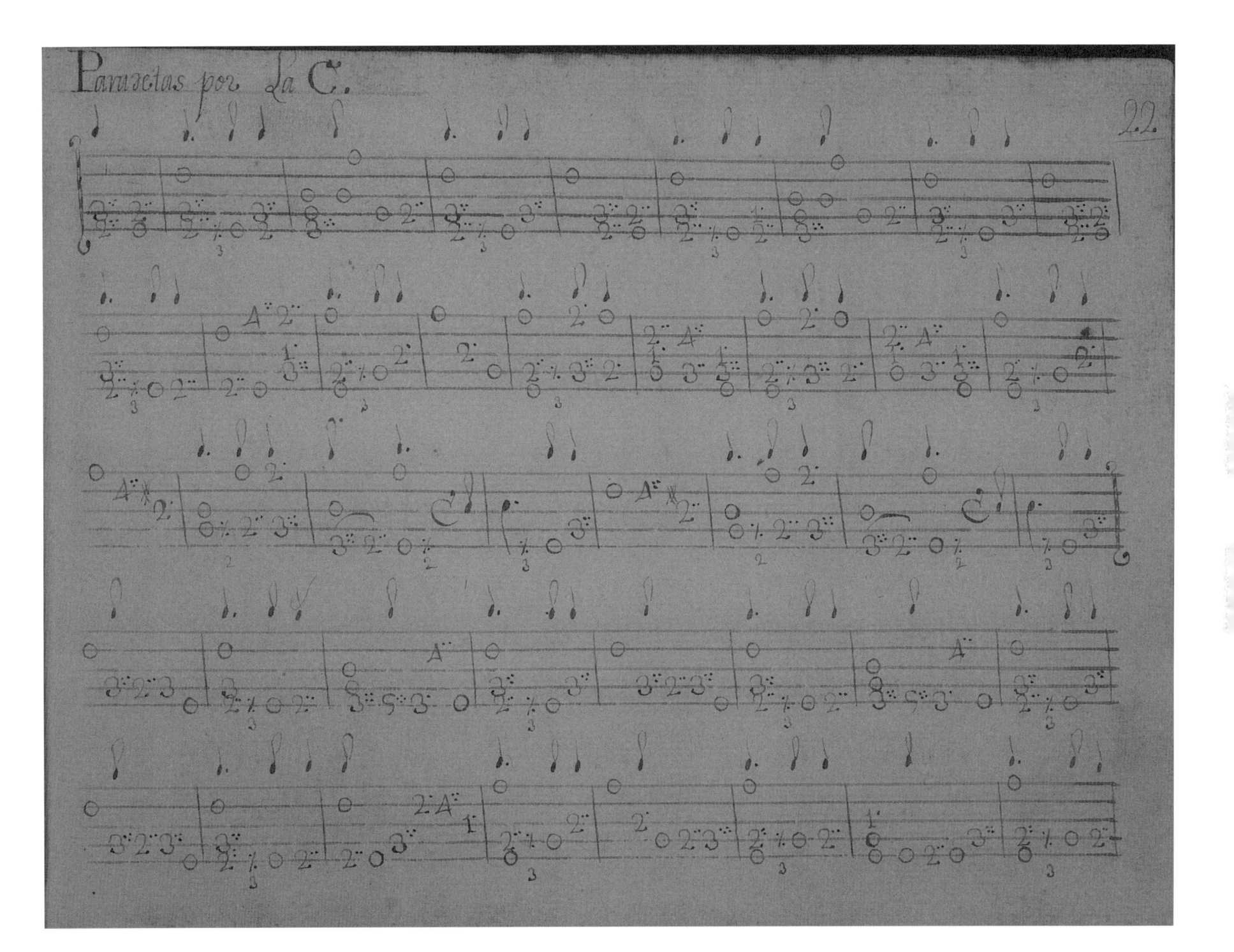

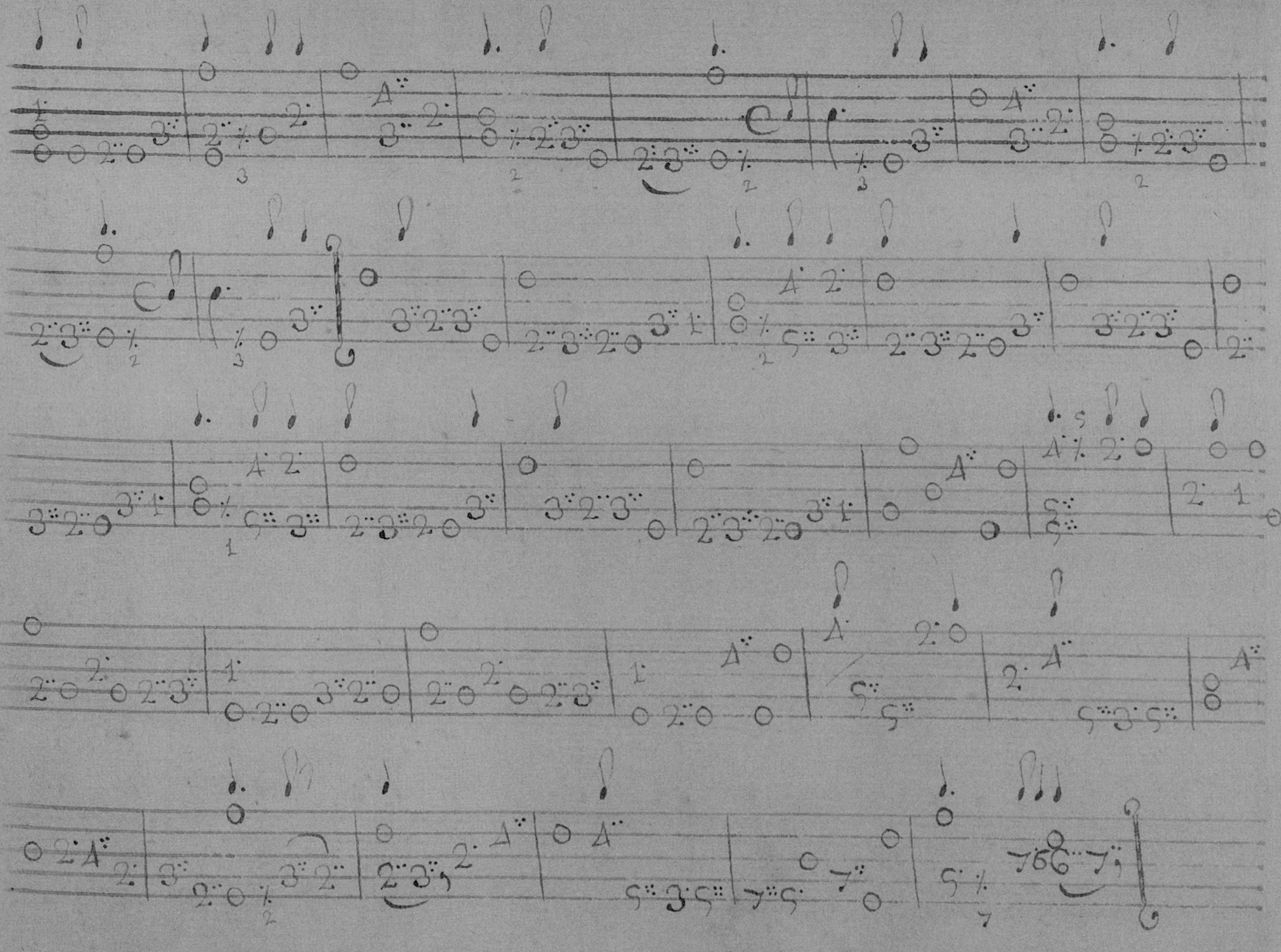

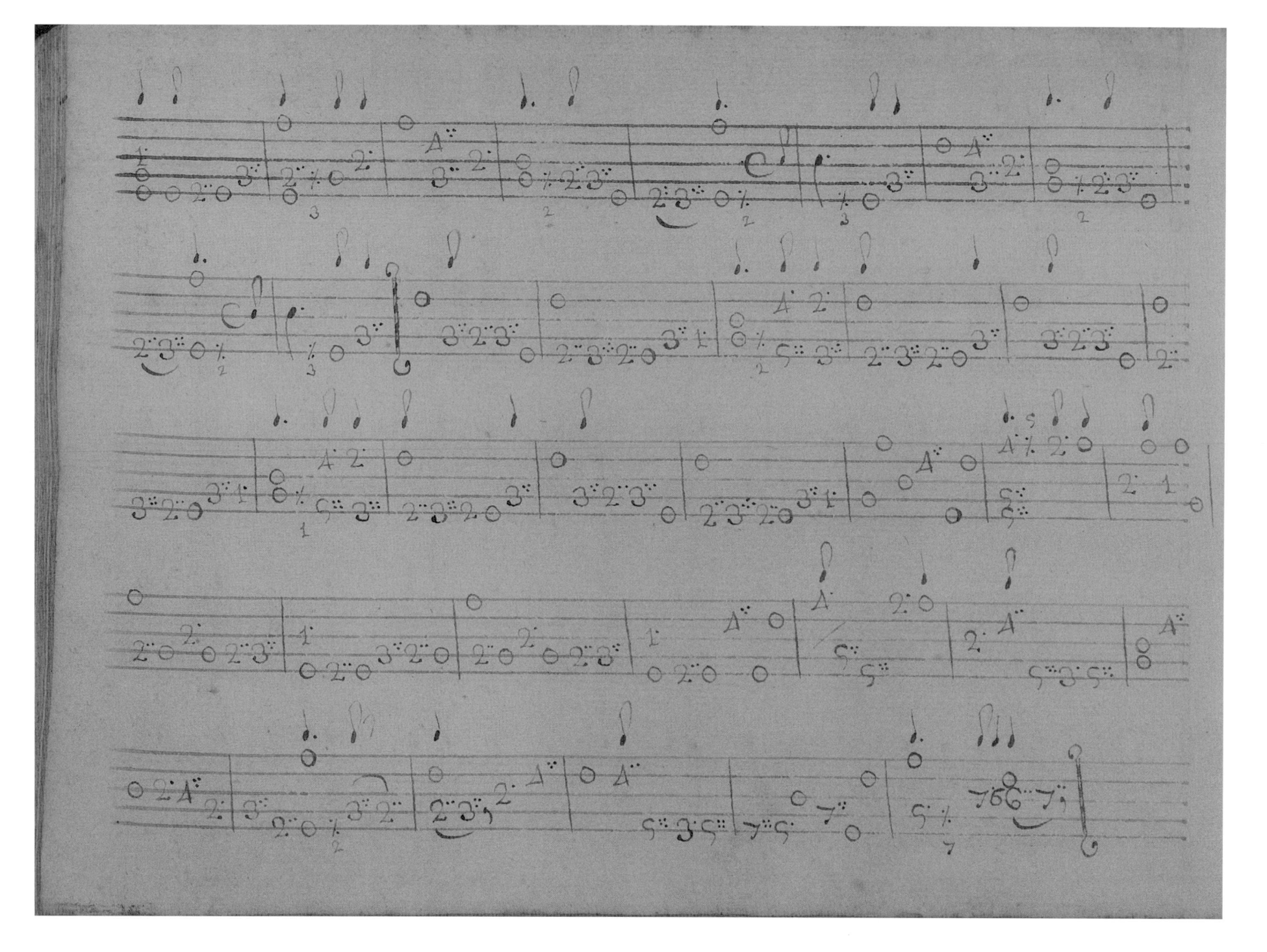

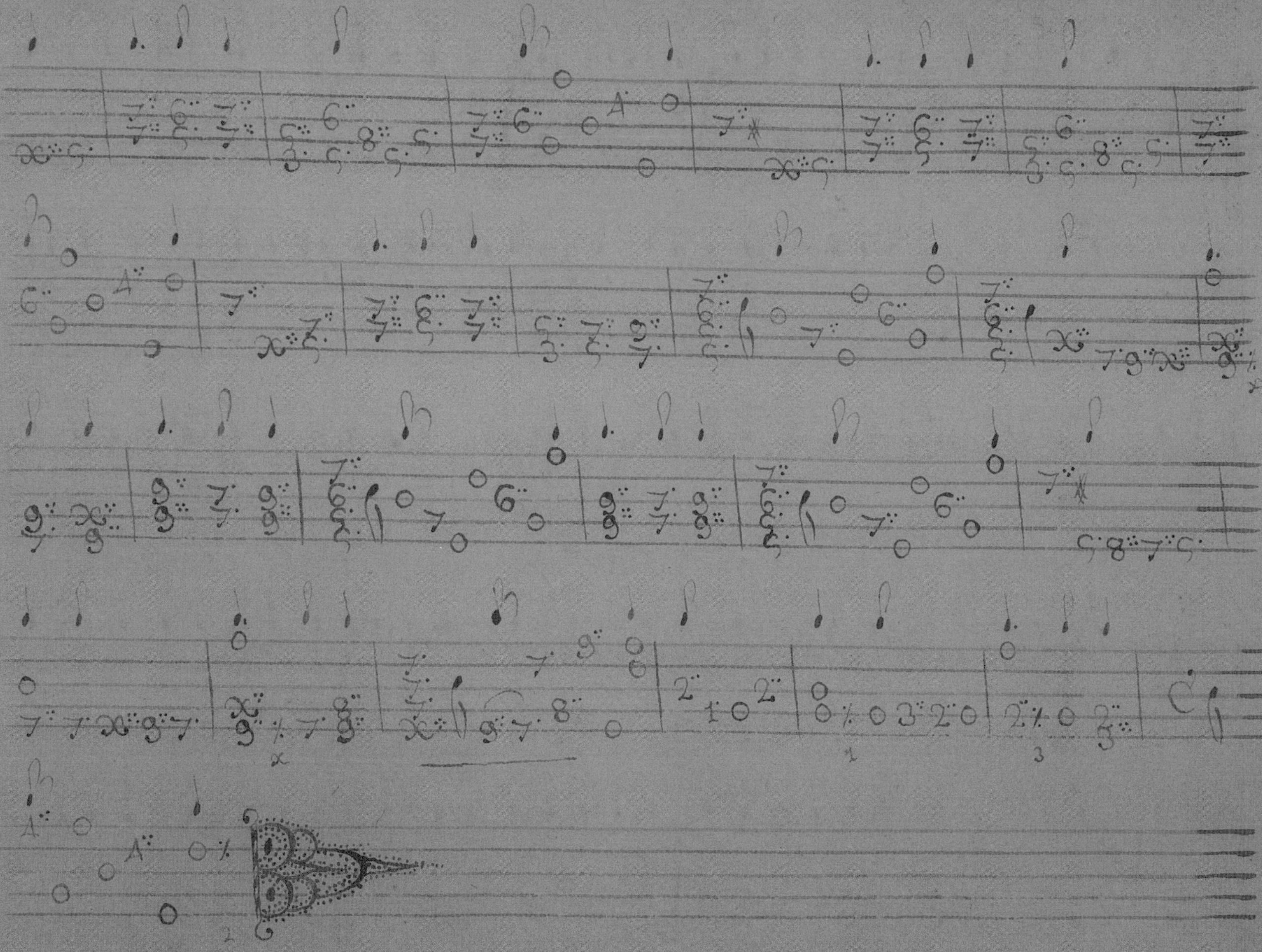

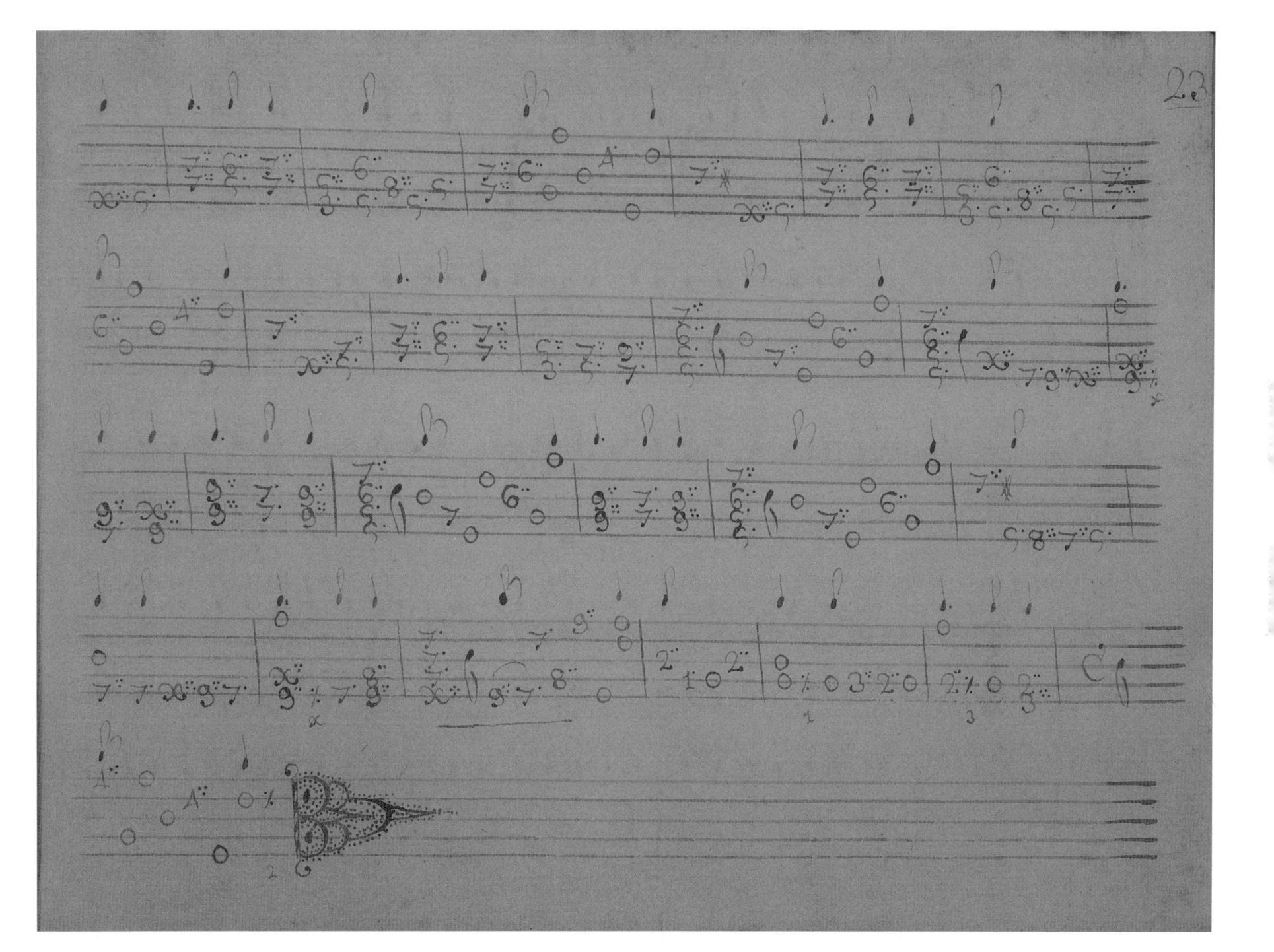

Canarios por La C.

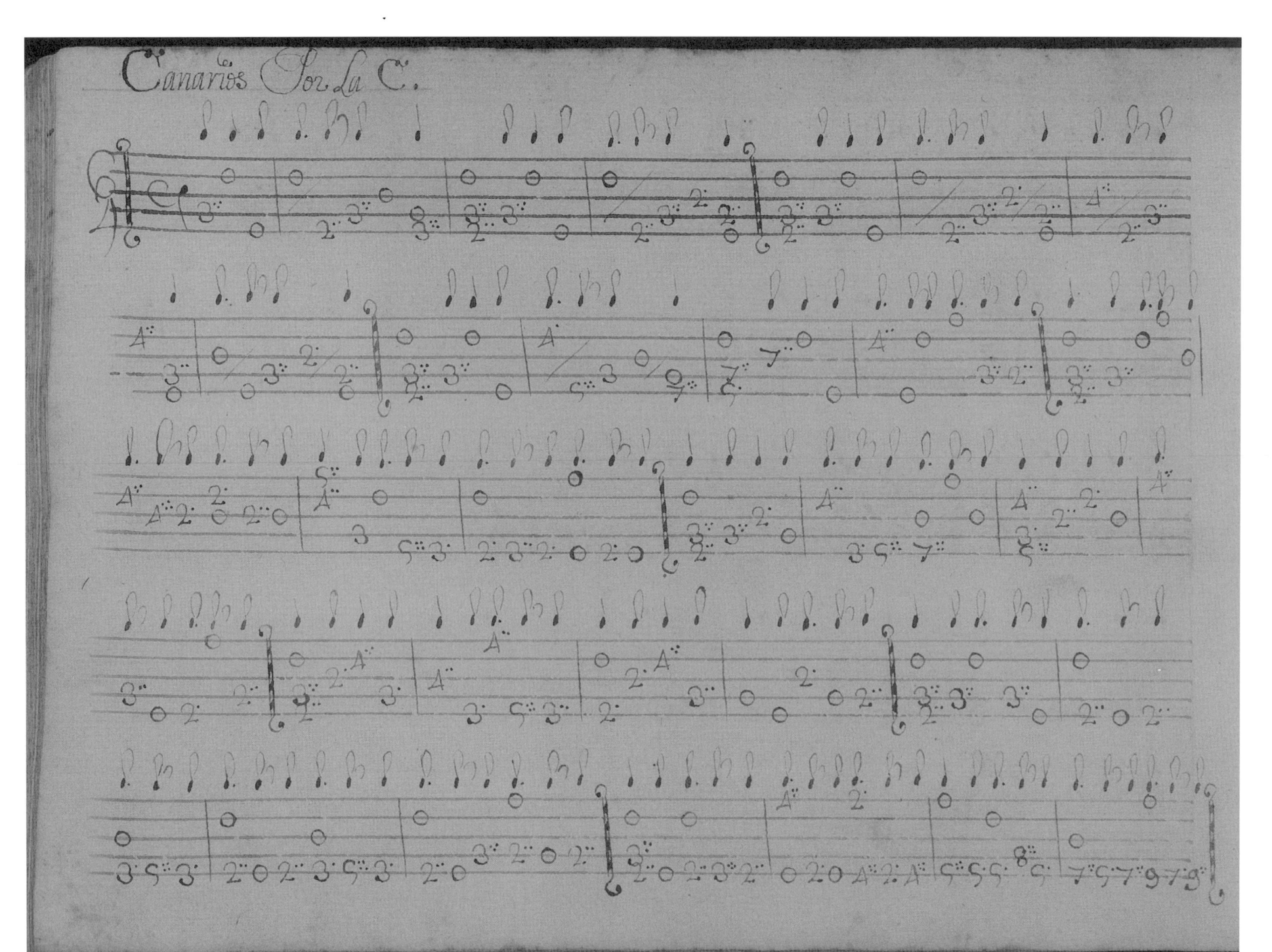

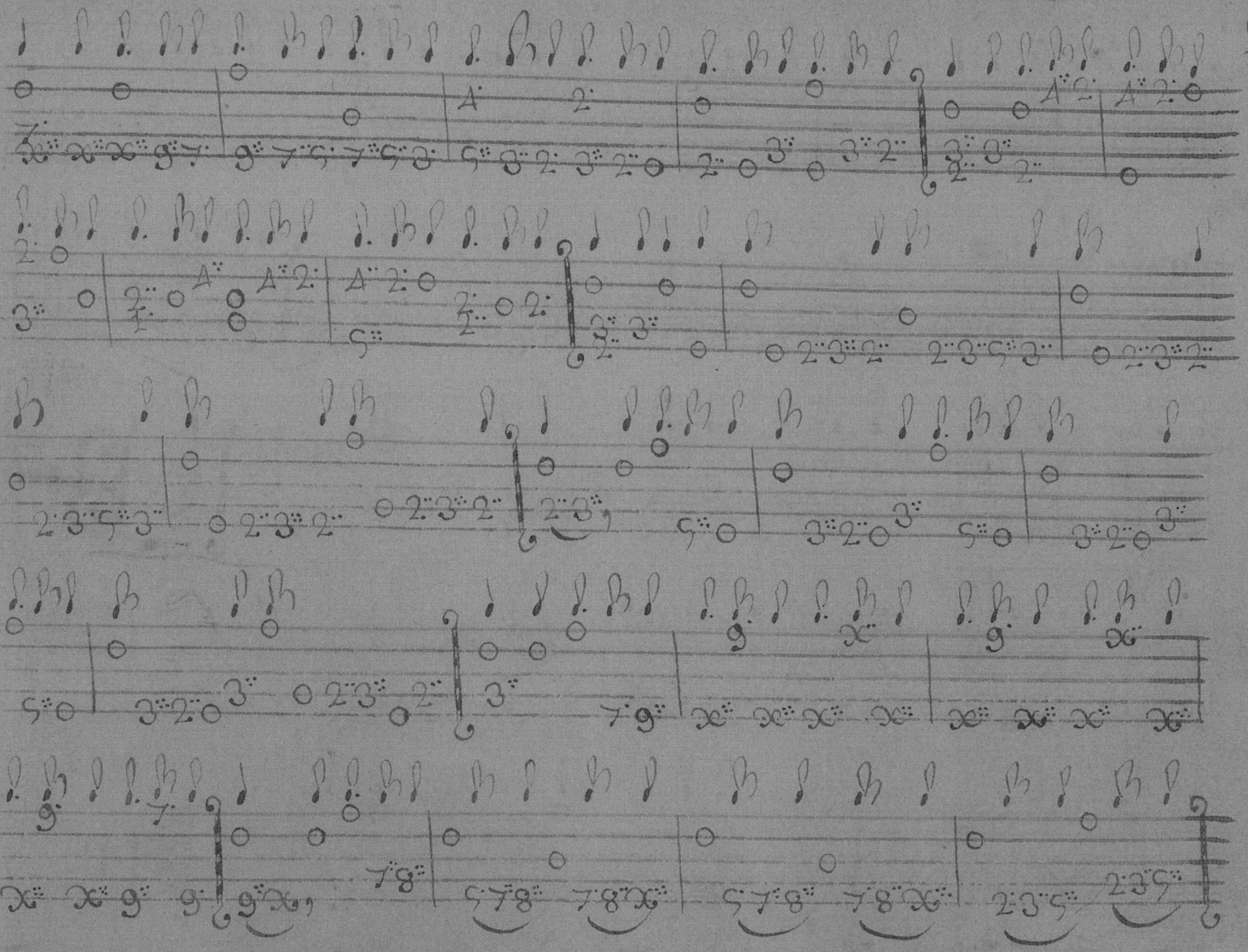

Menuet Facil.

Menuet.

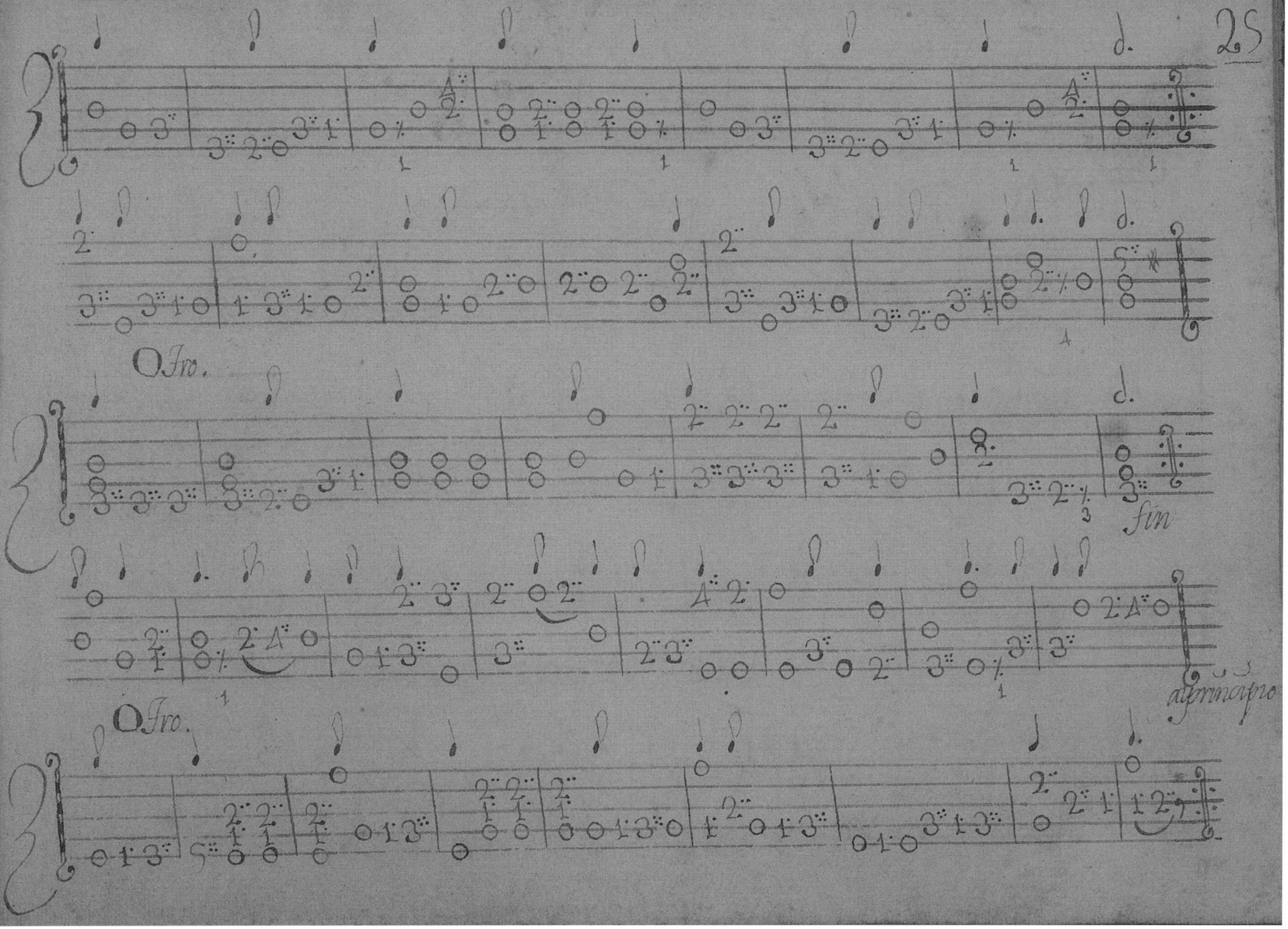

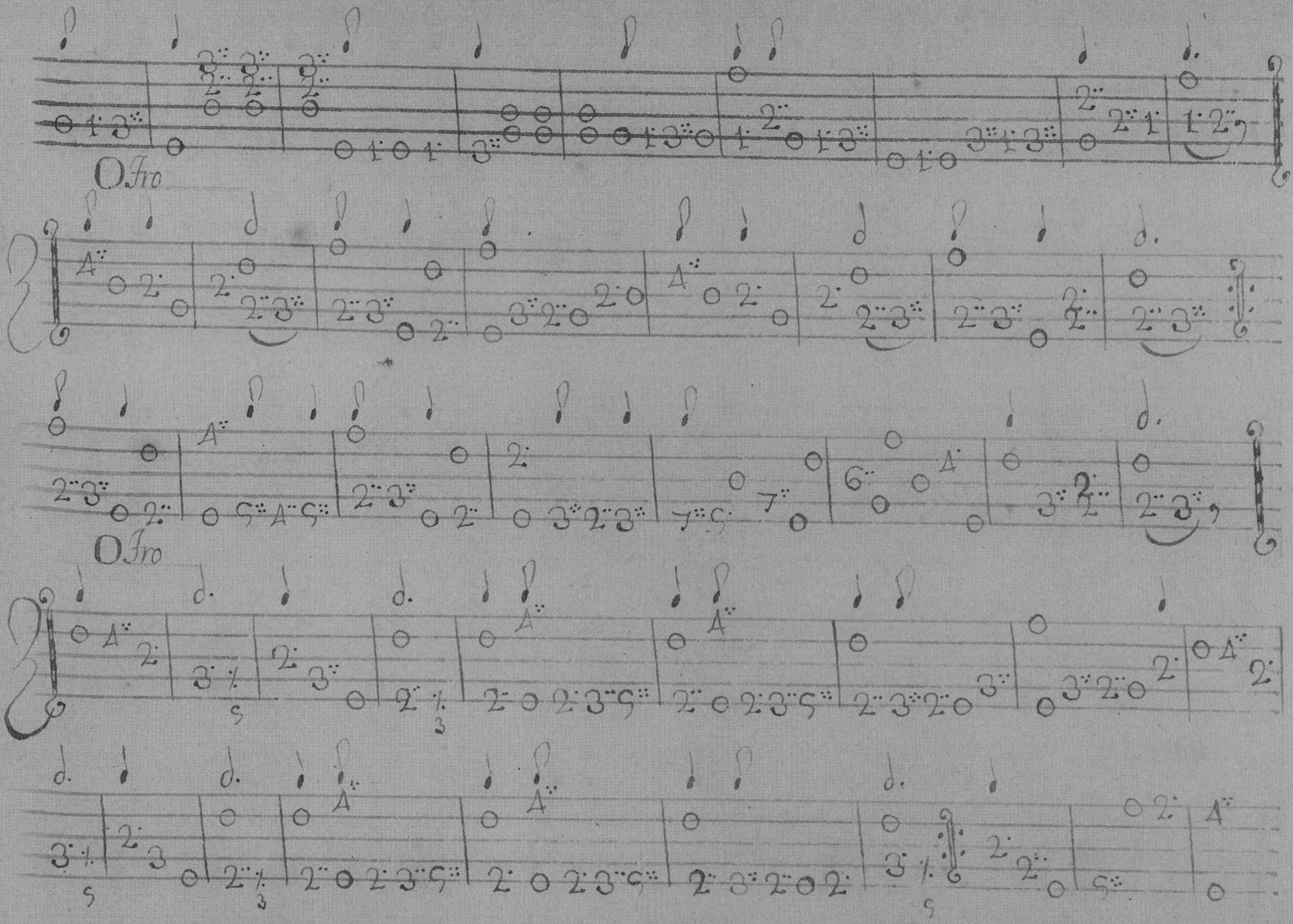
Otro
Otro

26

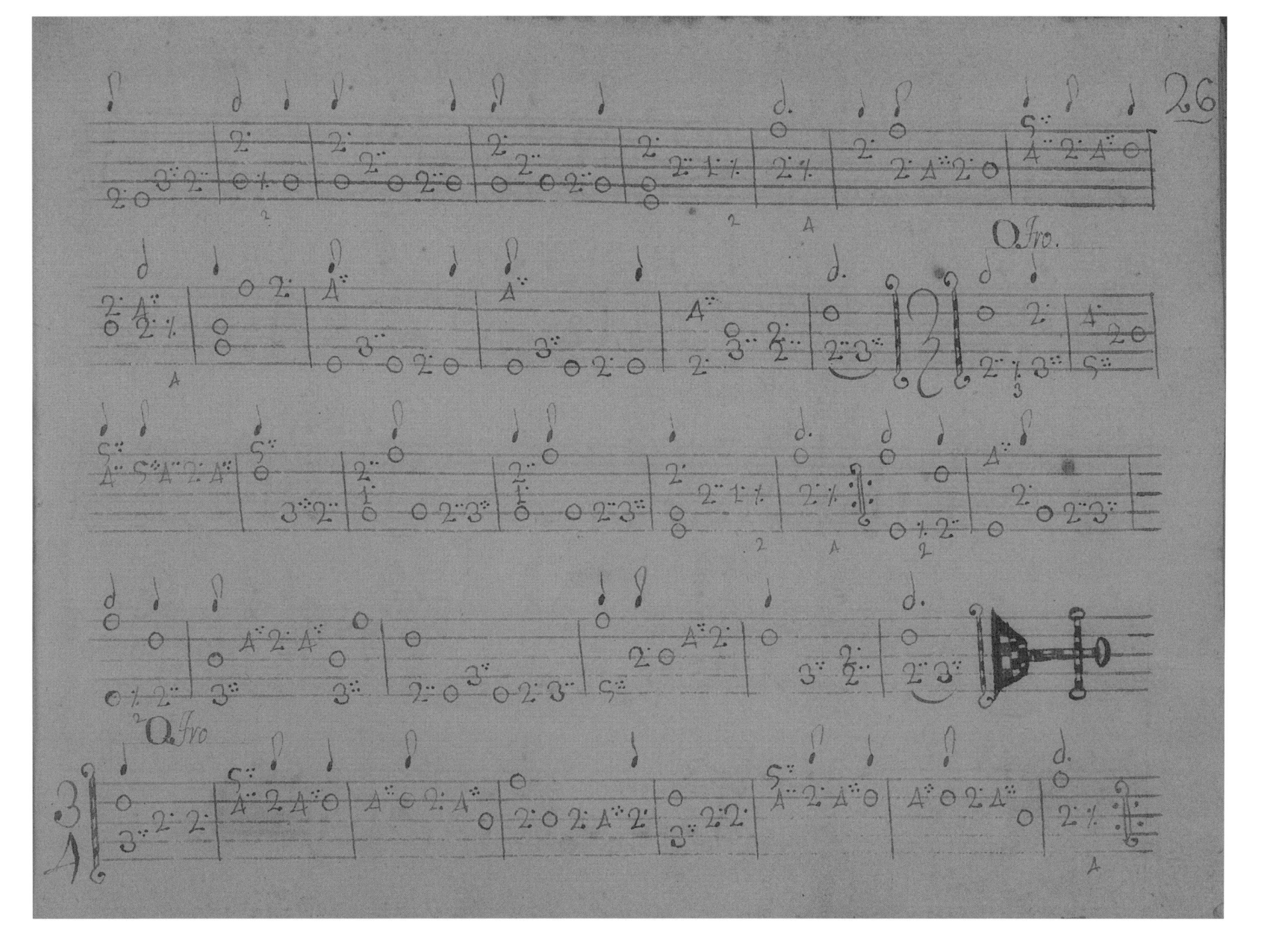

El Menuet Ingles.

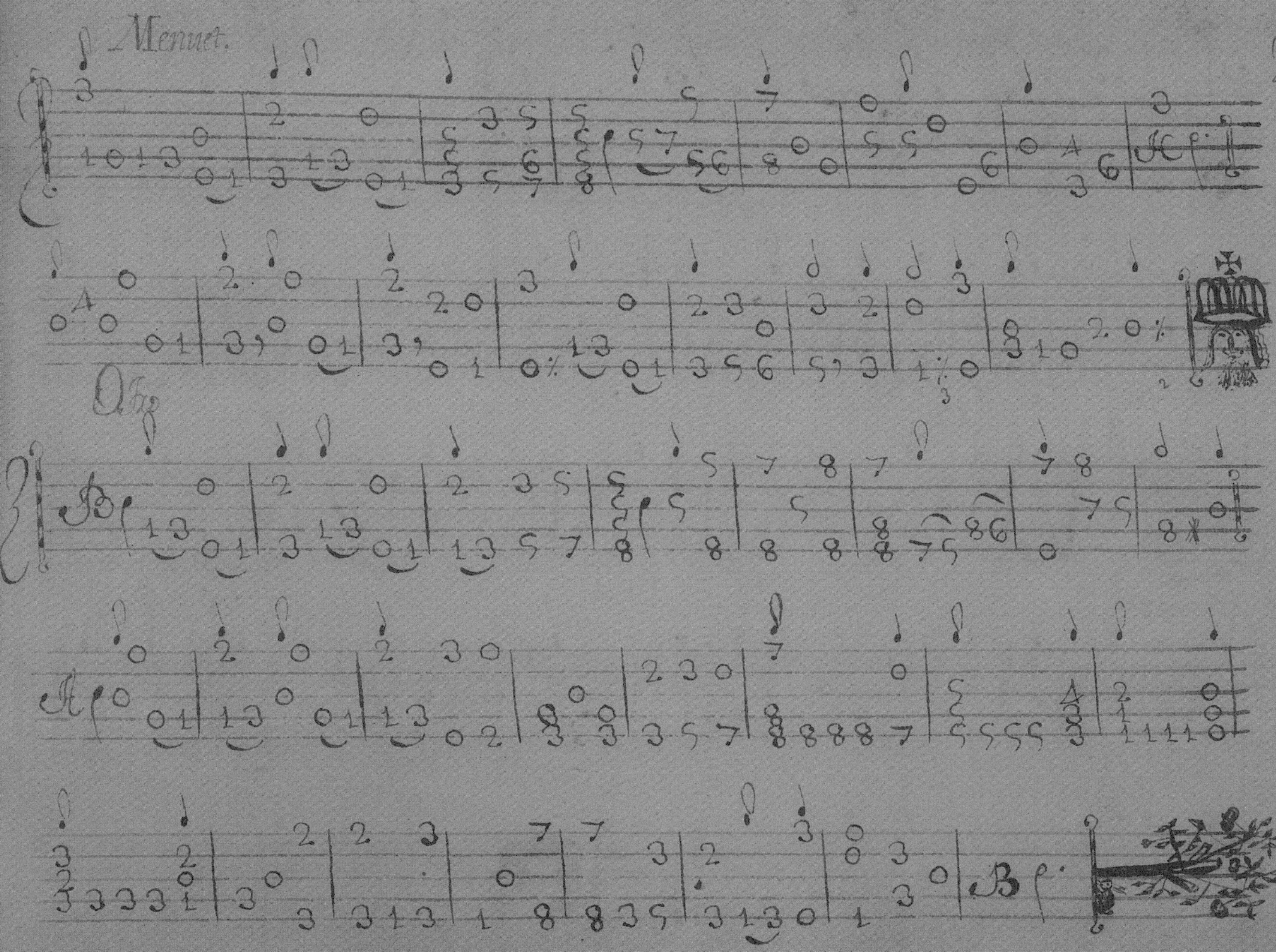
Menuet.

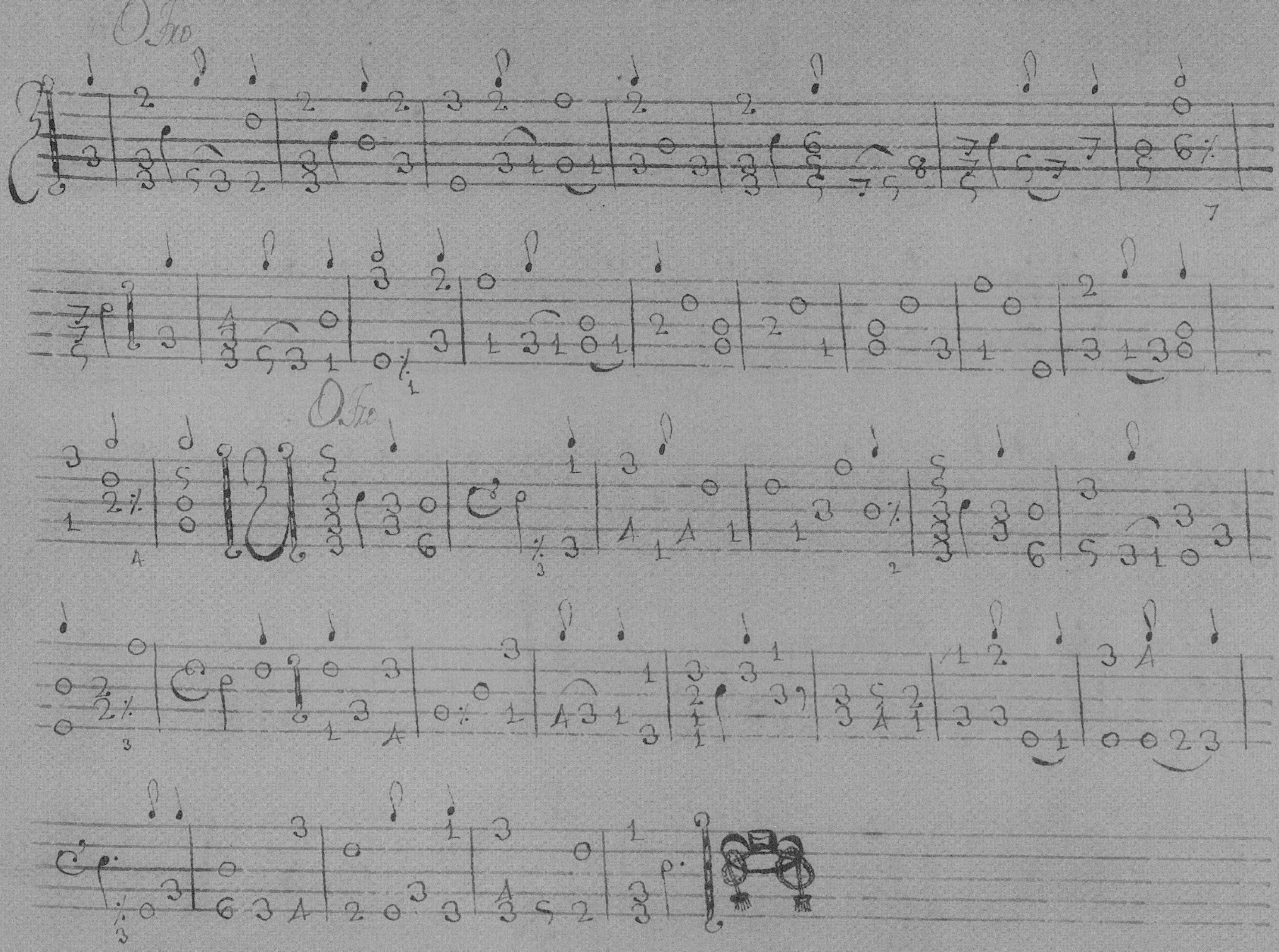

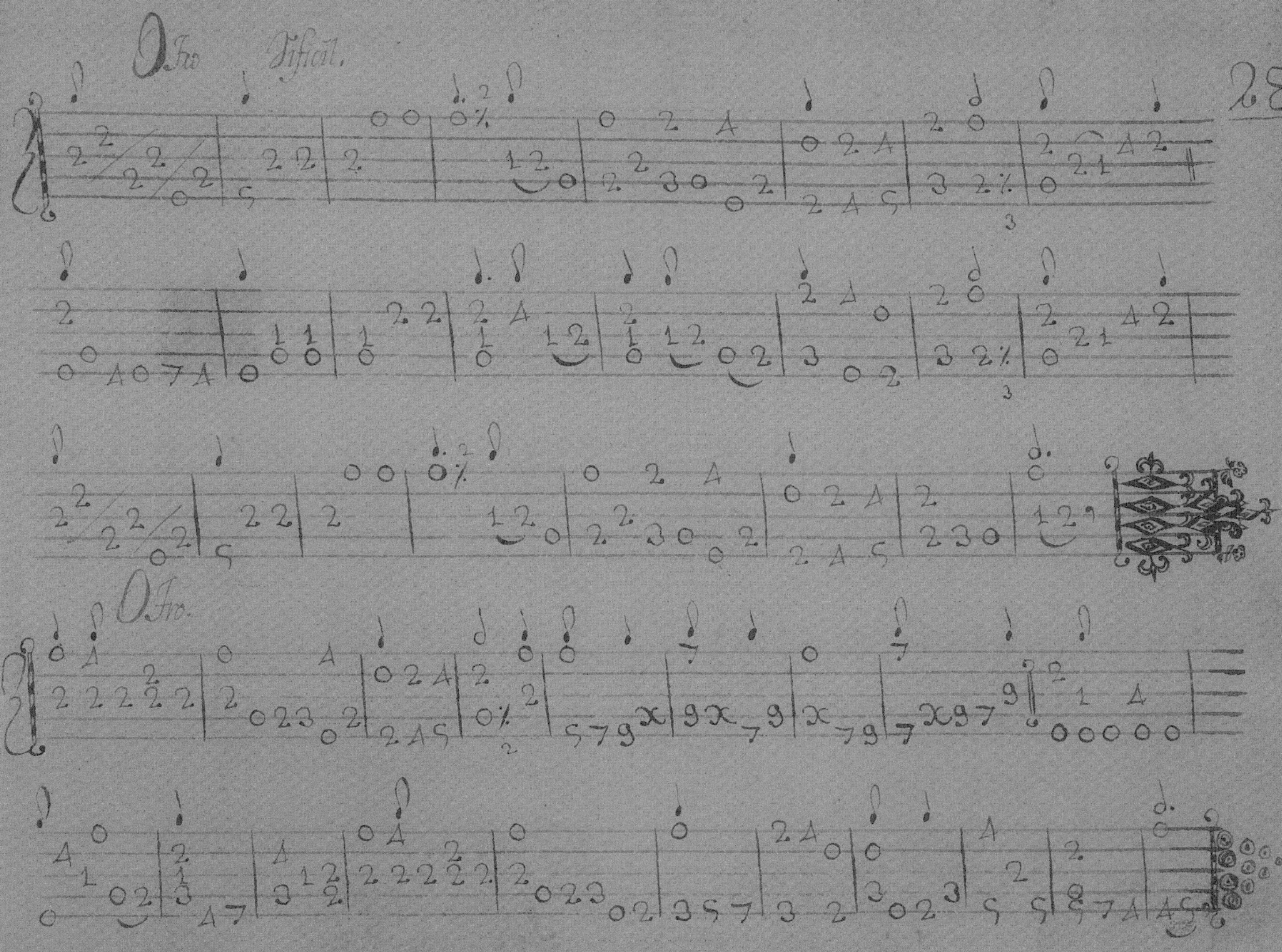

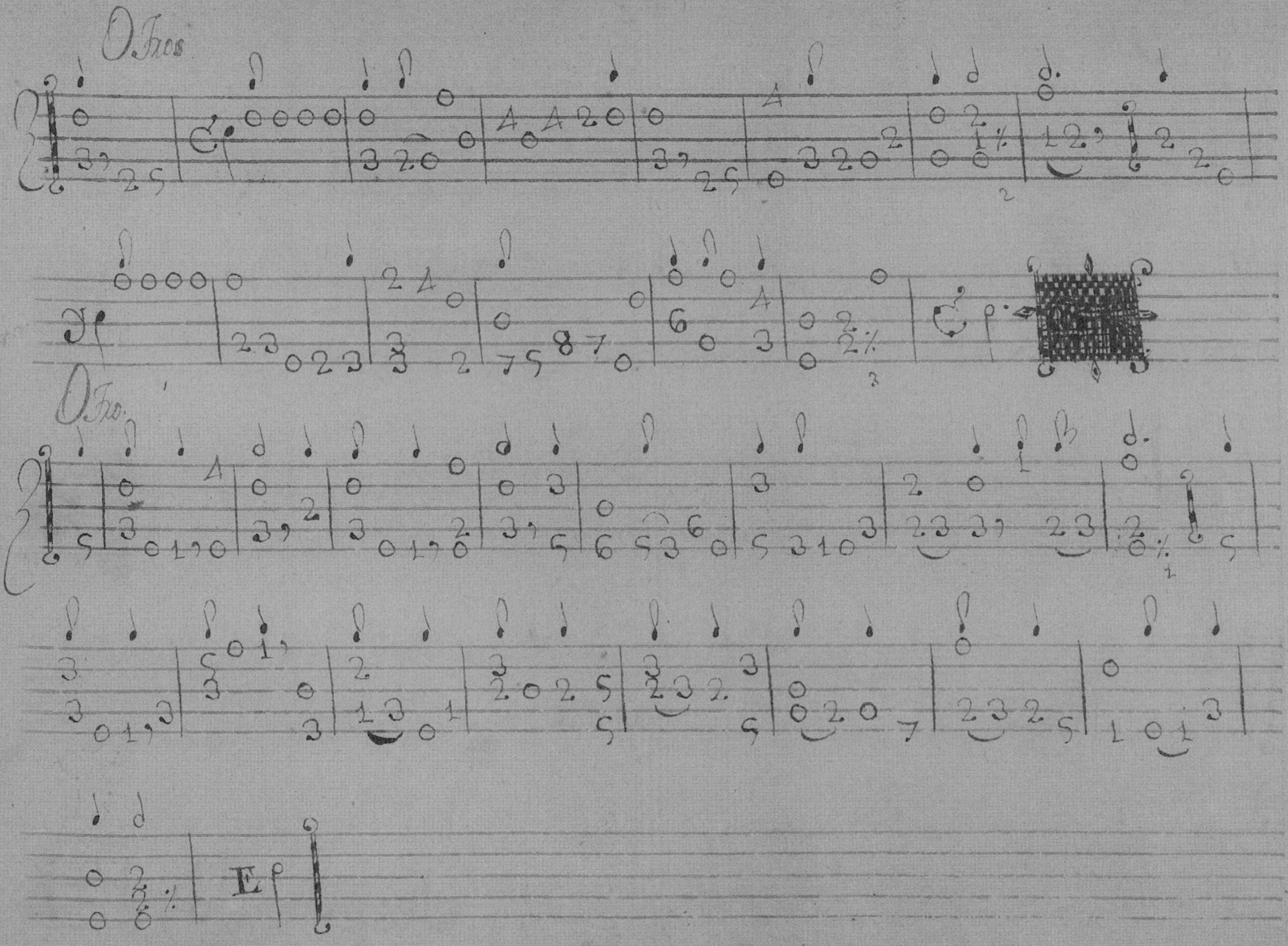

Jacaras de la Costa

El Torneo por la C.

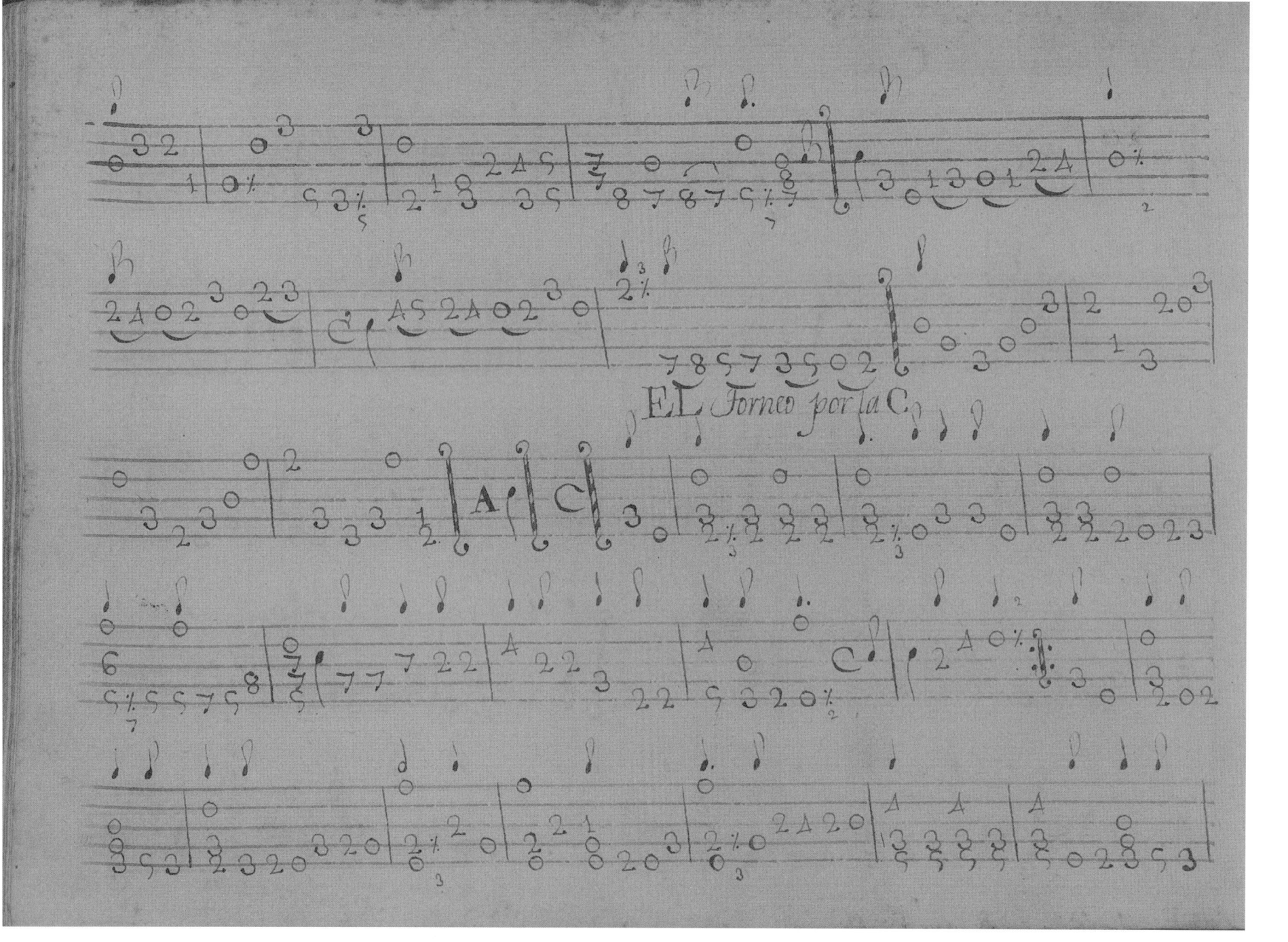

Batallas.

Reberencias

Vltimas Reberencias

Jacaras del Torneo.

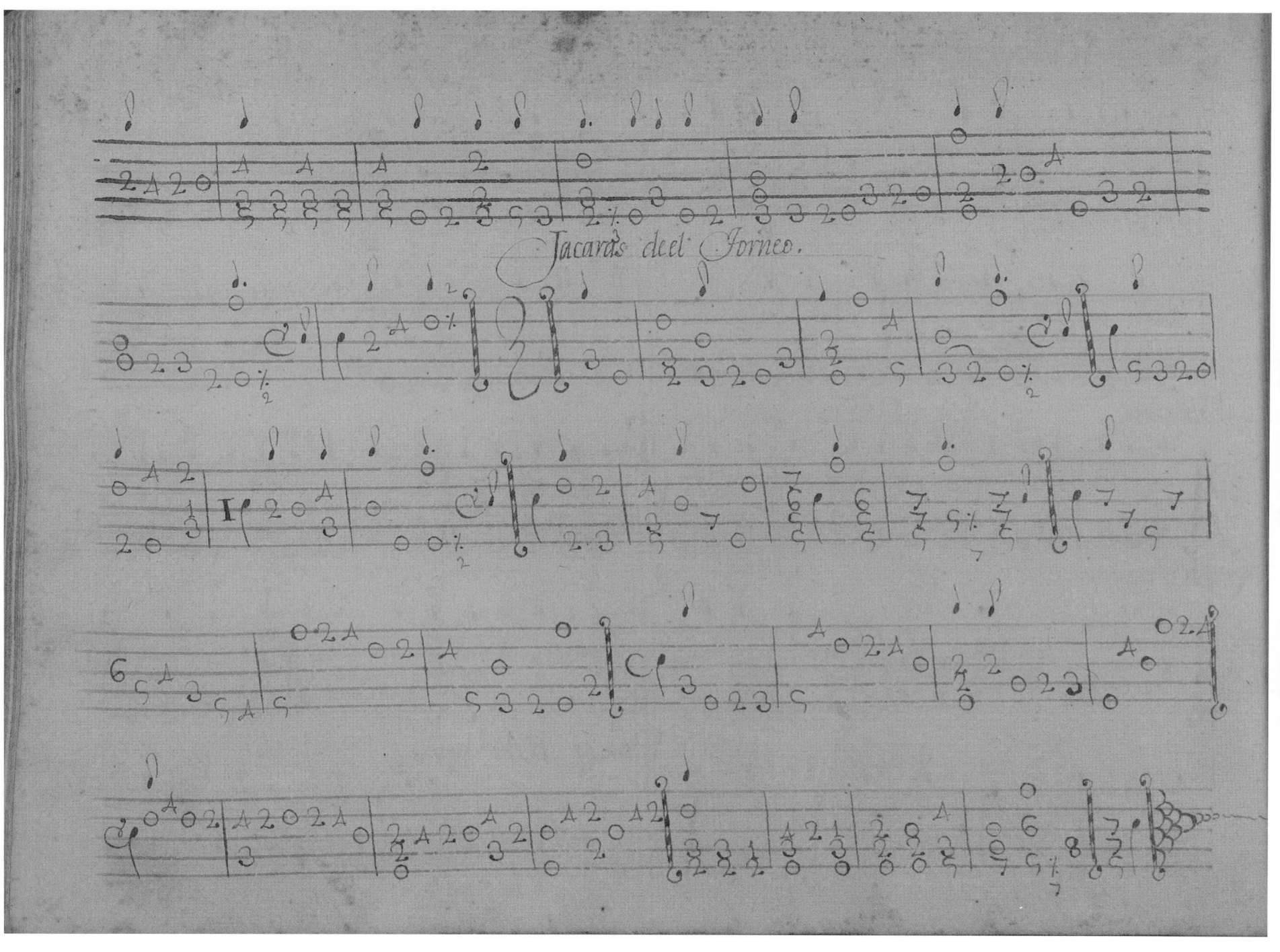

Gallardas del Torneo

La Azuzena Por La E.

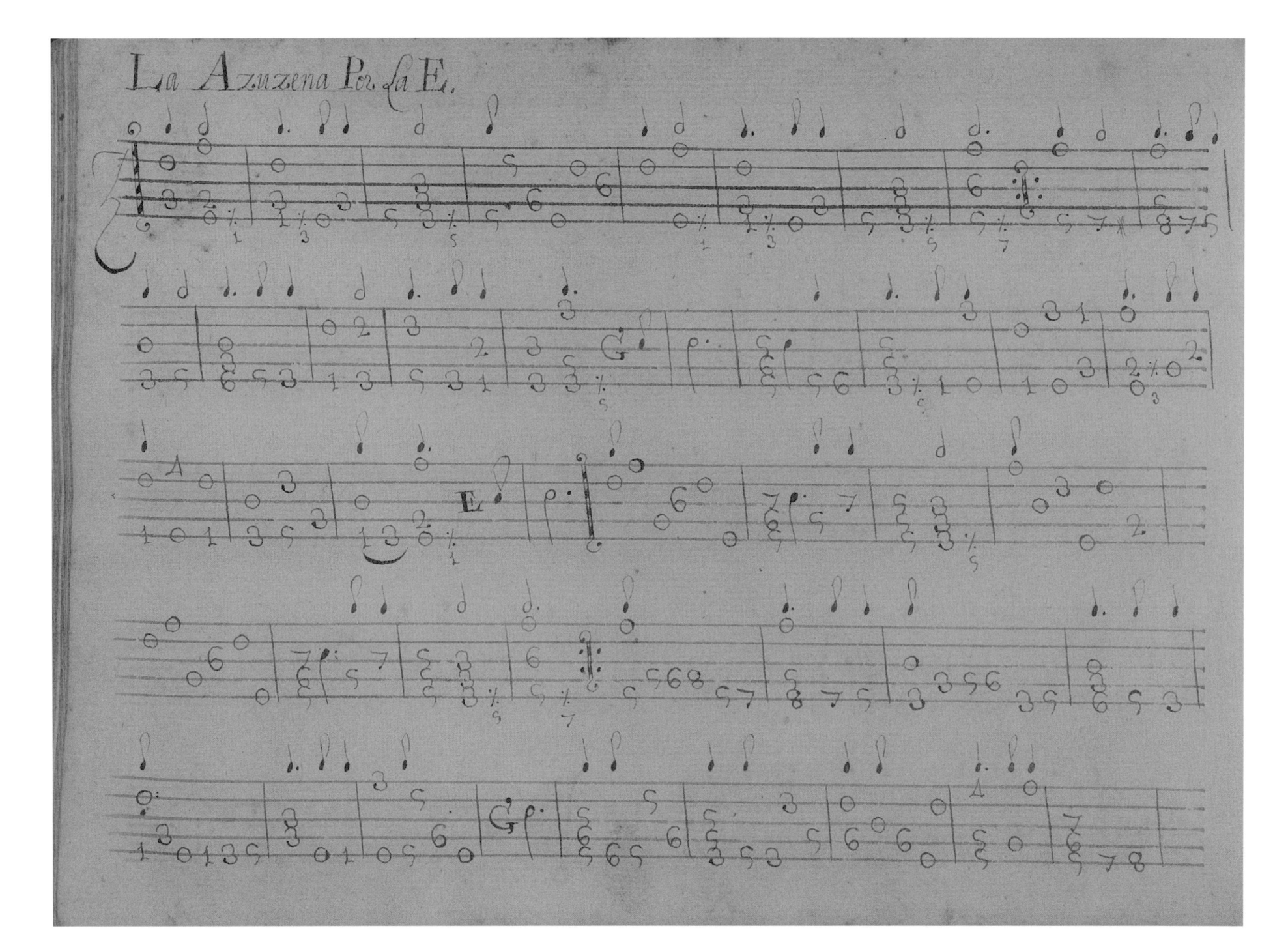

Los Ymposibles p.r la D.

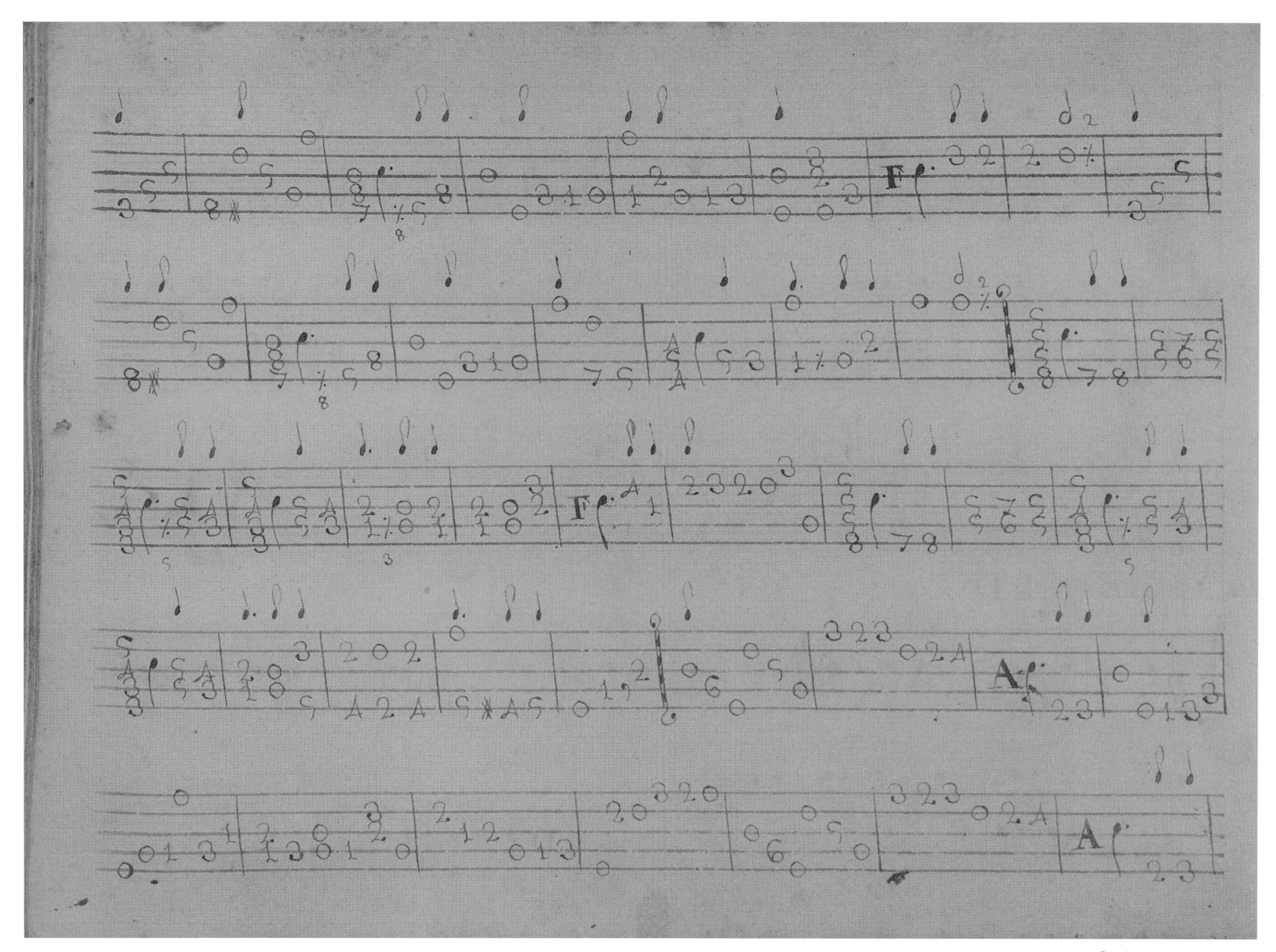

[Folio 33 is missing.]

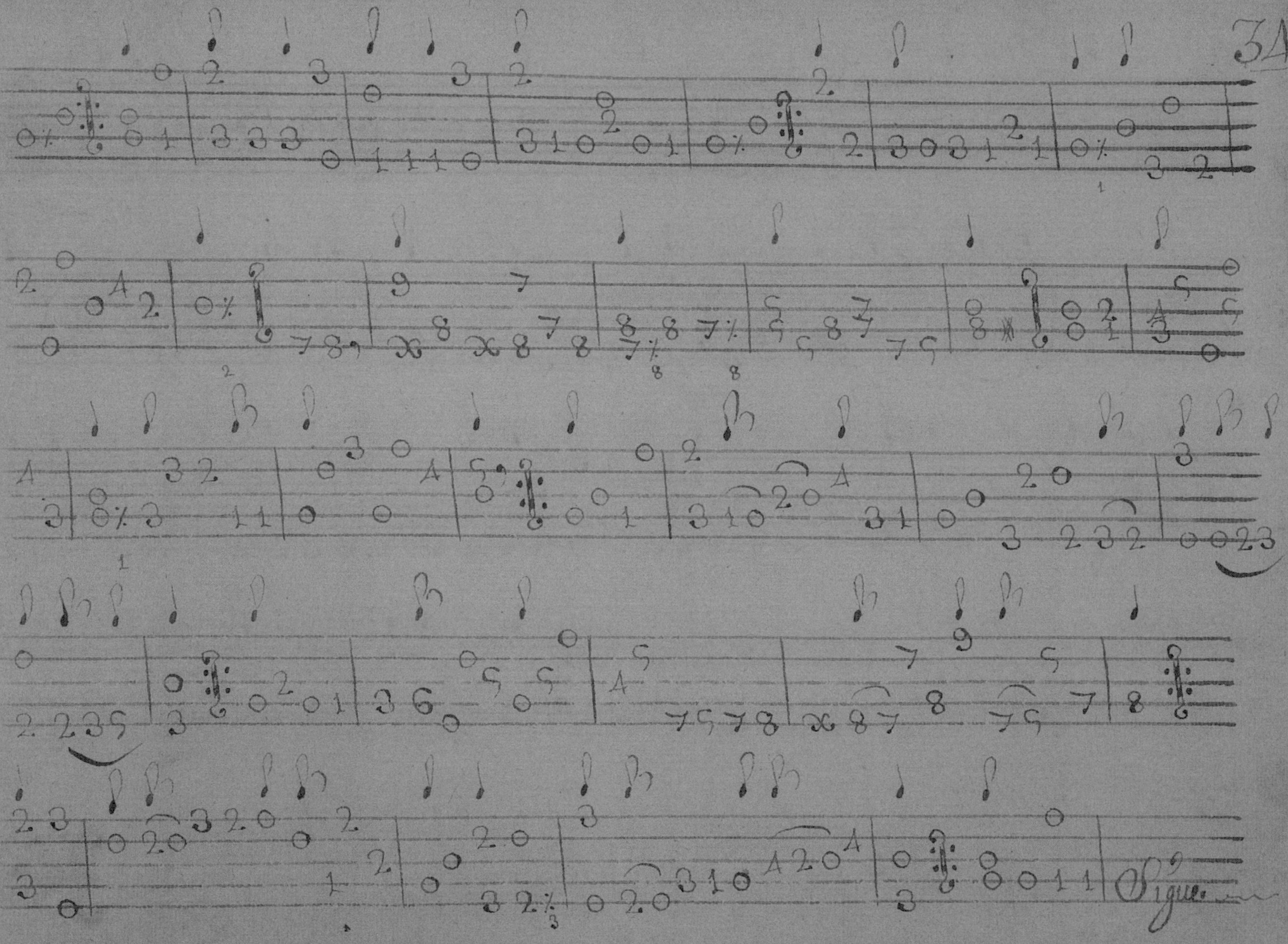
Gigue

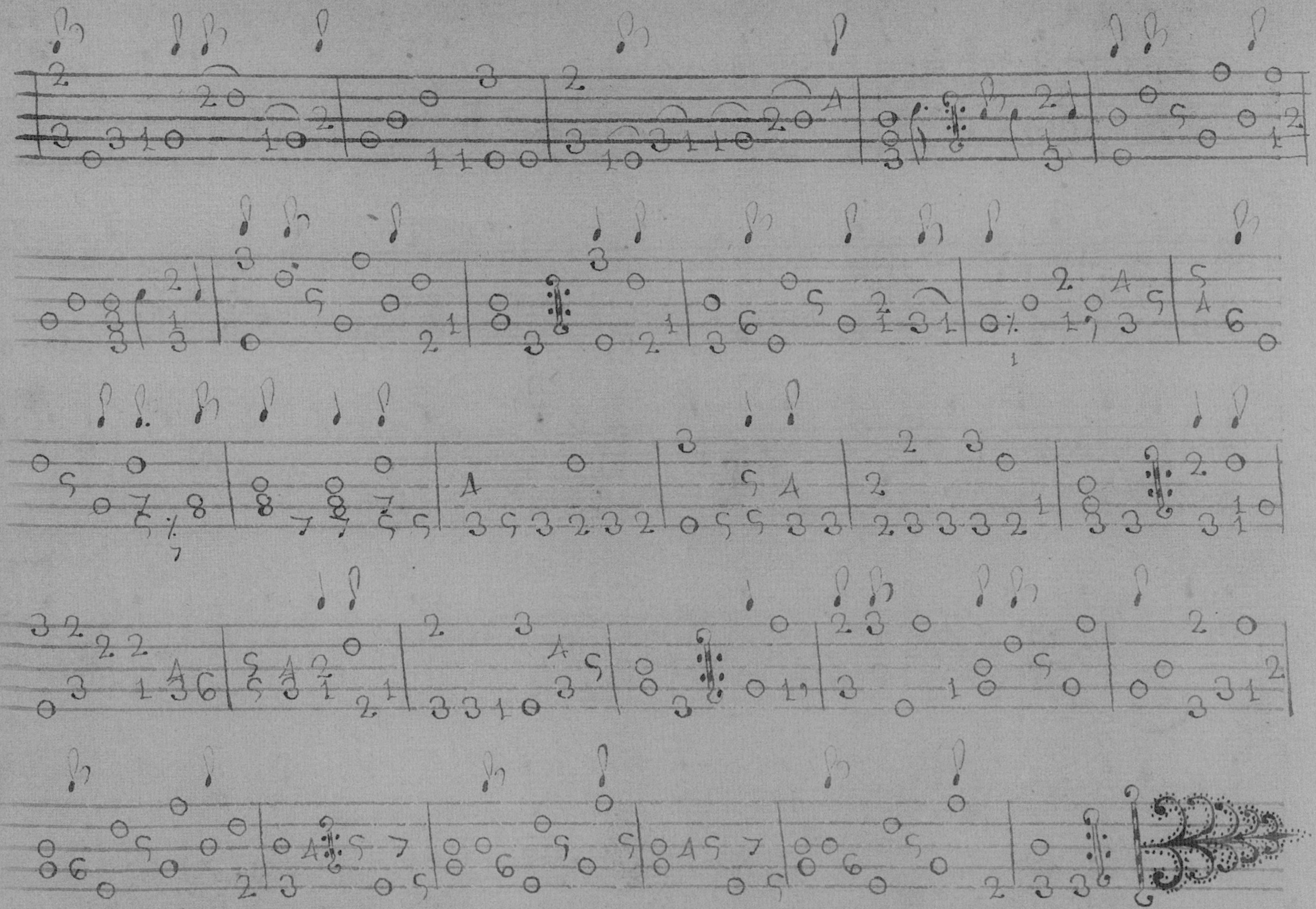

Zarambeques Por La C.

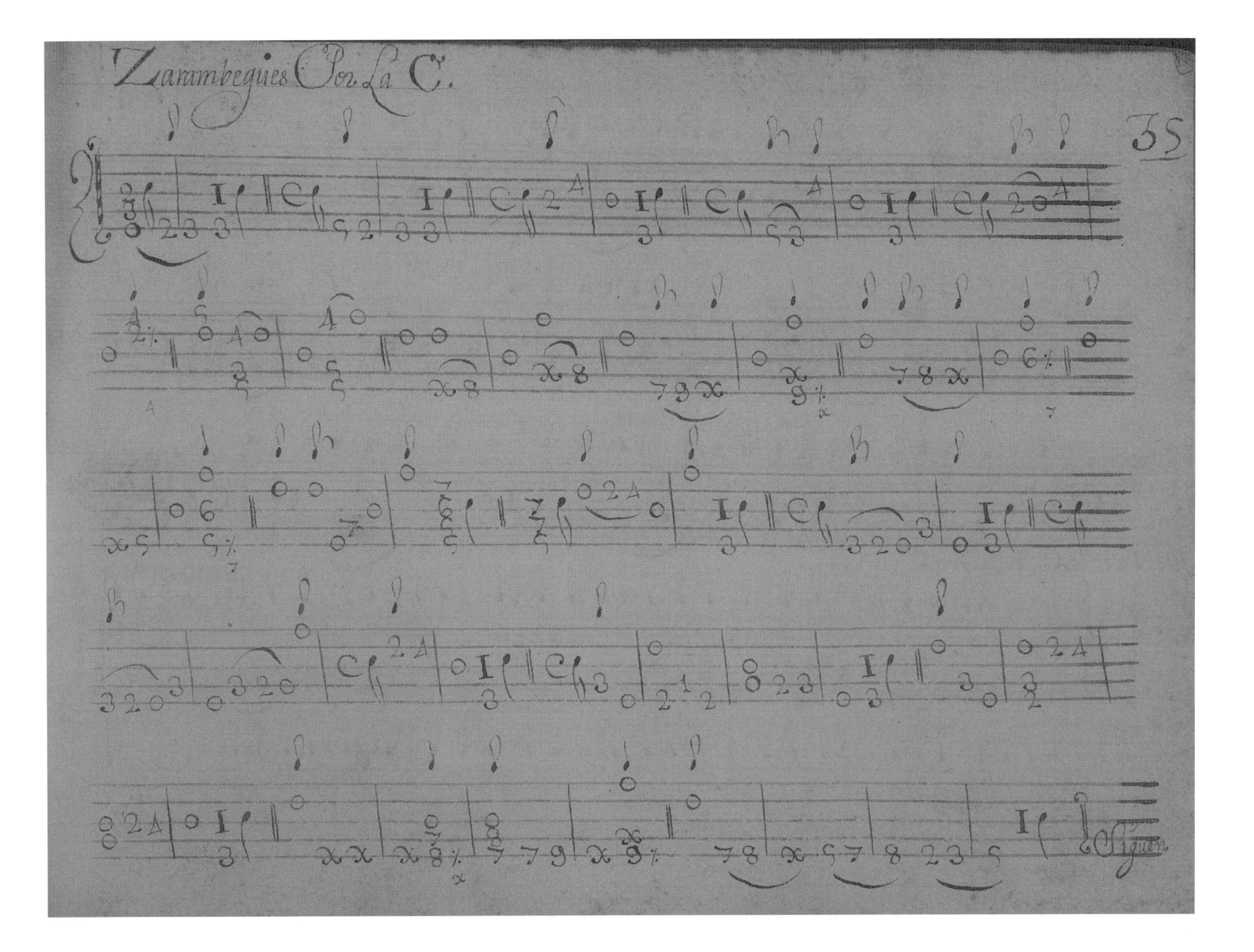

Obra por la C. Allemanda.

Correnta.

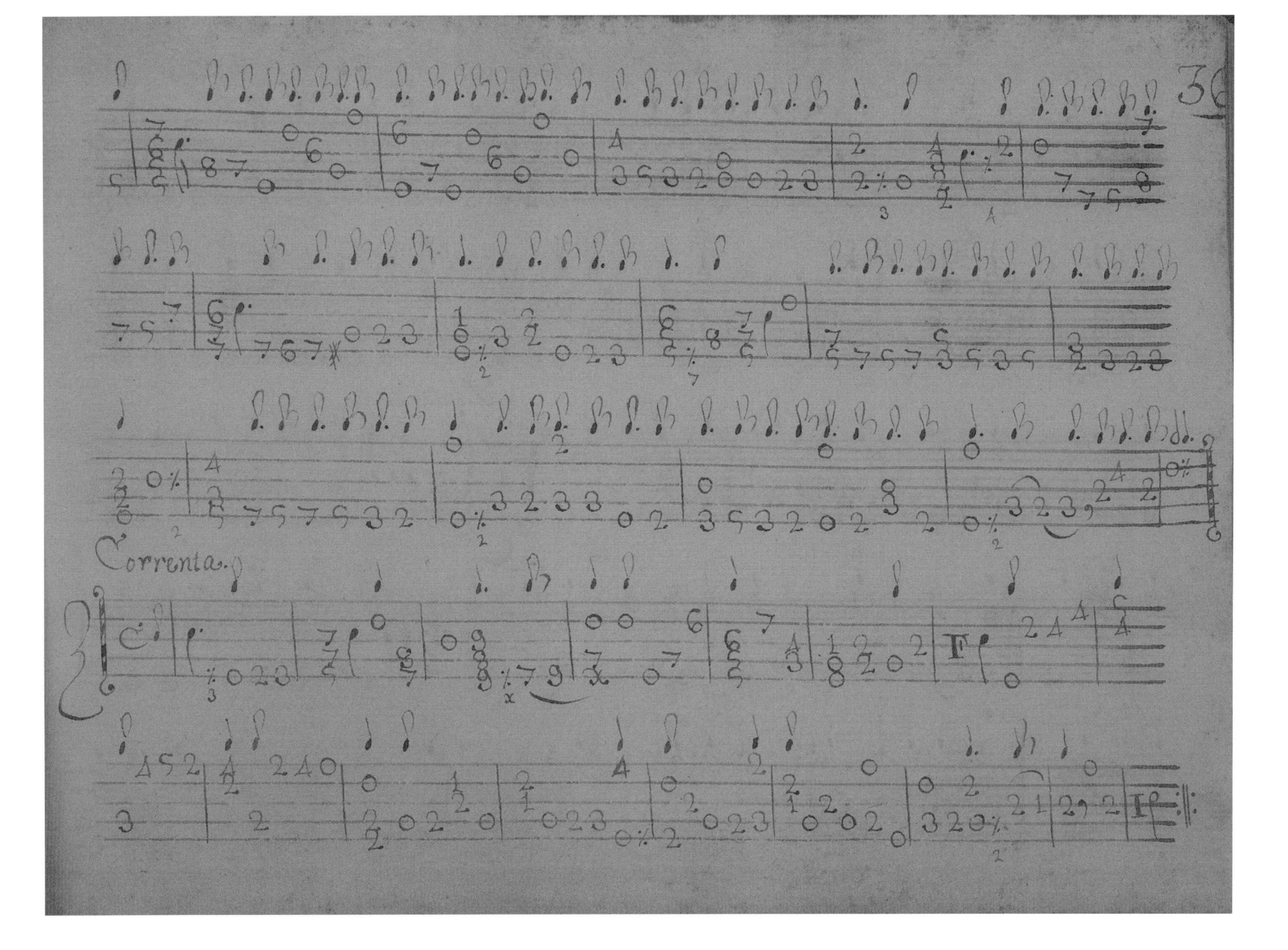

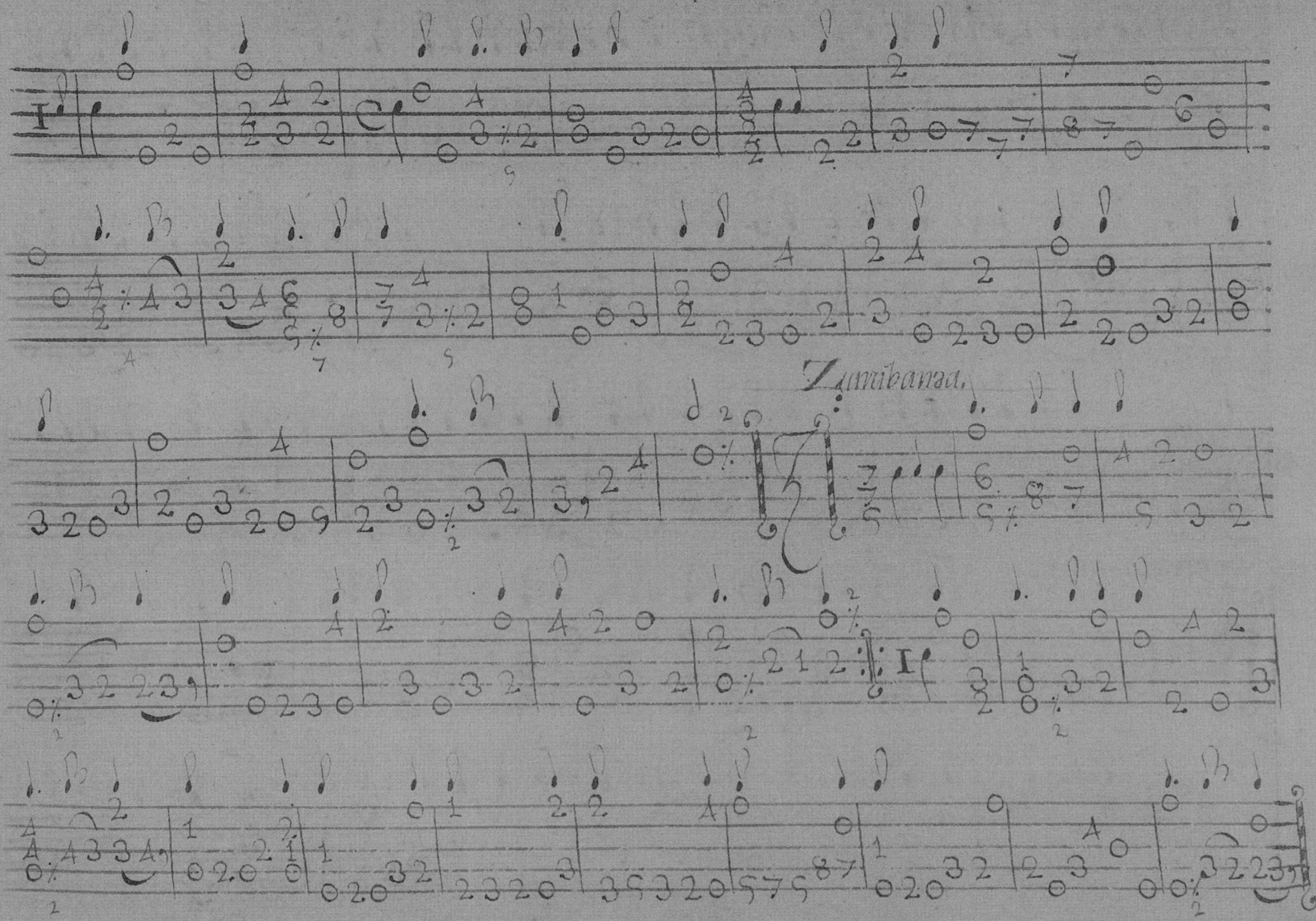
Zarabanda.

Giga

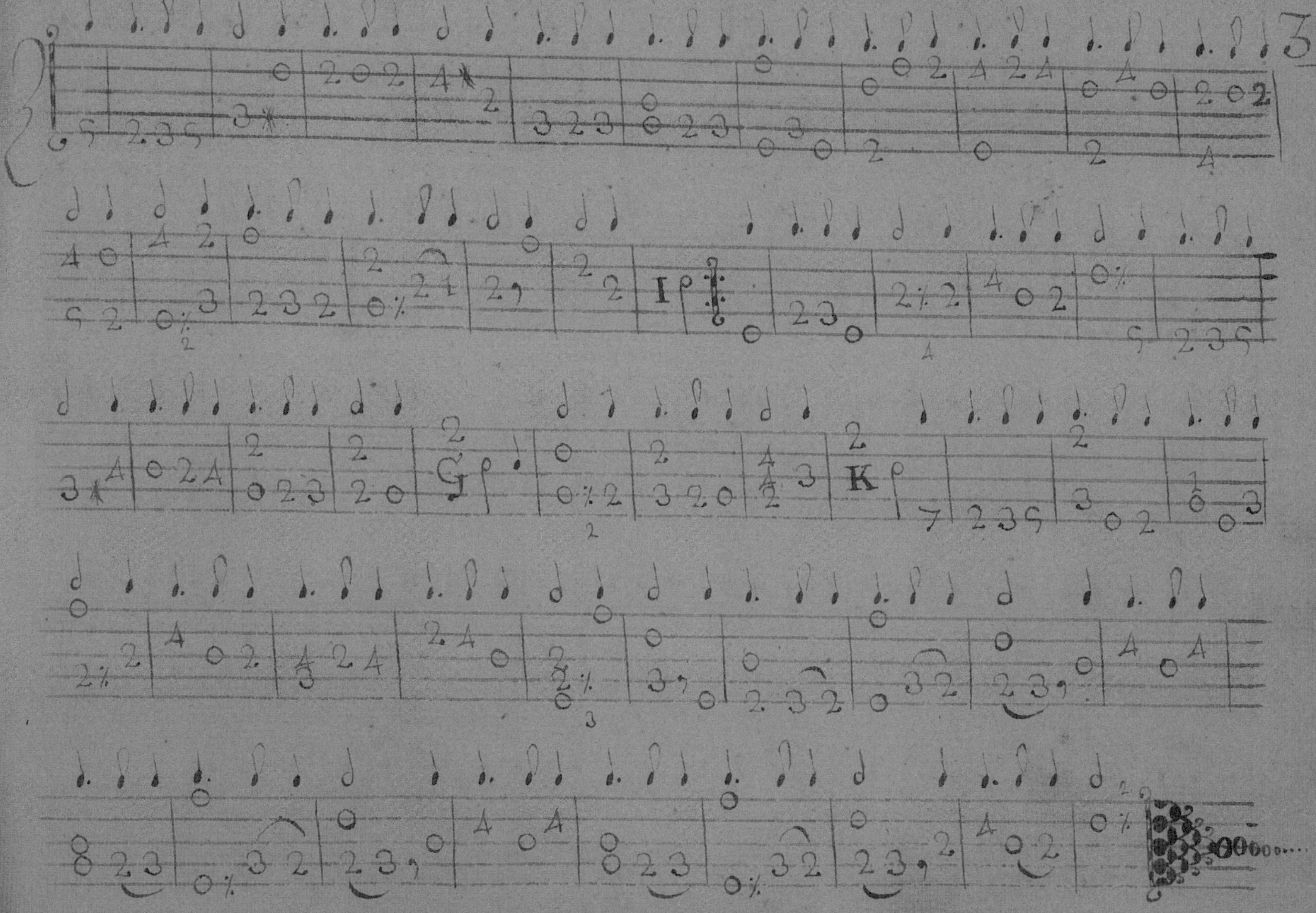

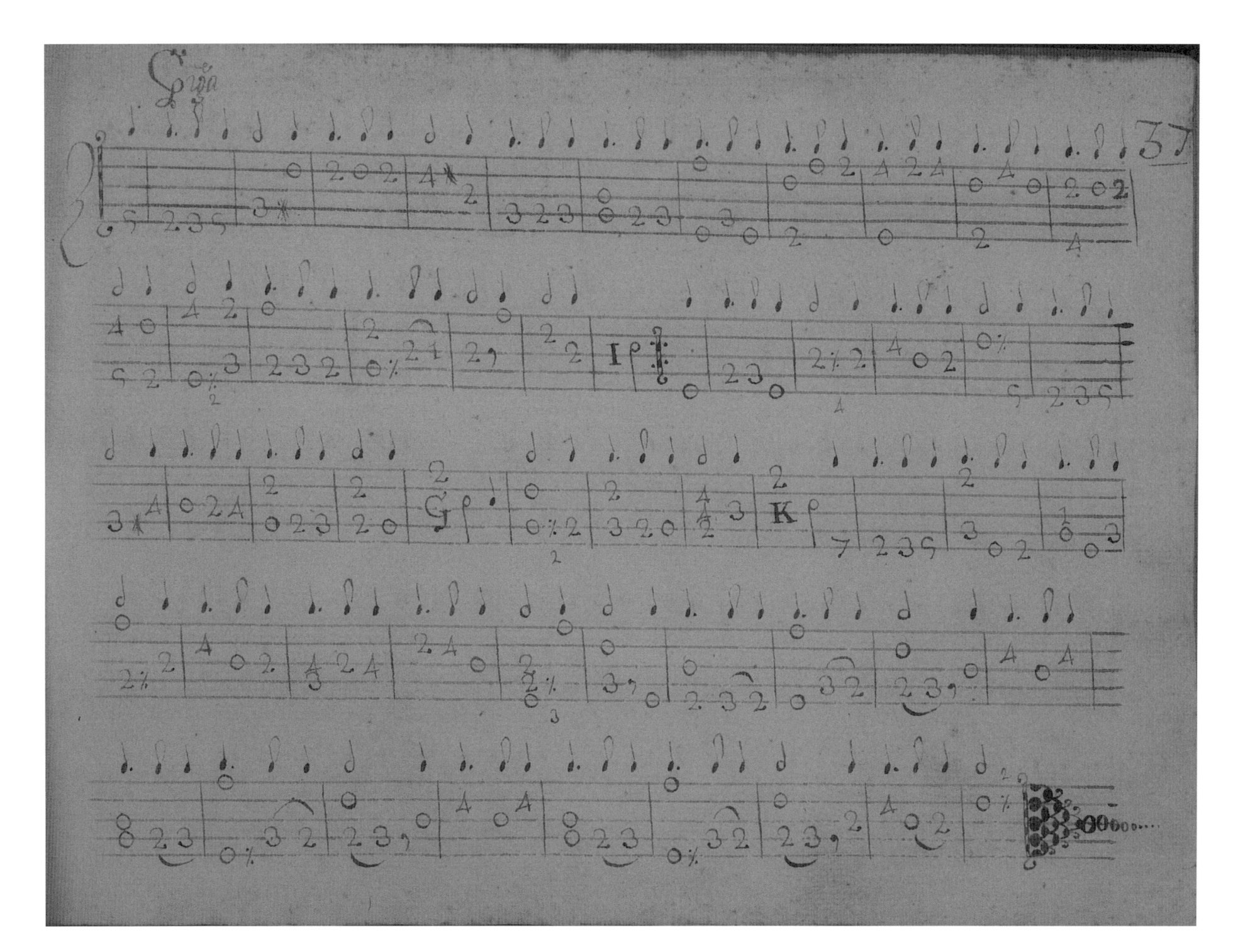

Baylan Caracoles Por La C

Marssellas por la B.

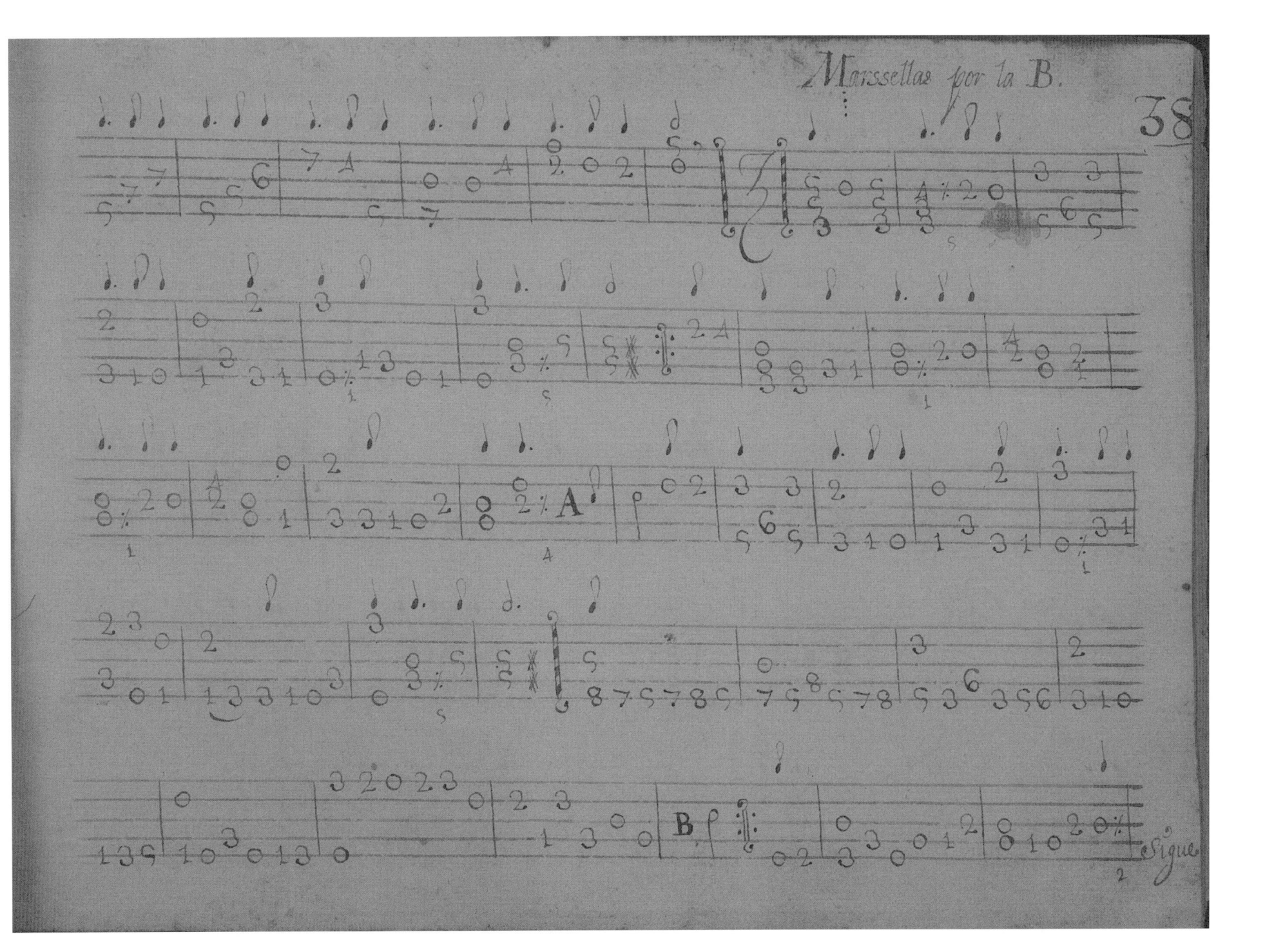

38

Sigue

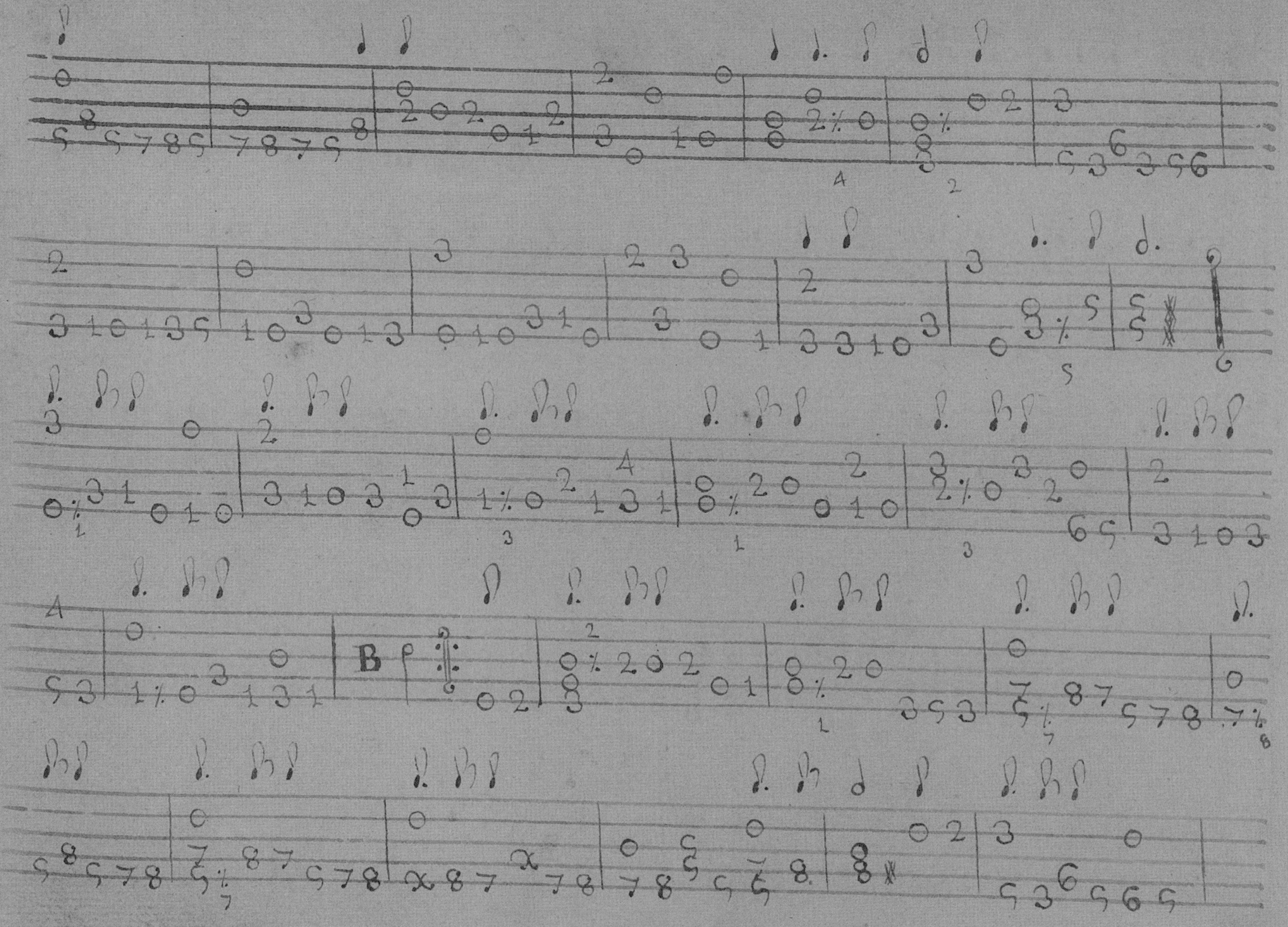
B

39

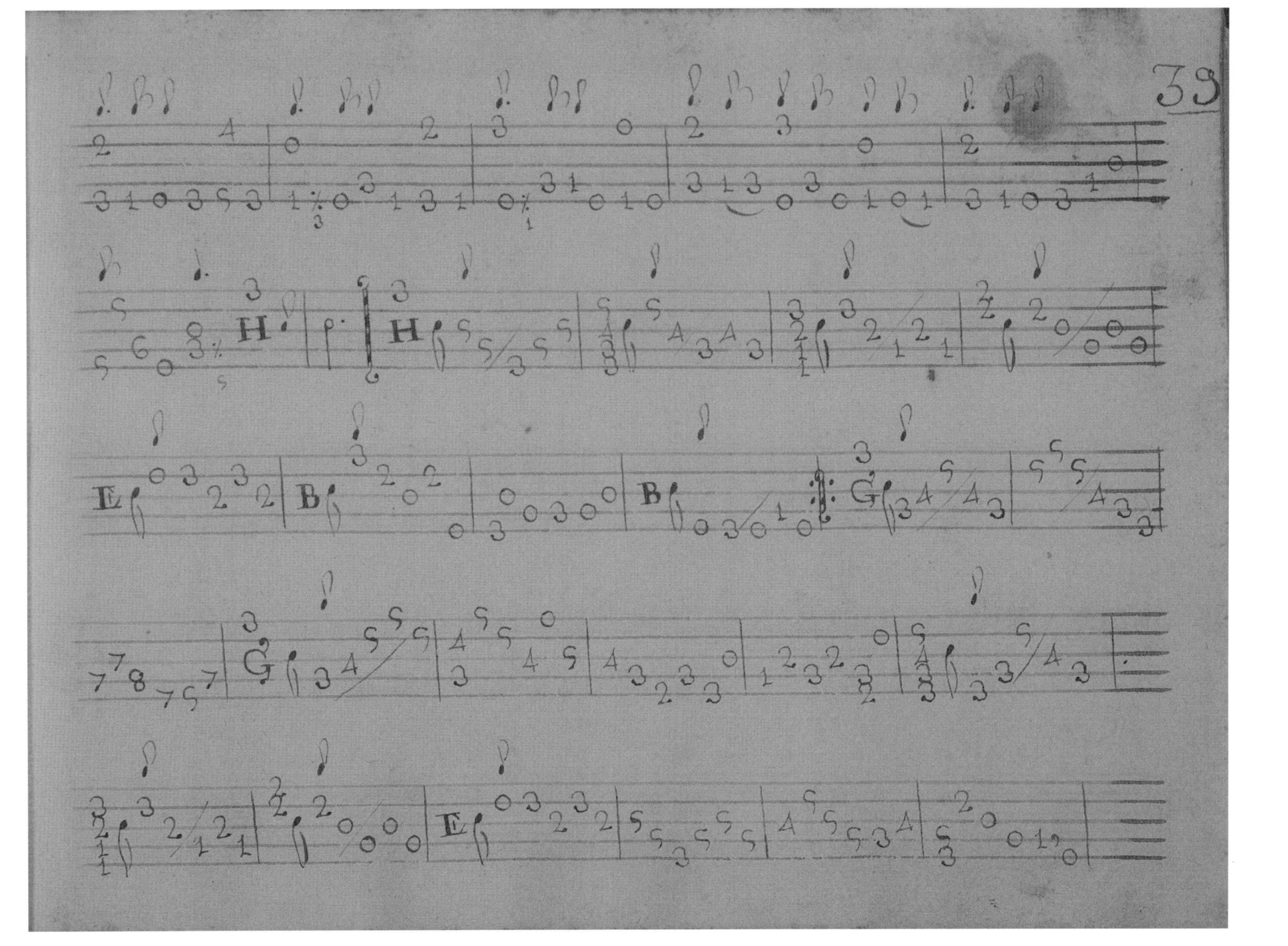

Canción

Marcha dos Oboes

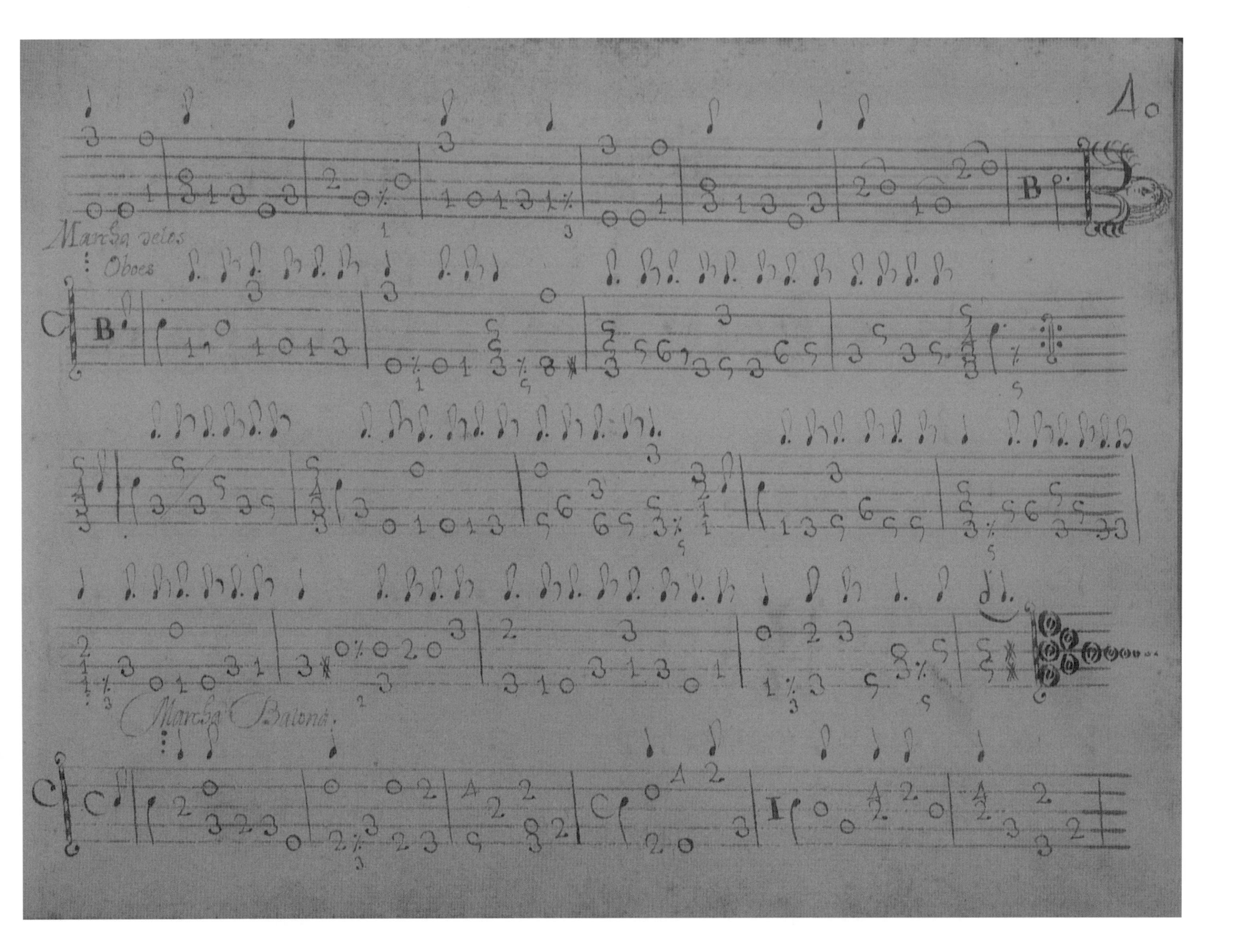

Marcha Batona

Marcha de los Carabineros.

41

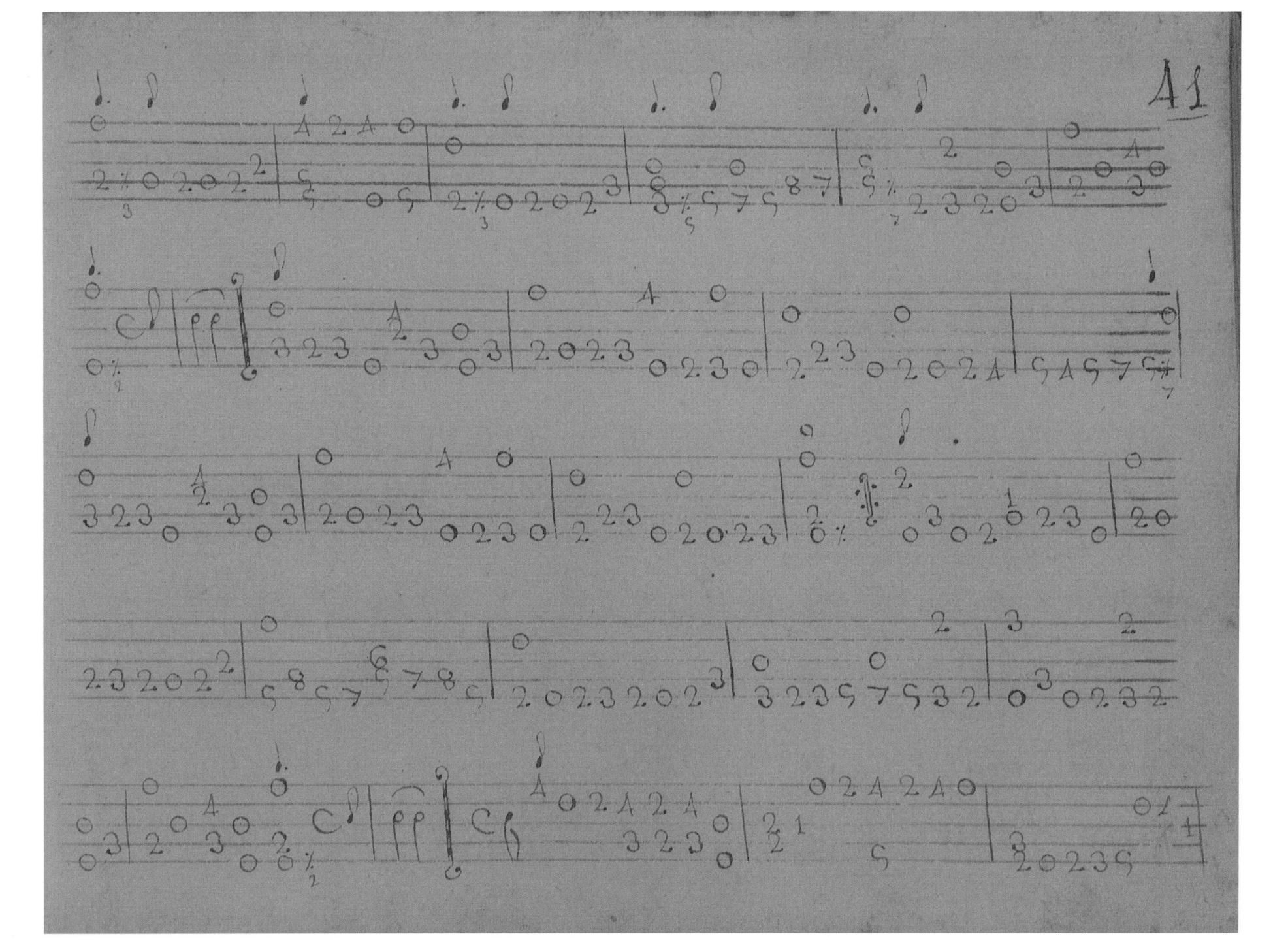

Marcha delas Guardias dela Reyna Ana

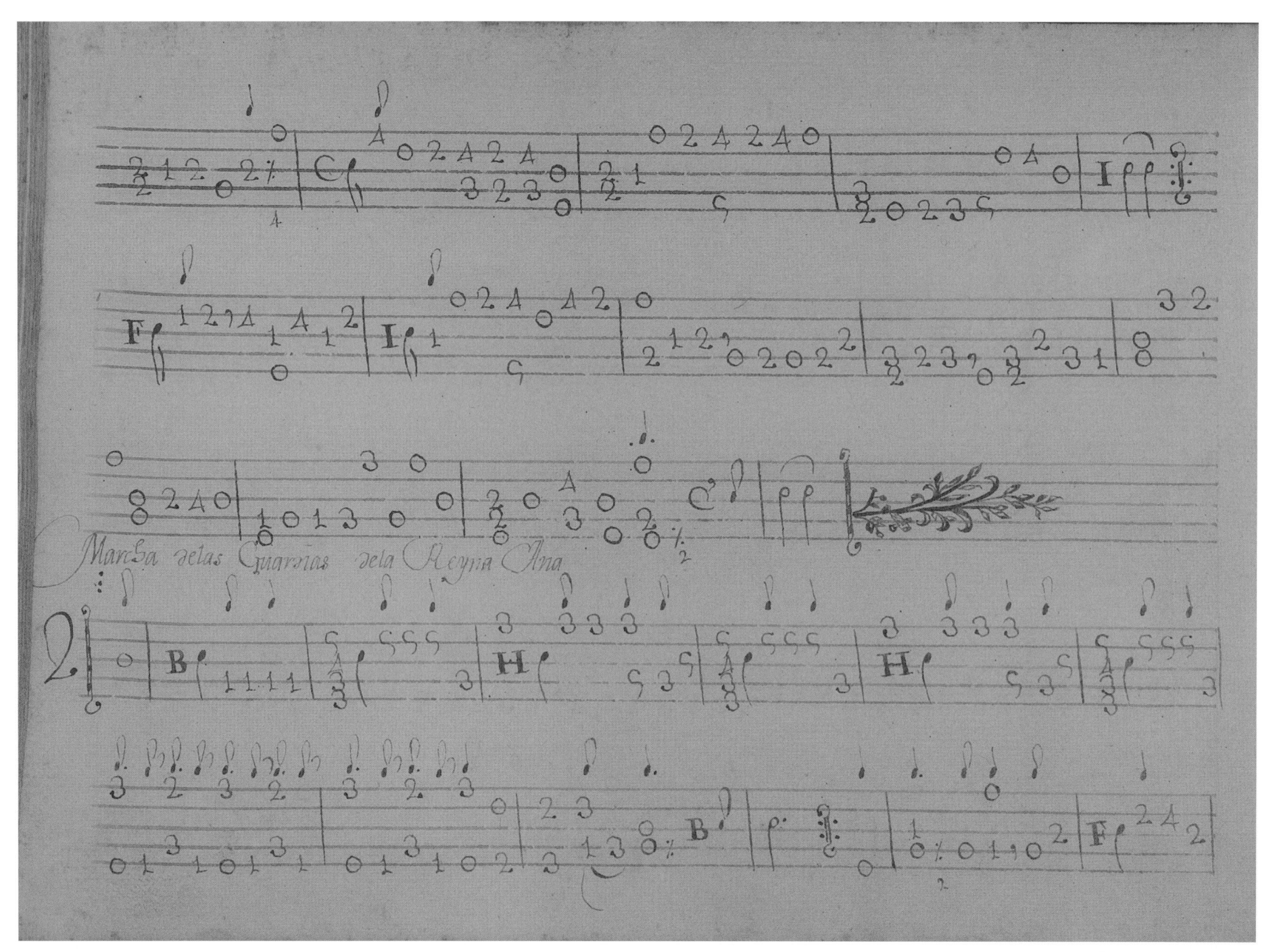

[Folio 42 is missing.]

Burre por la D

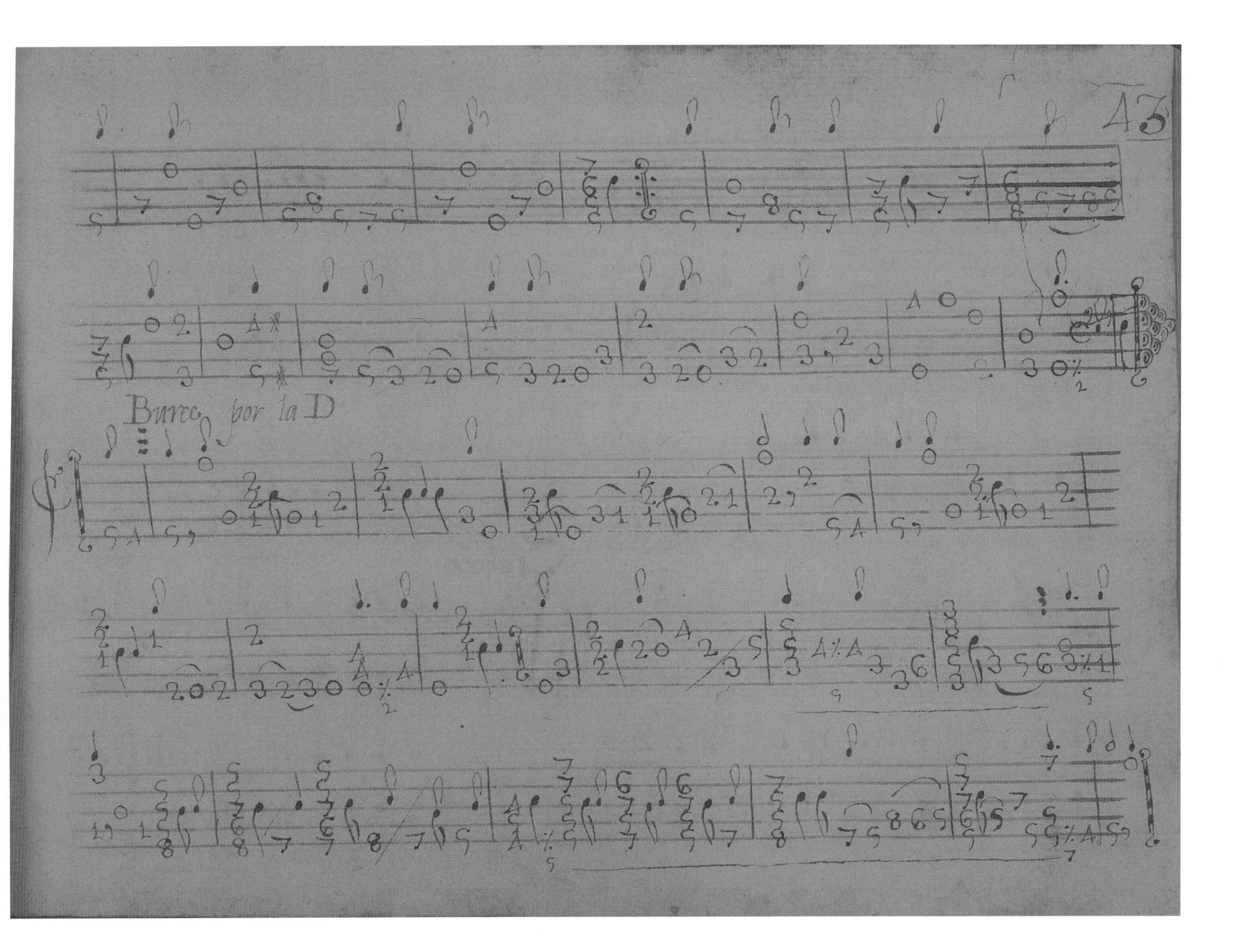

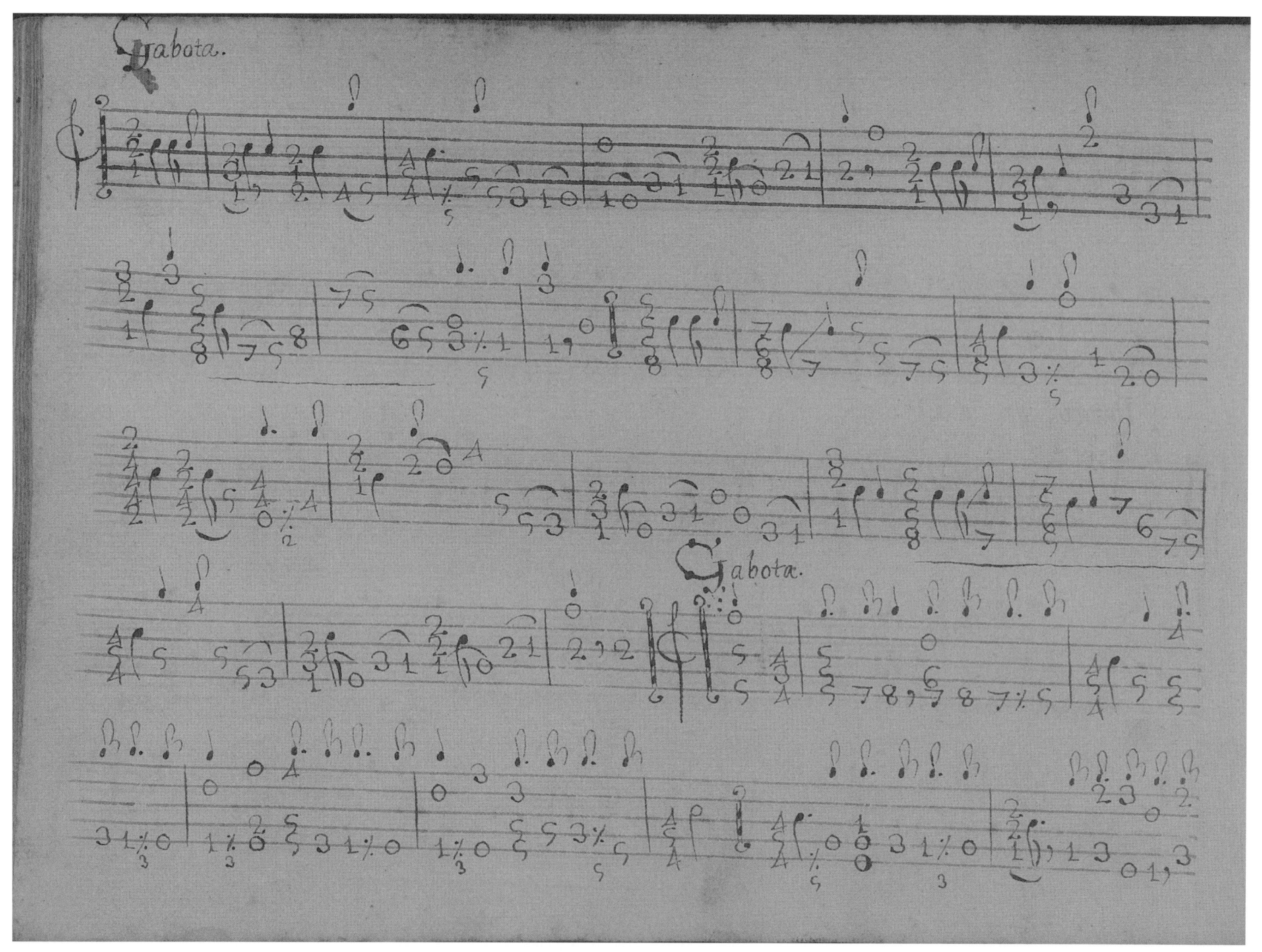

[Folio 44 is missing.]

Yxa Nueba de Clarines Primorosos por la C.

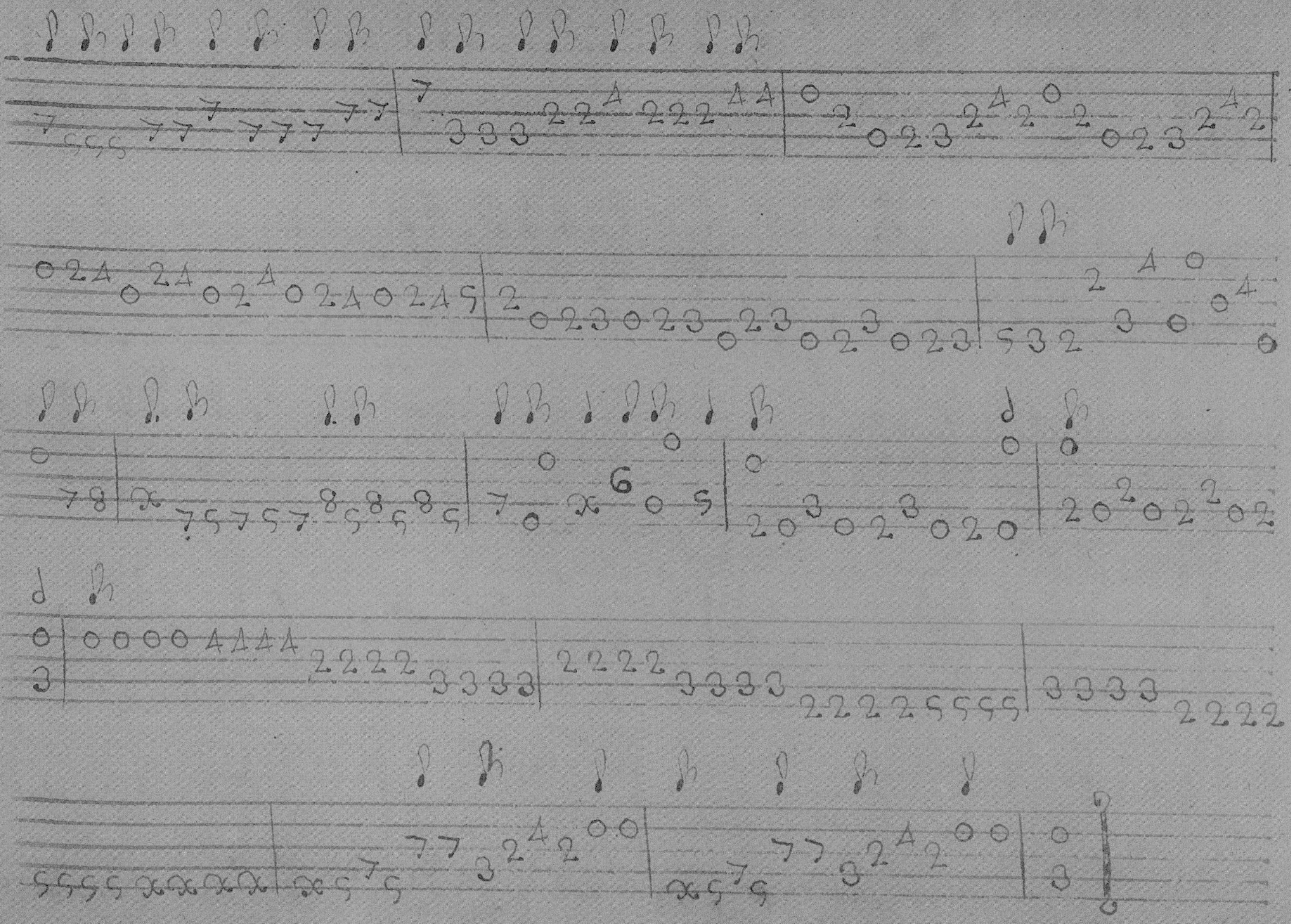

Canción Ayrosa.

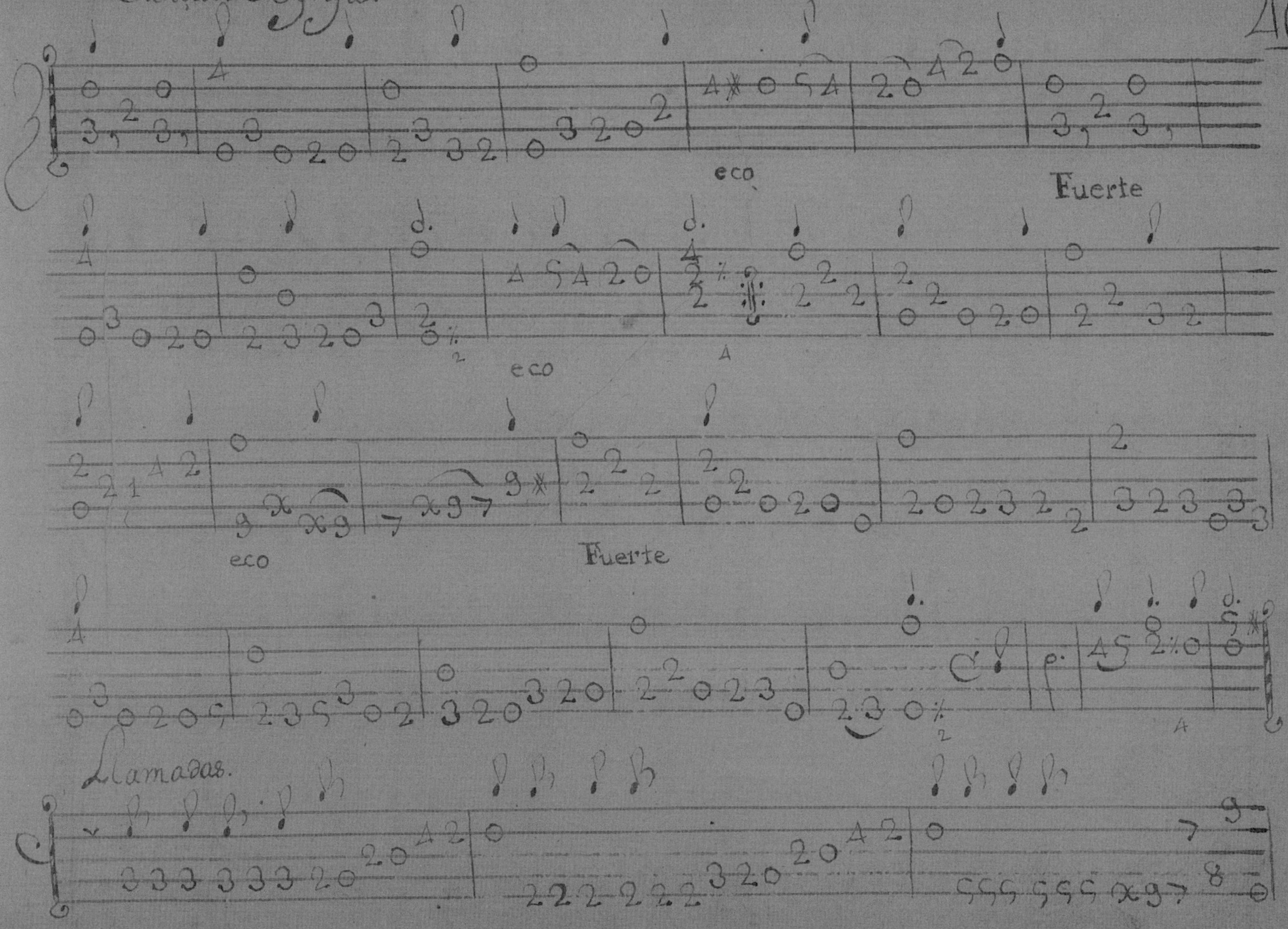

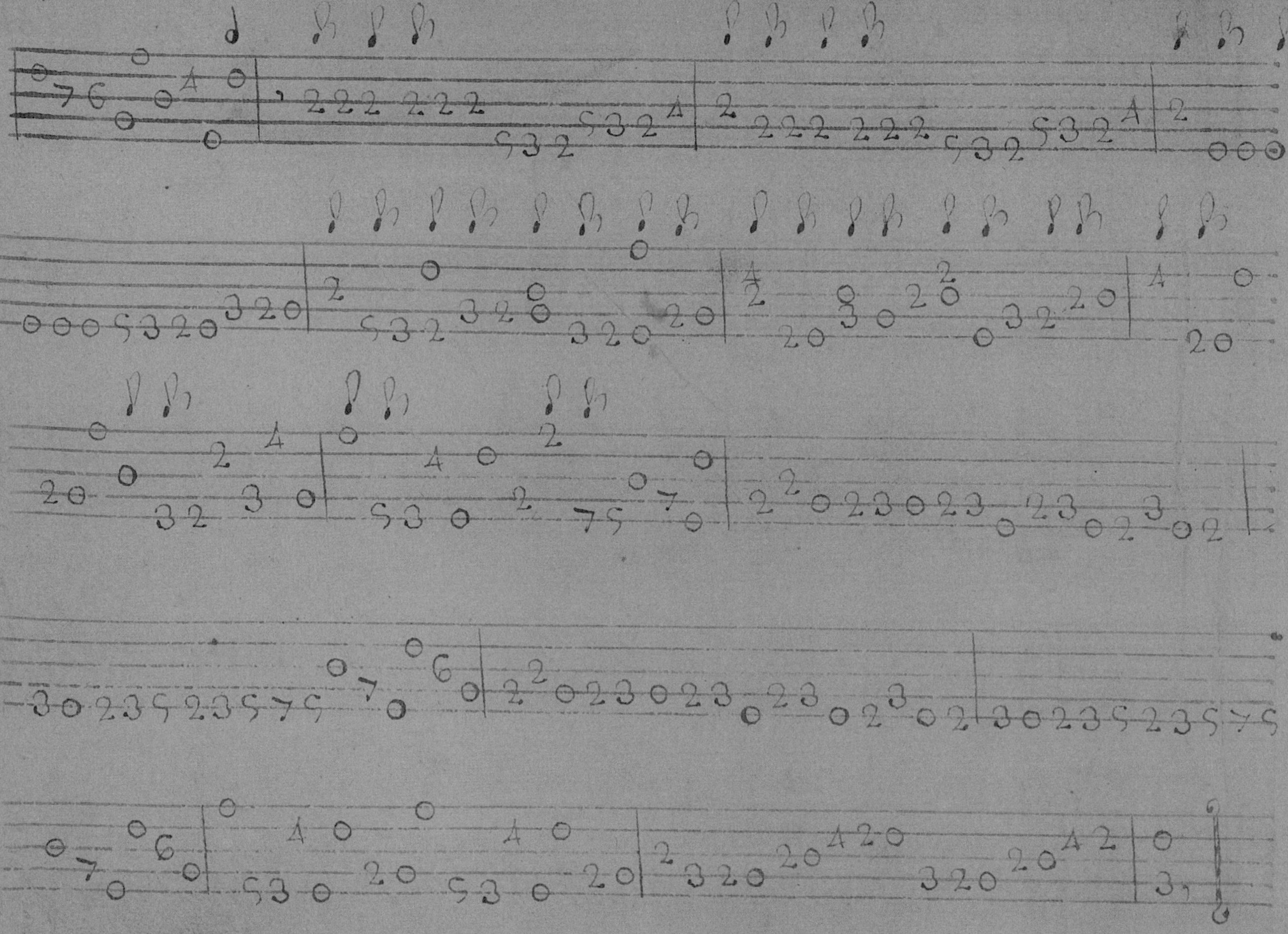

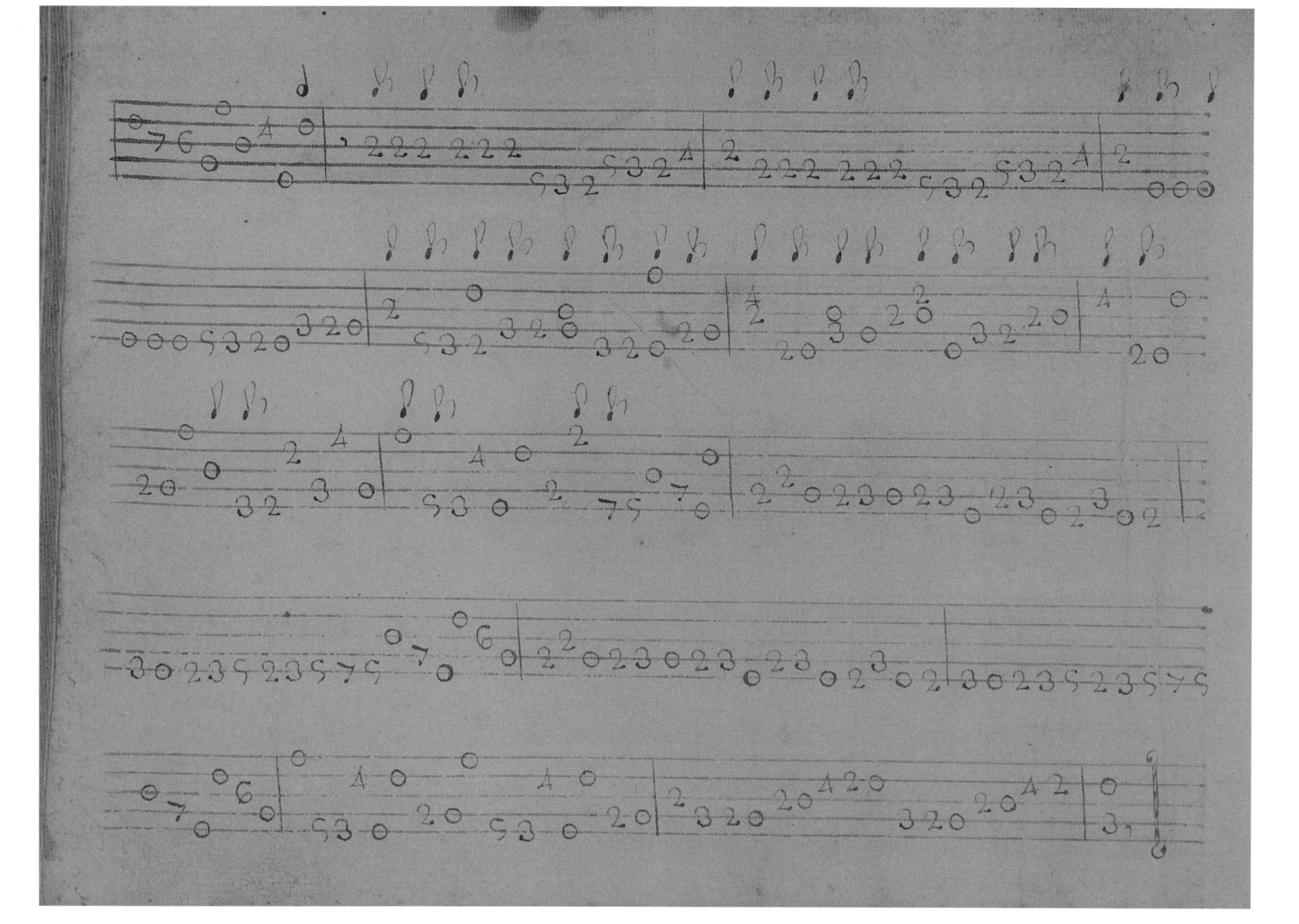

Marcha.

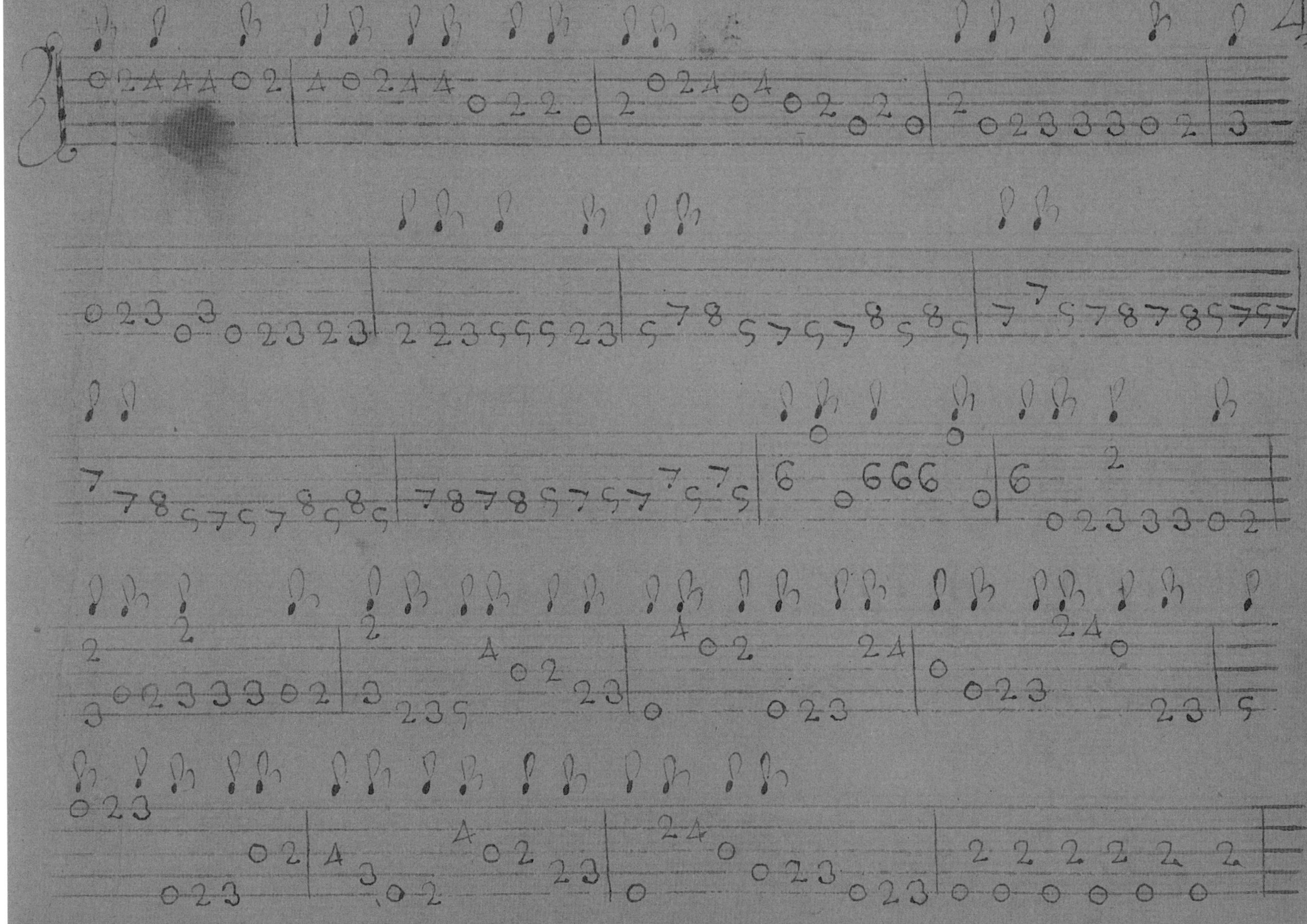

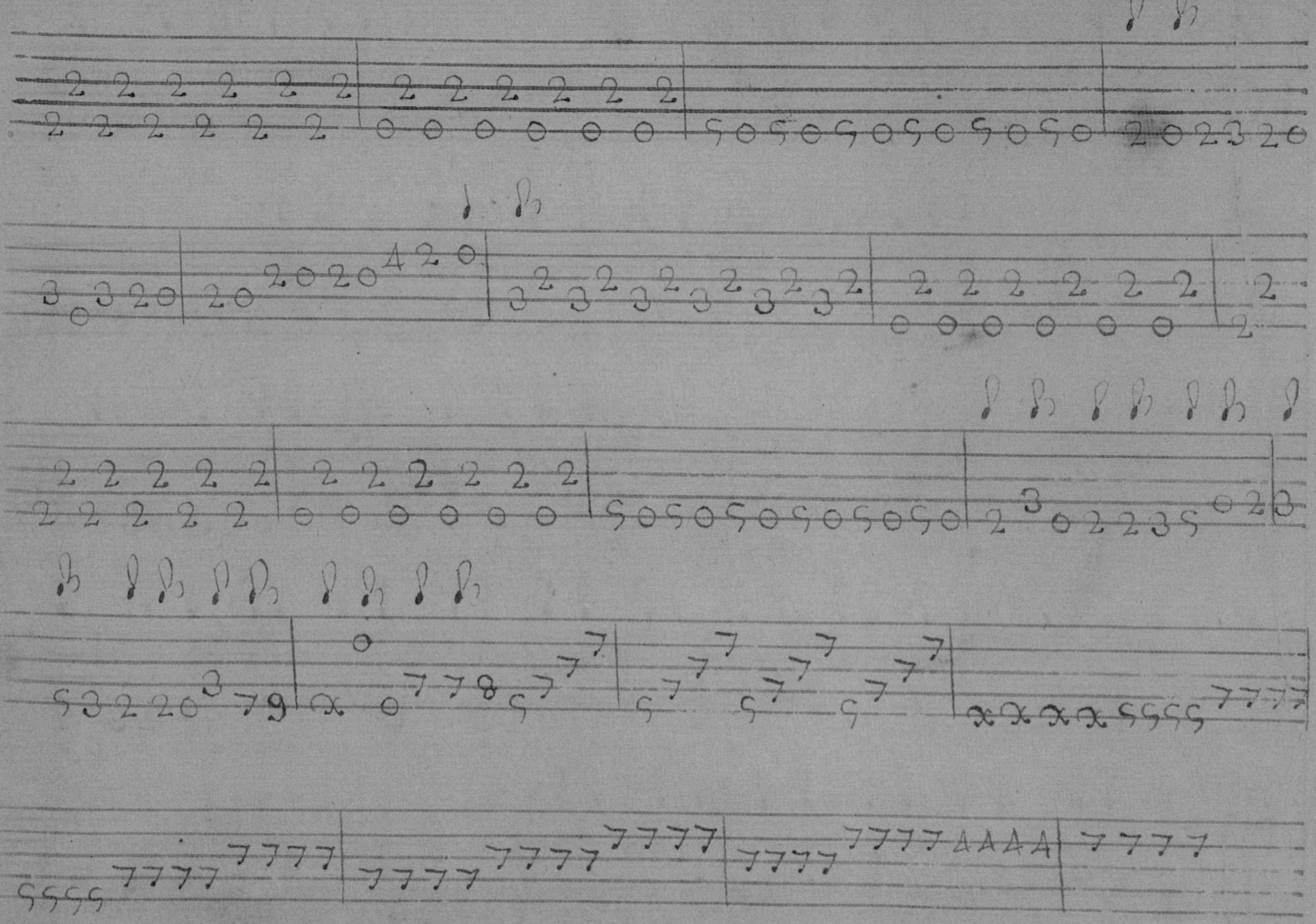

Cancion de Ecos.

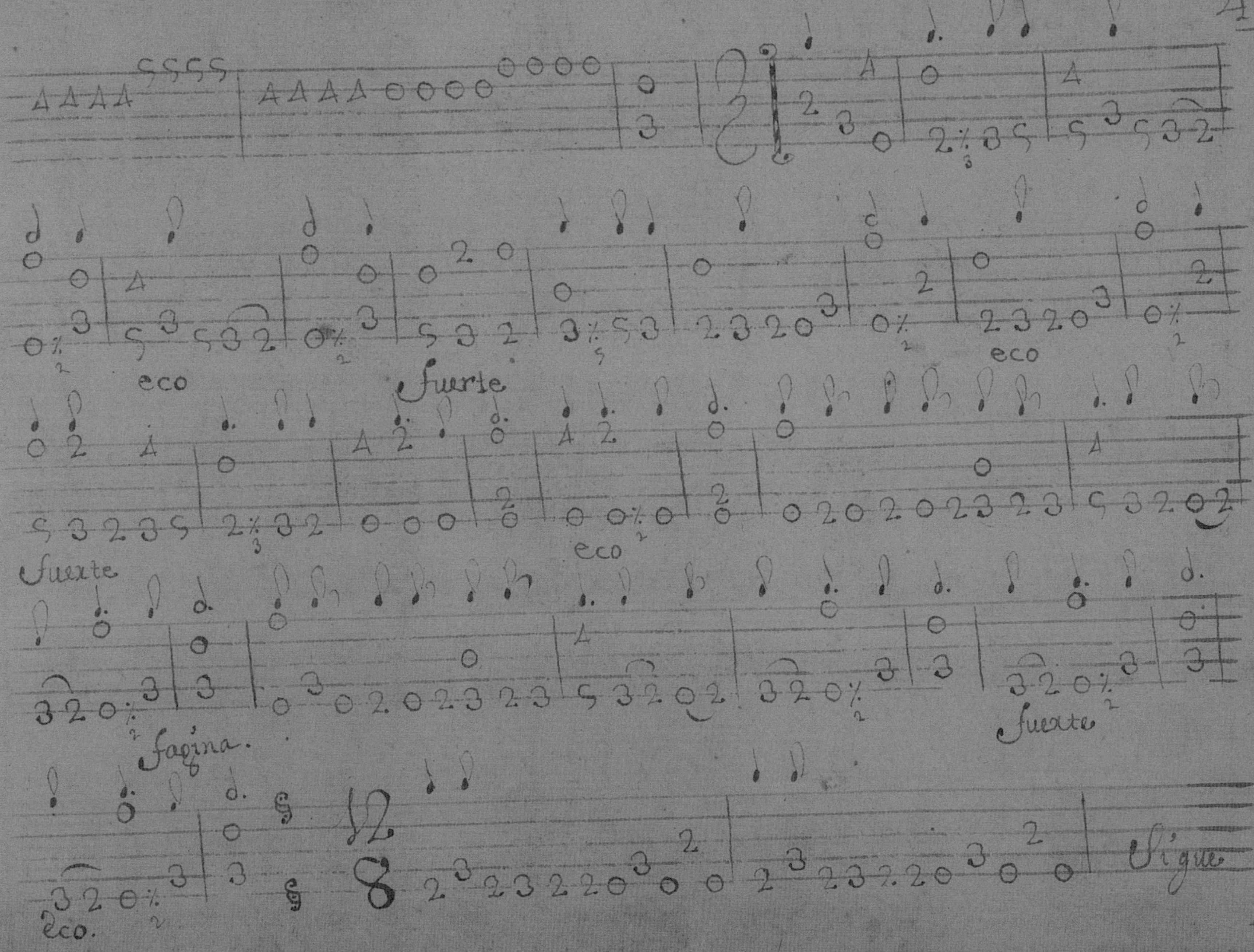

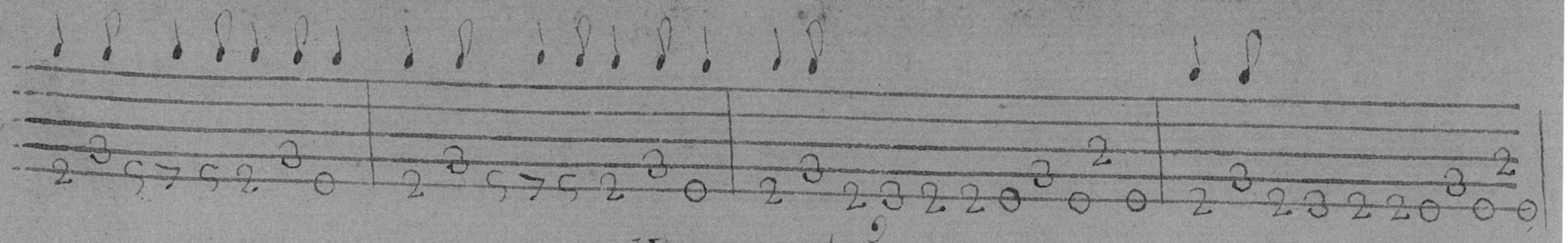

Ydea de dos clarines.

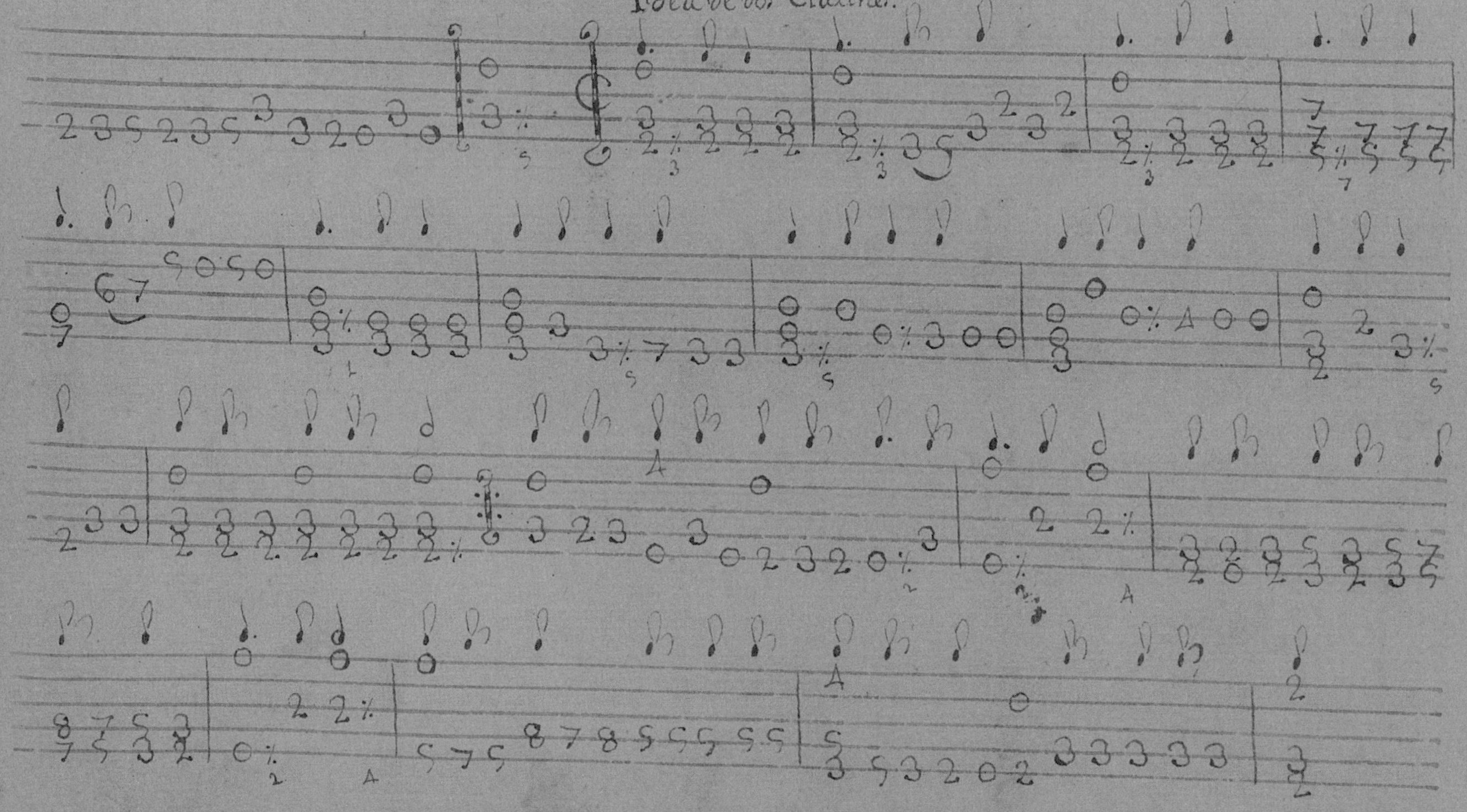

49

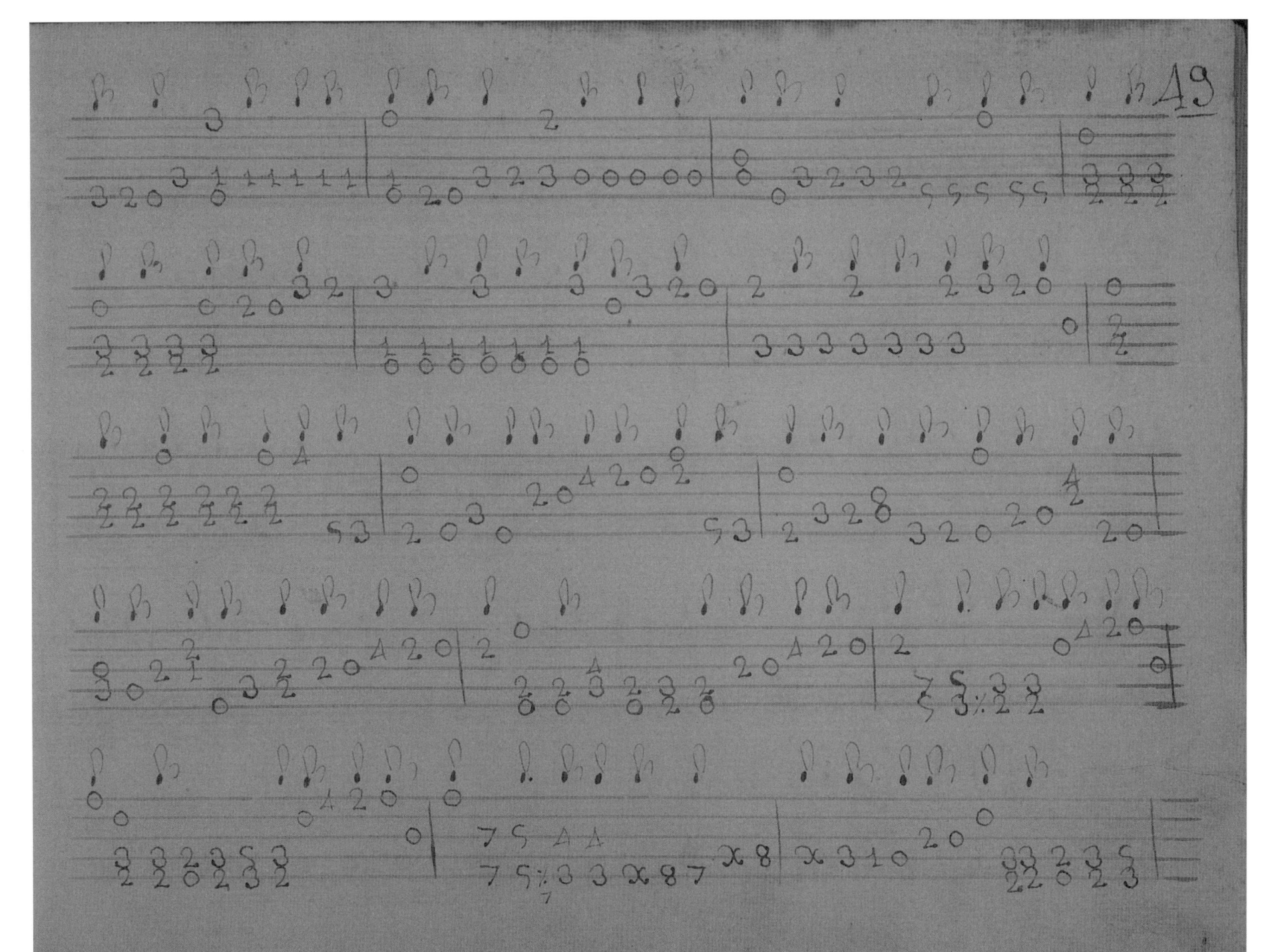

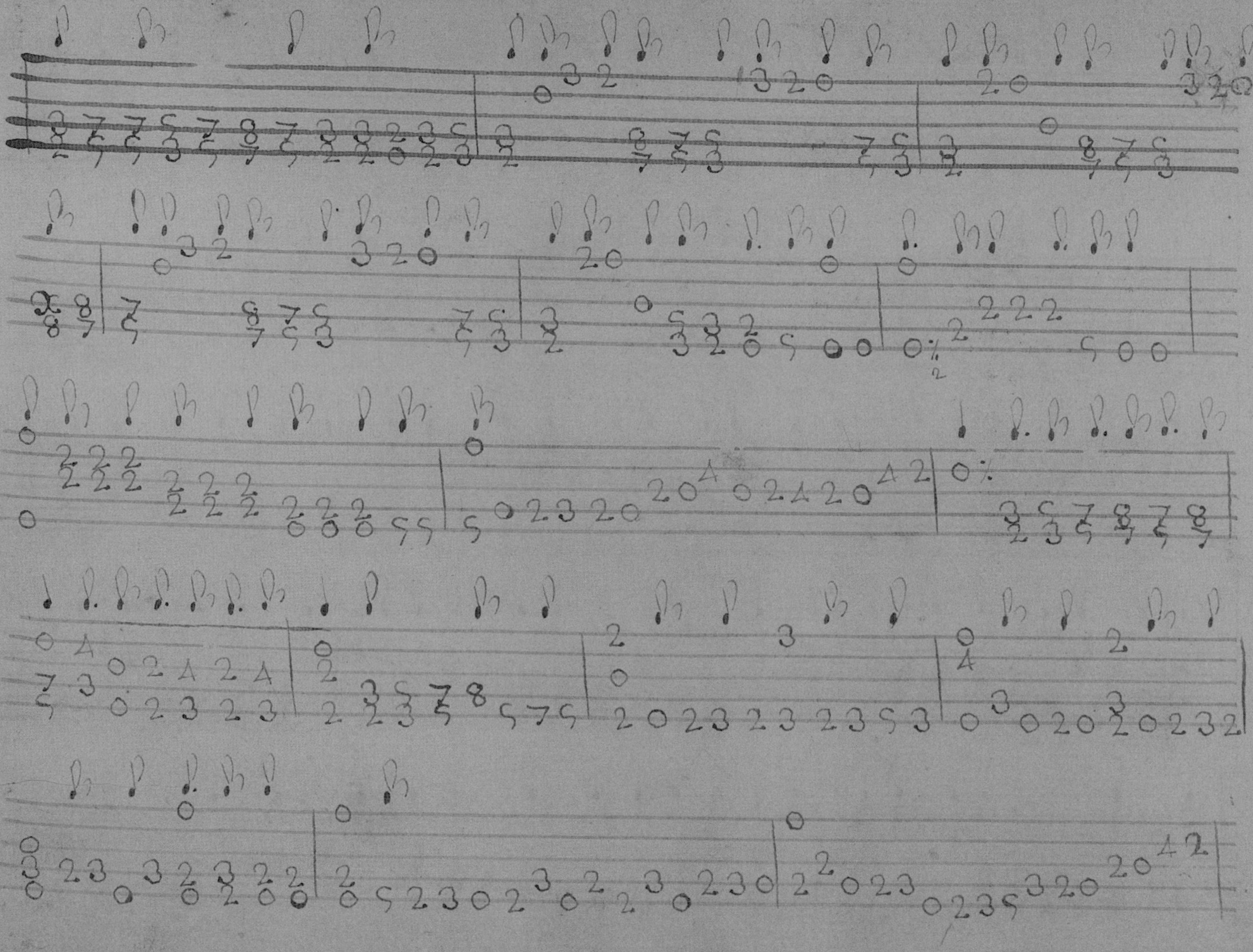

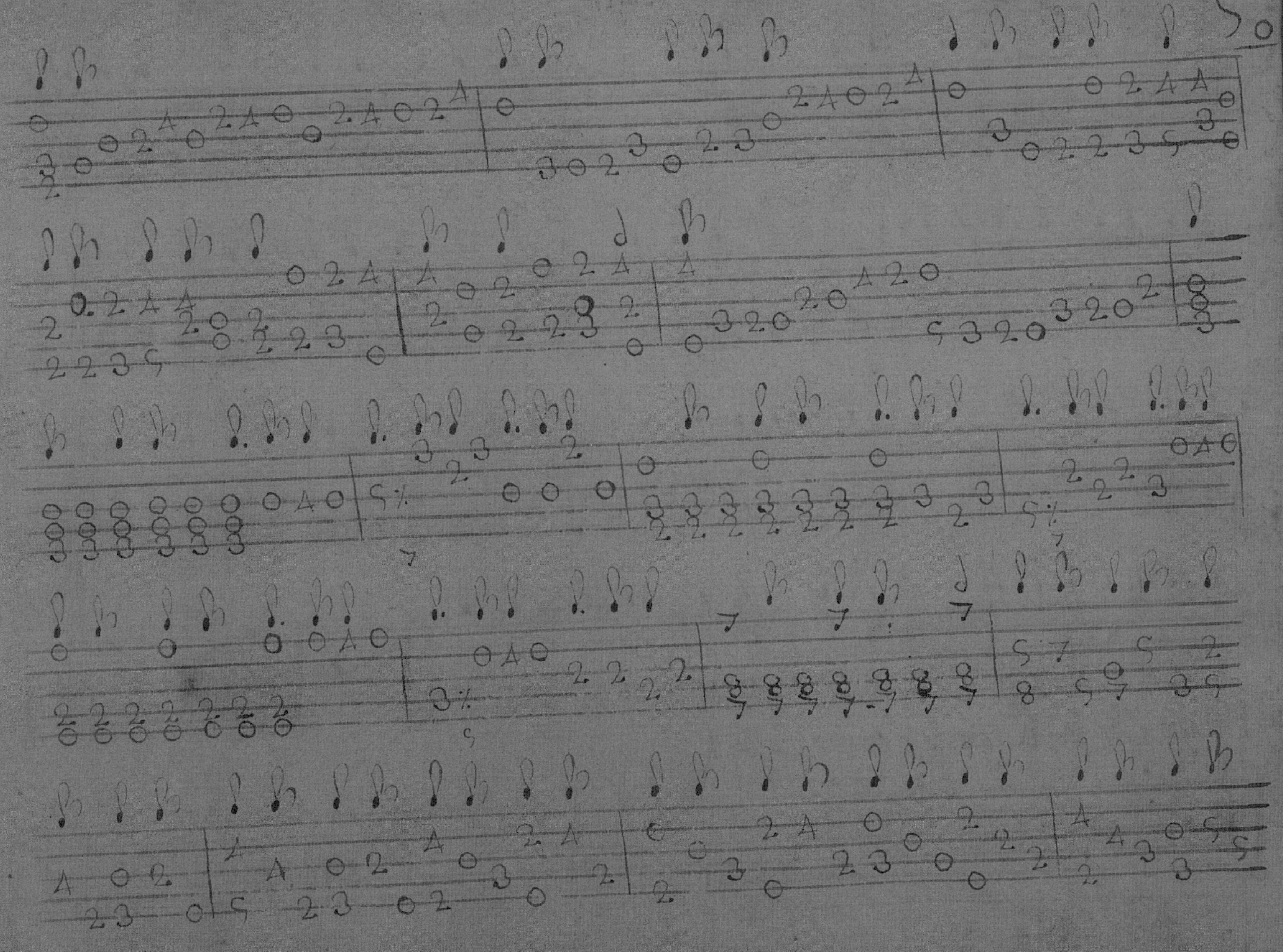

Preludio Por la K. que es lo mismo que la L.

Alemanda.

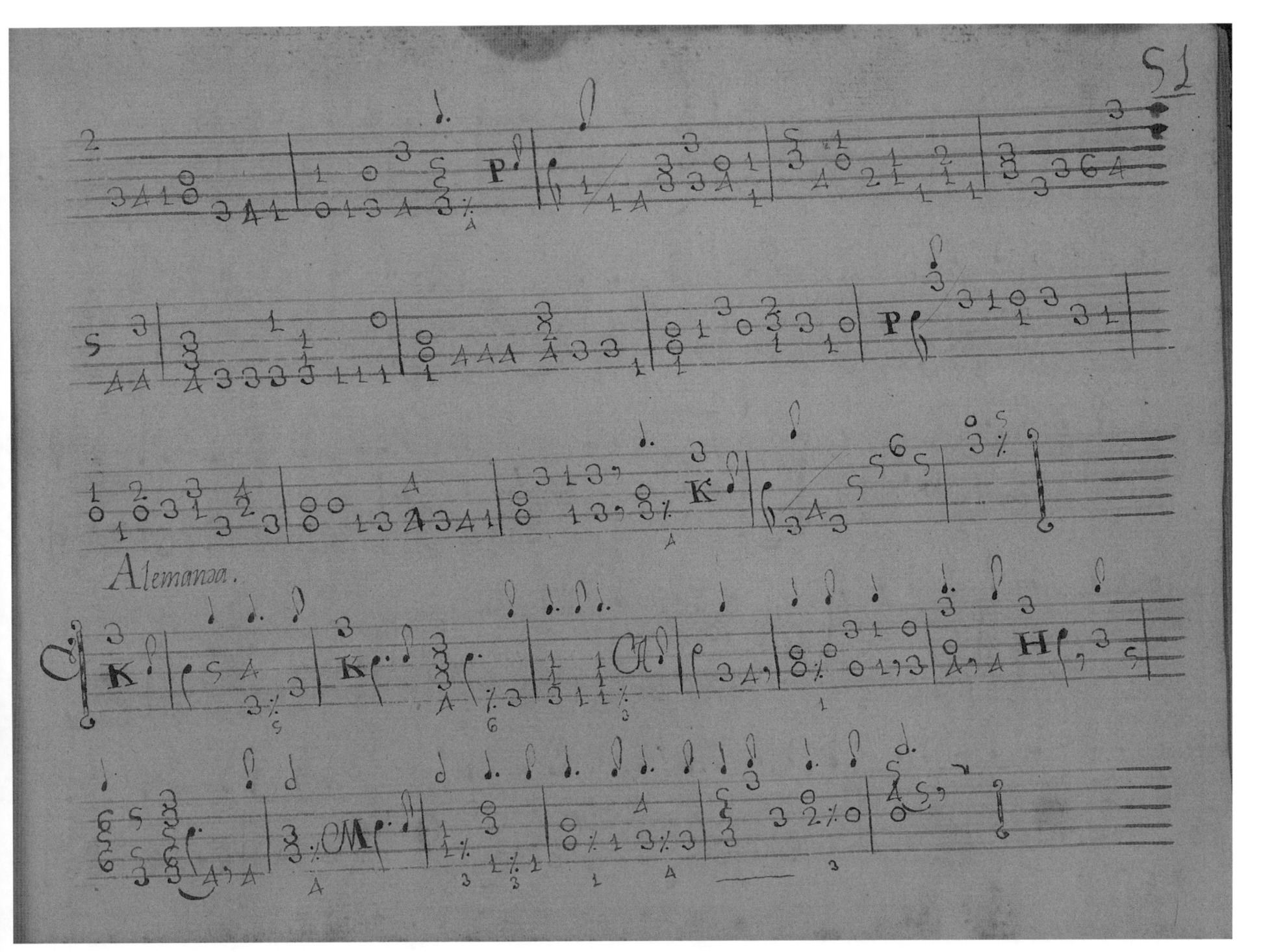

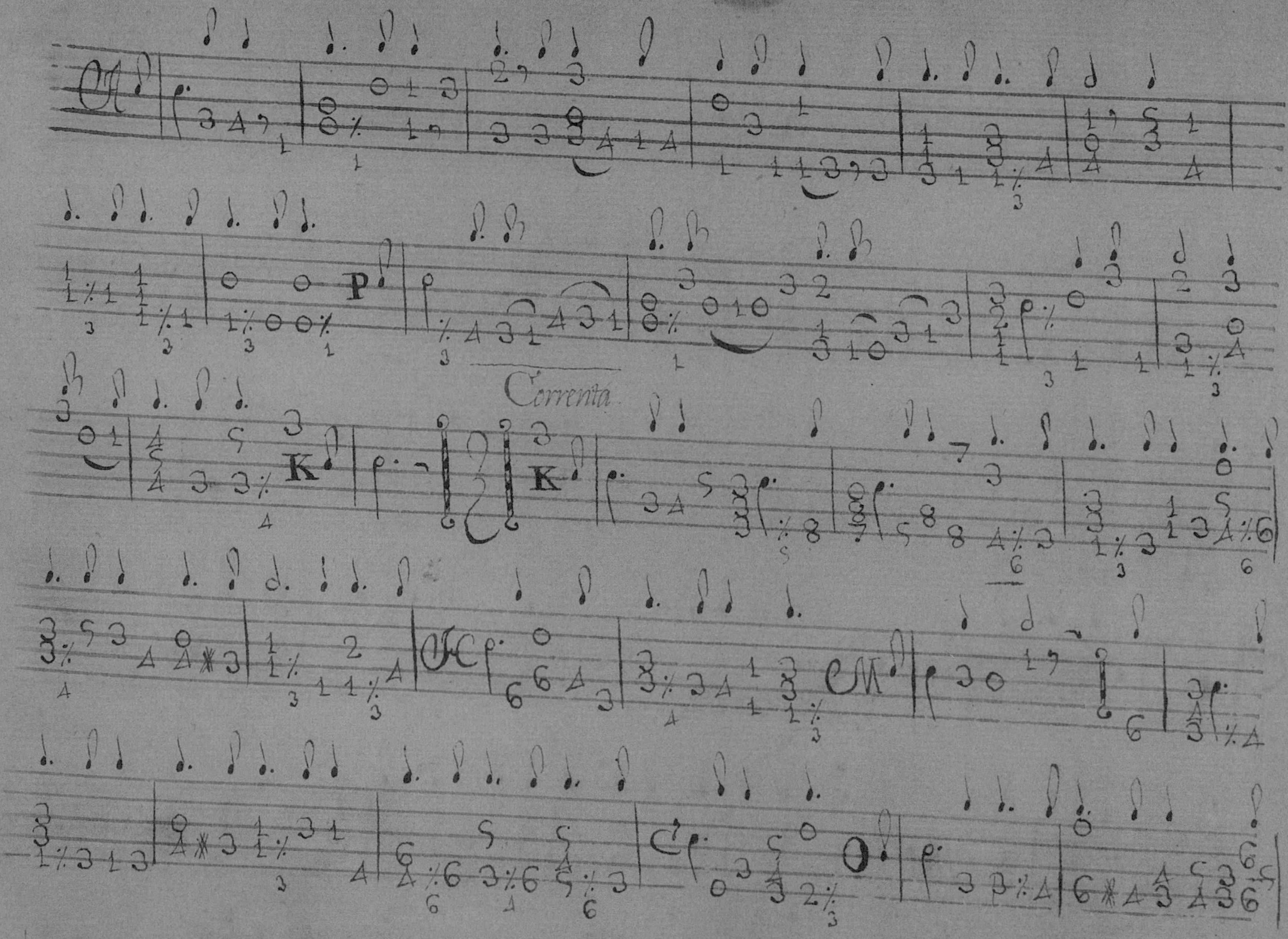
Correnta

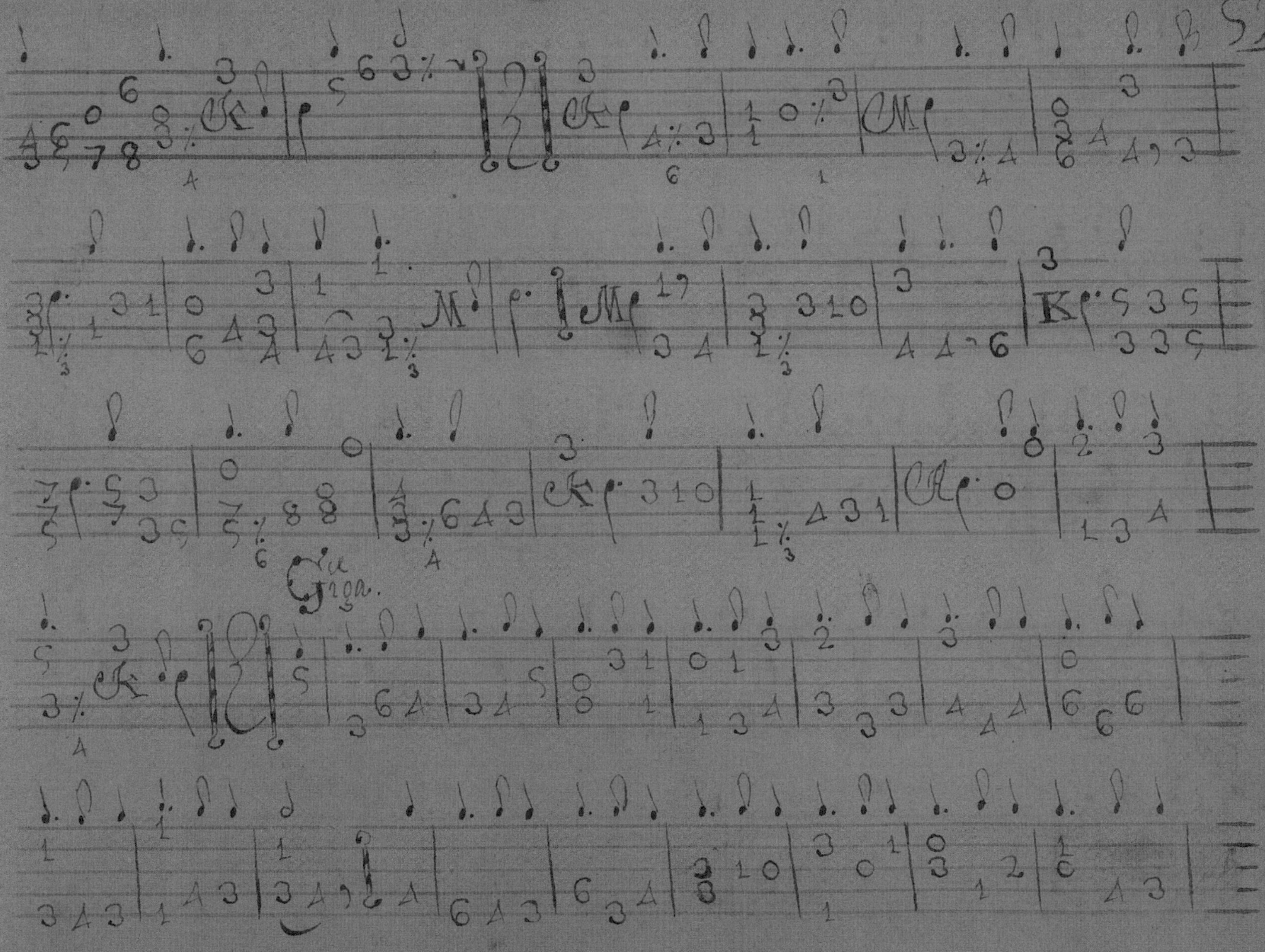
Giga.

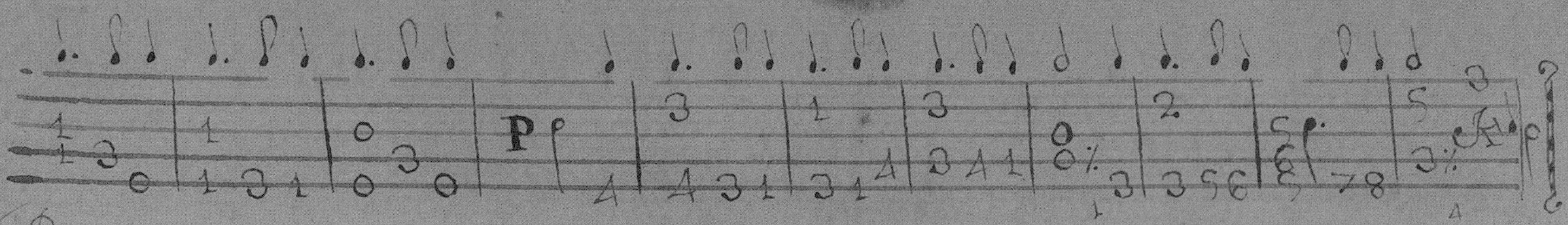

Buree.

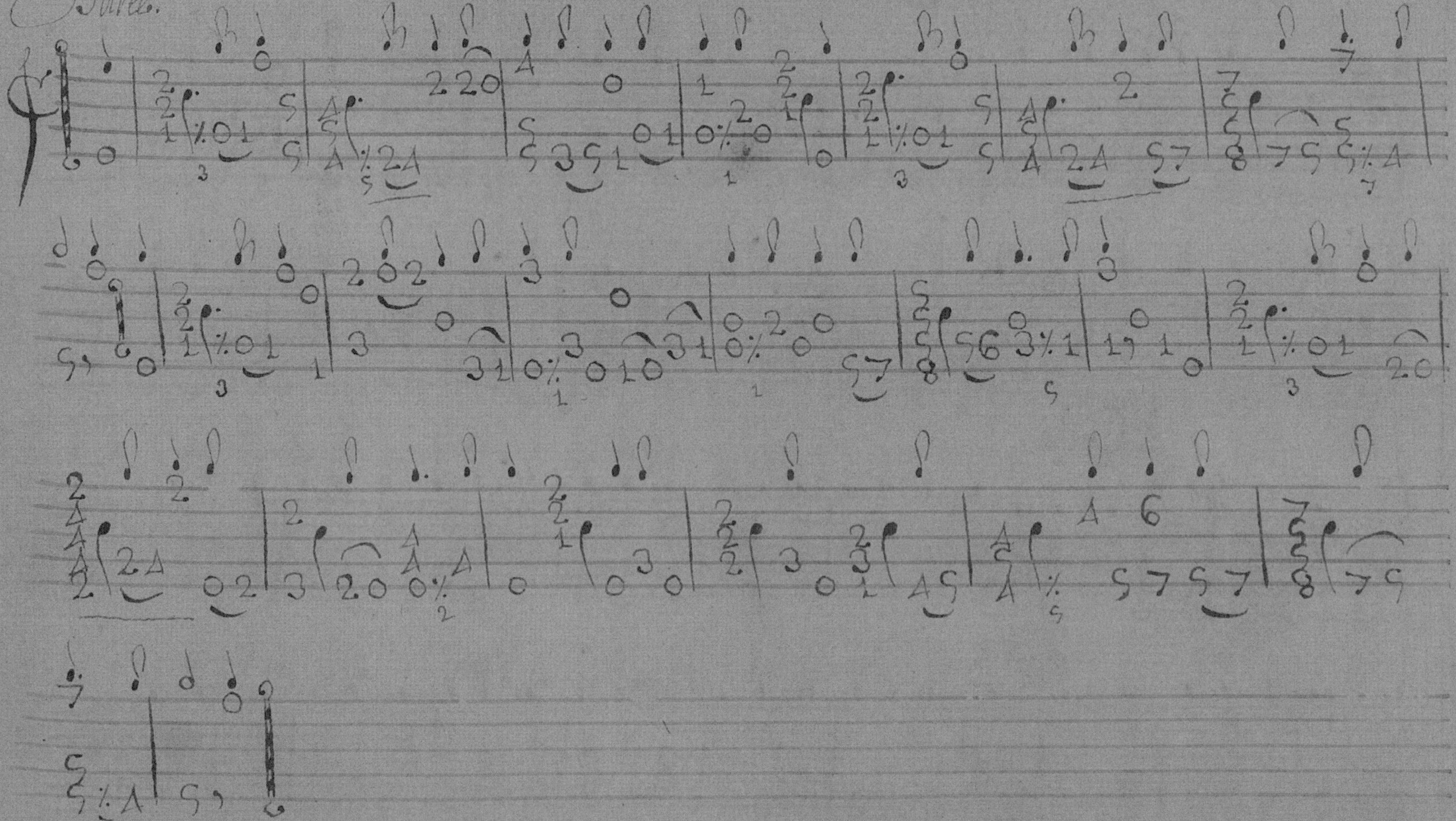

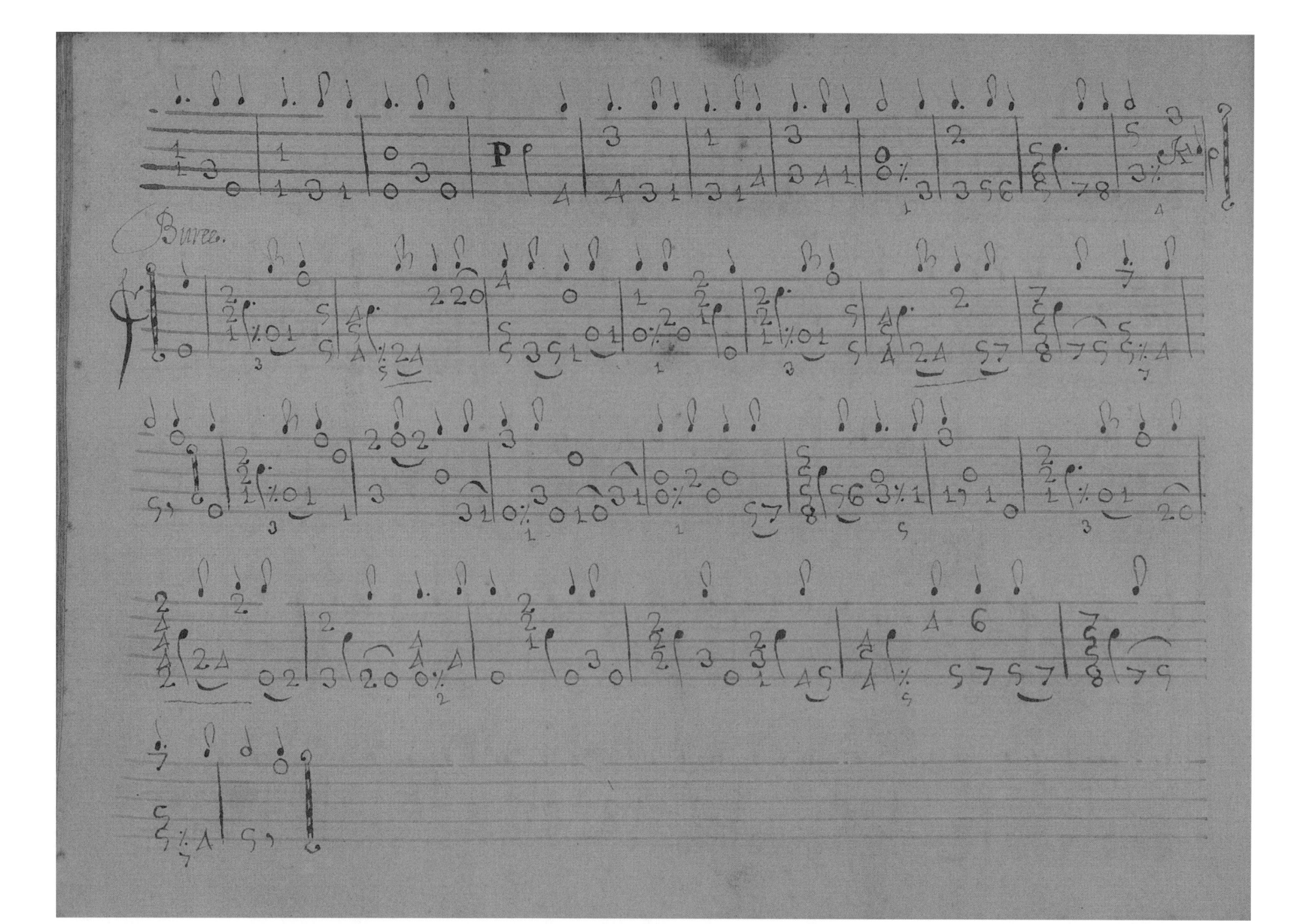

Passacalles de Compassillo. por la O.

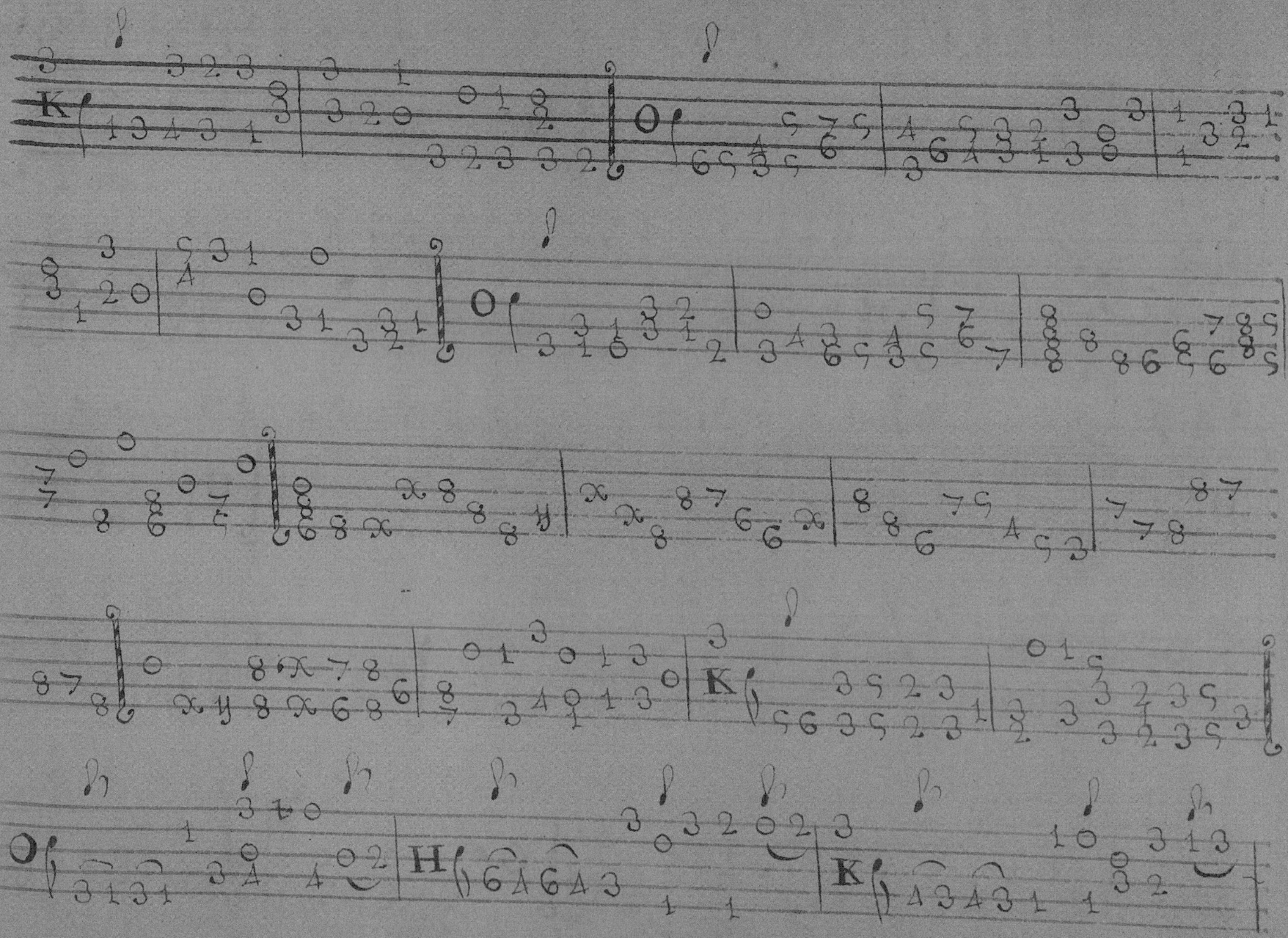

A proporcion.

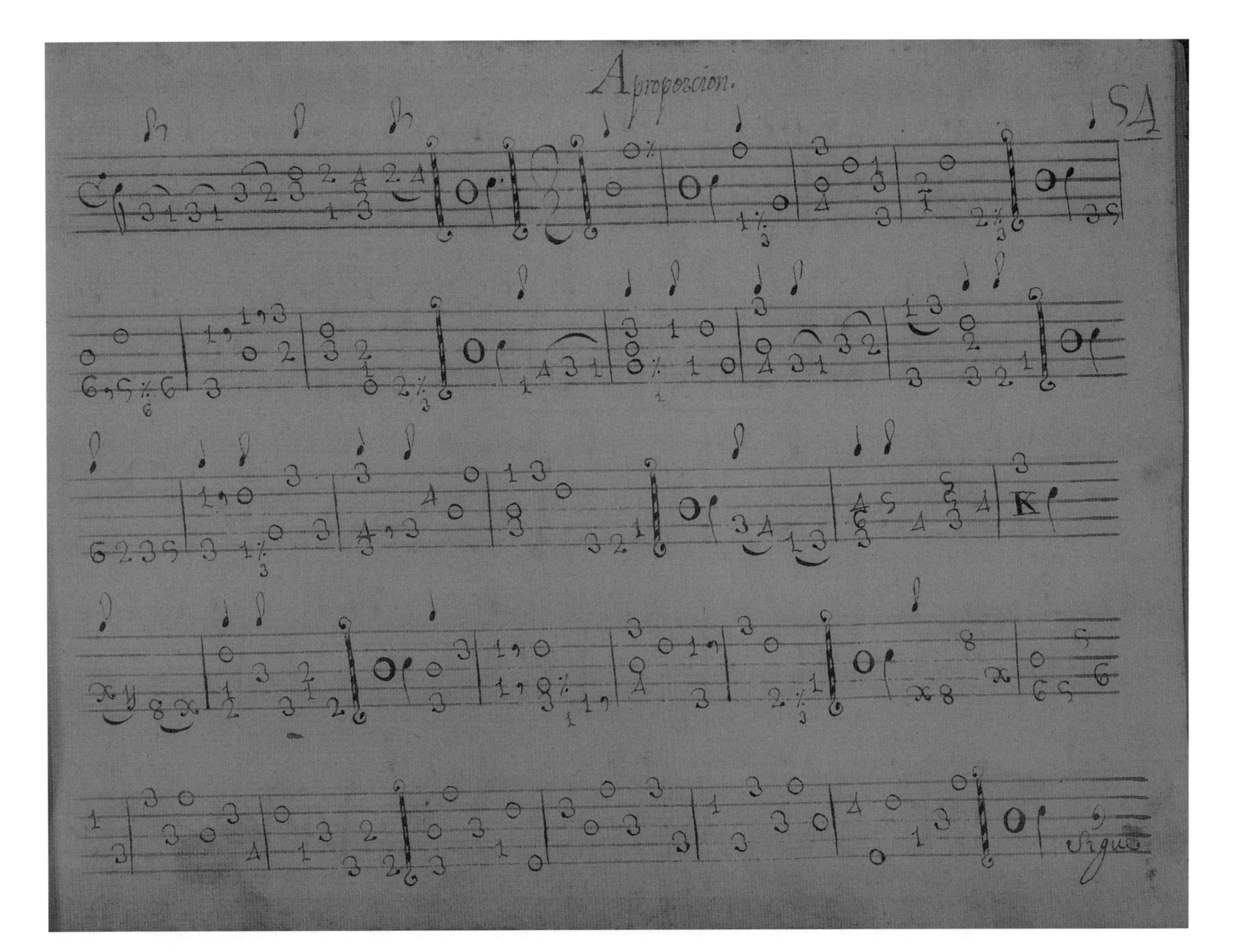

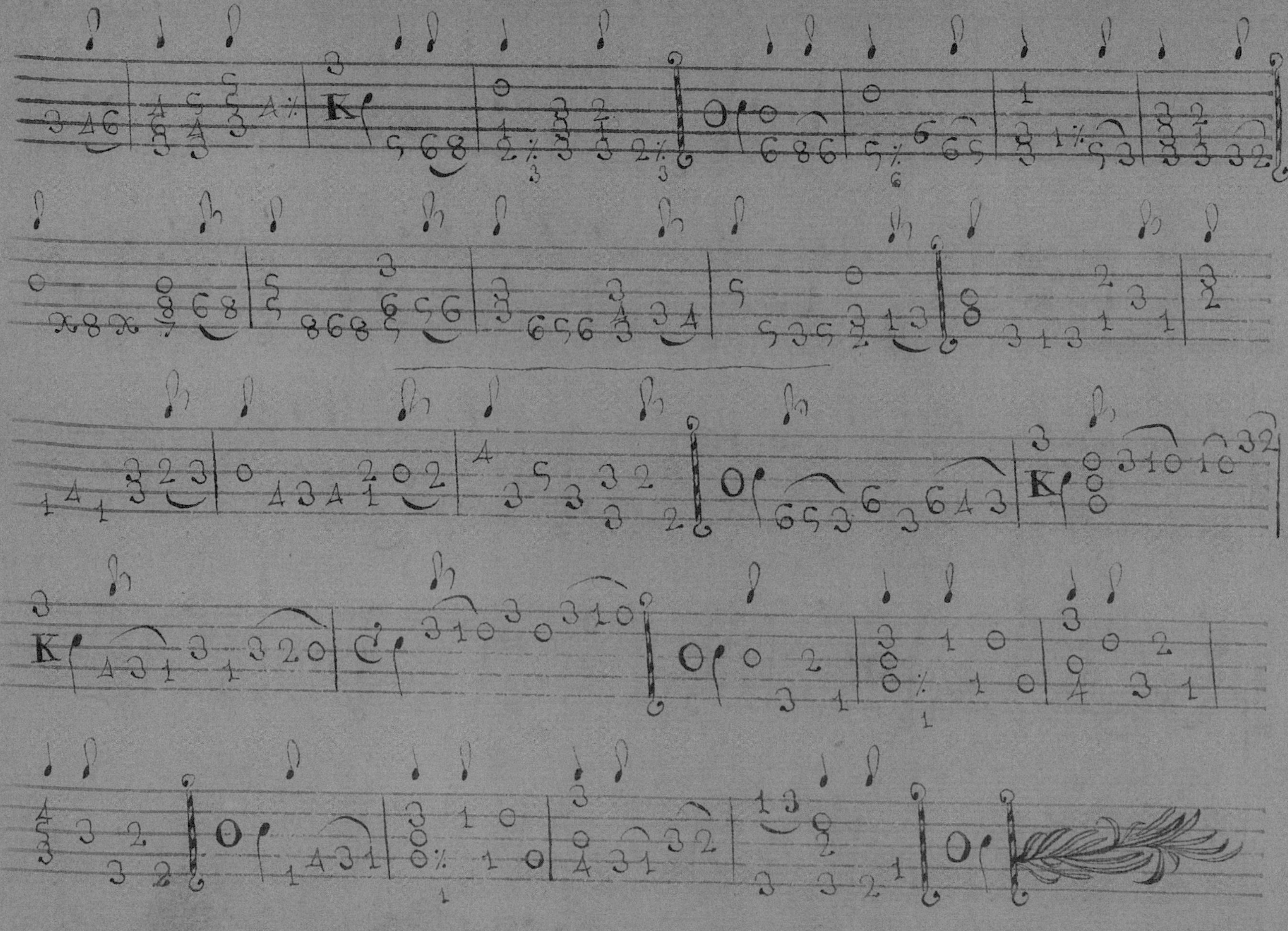

Passacalles de Compassillo por el ☩

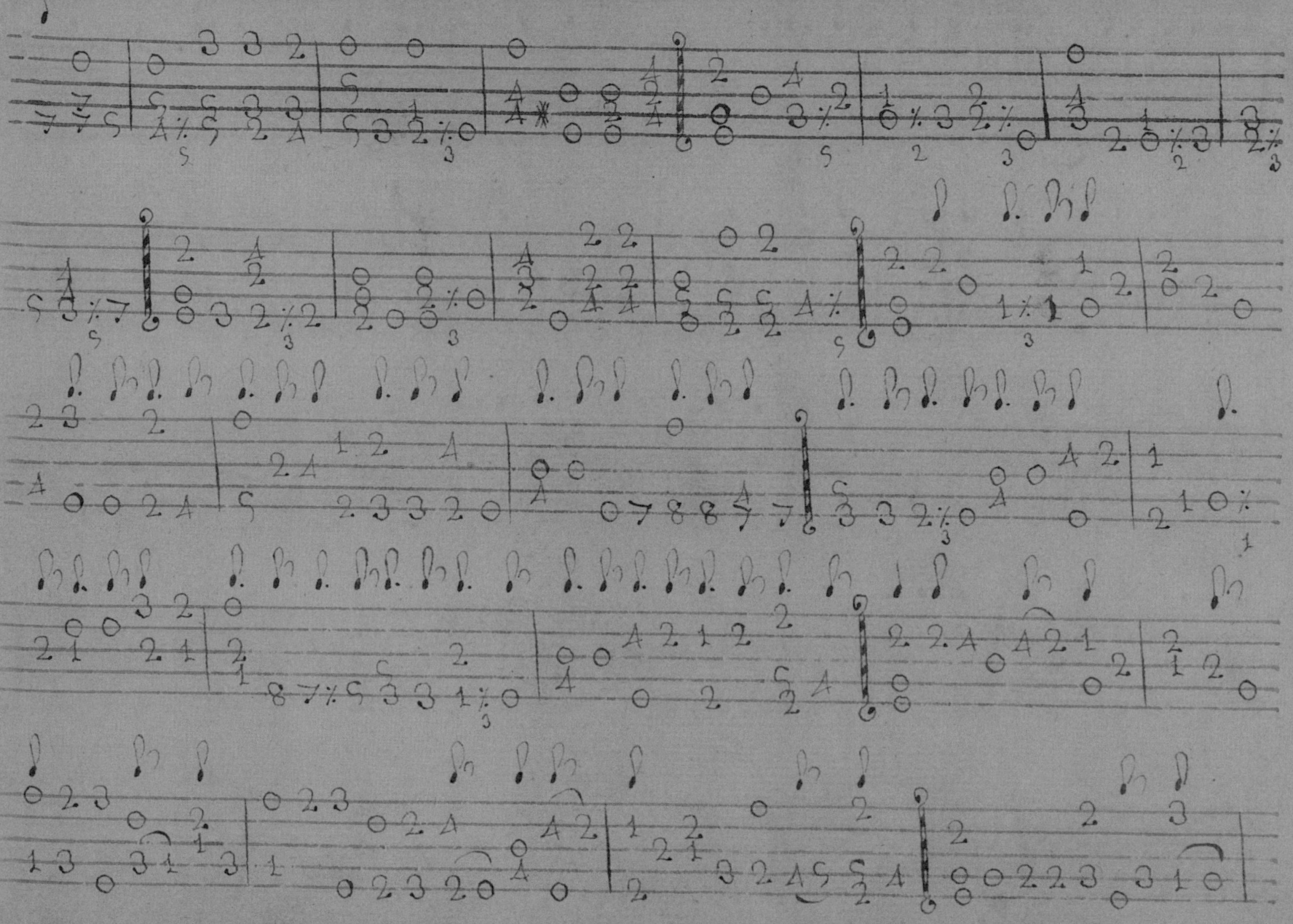

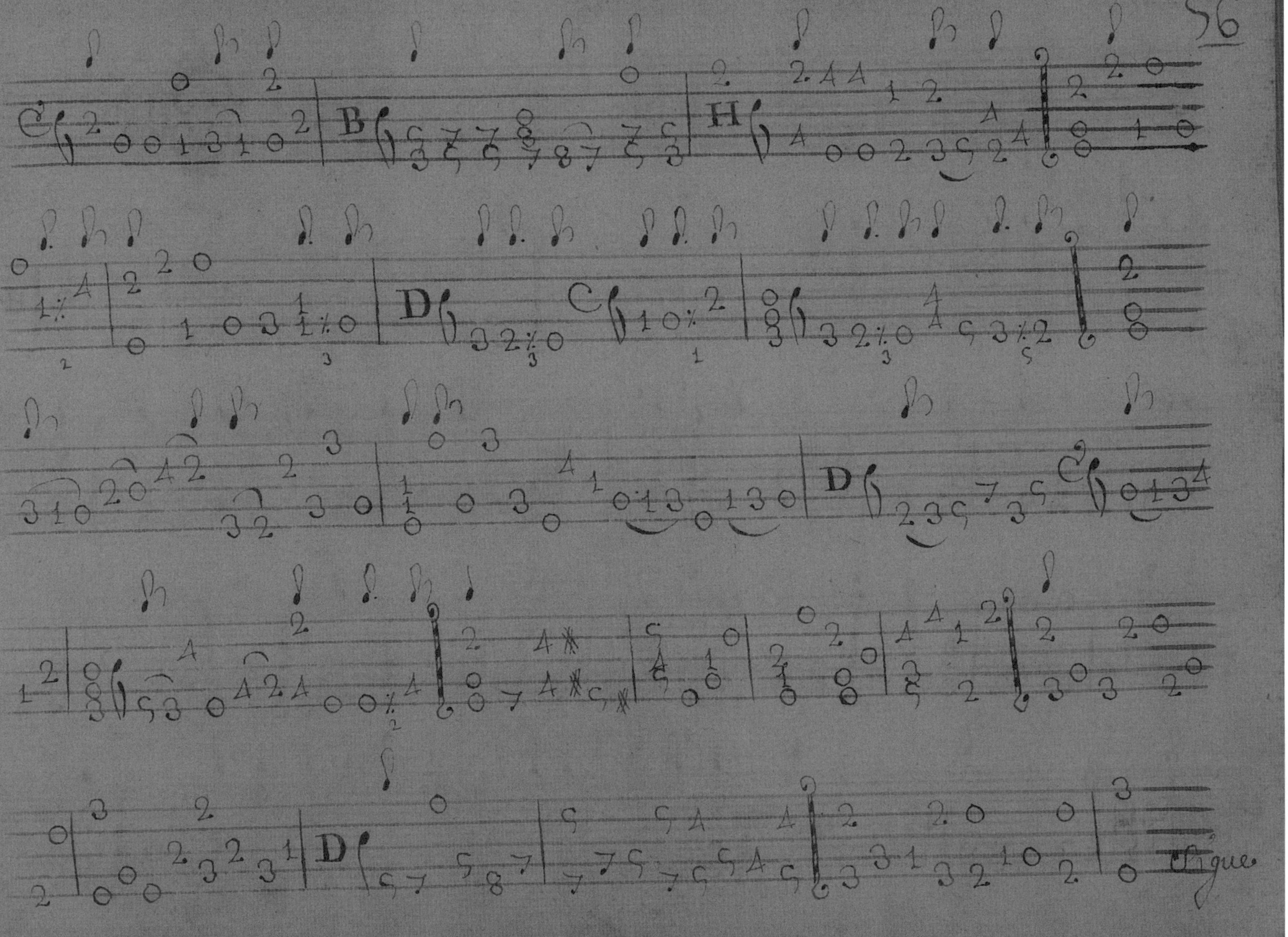
Gigue

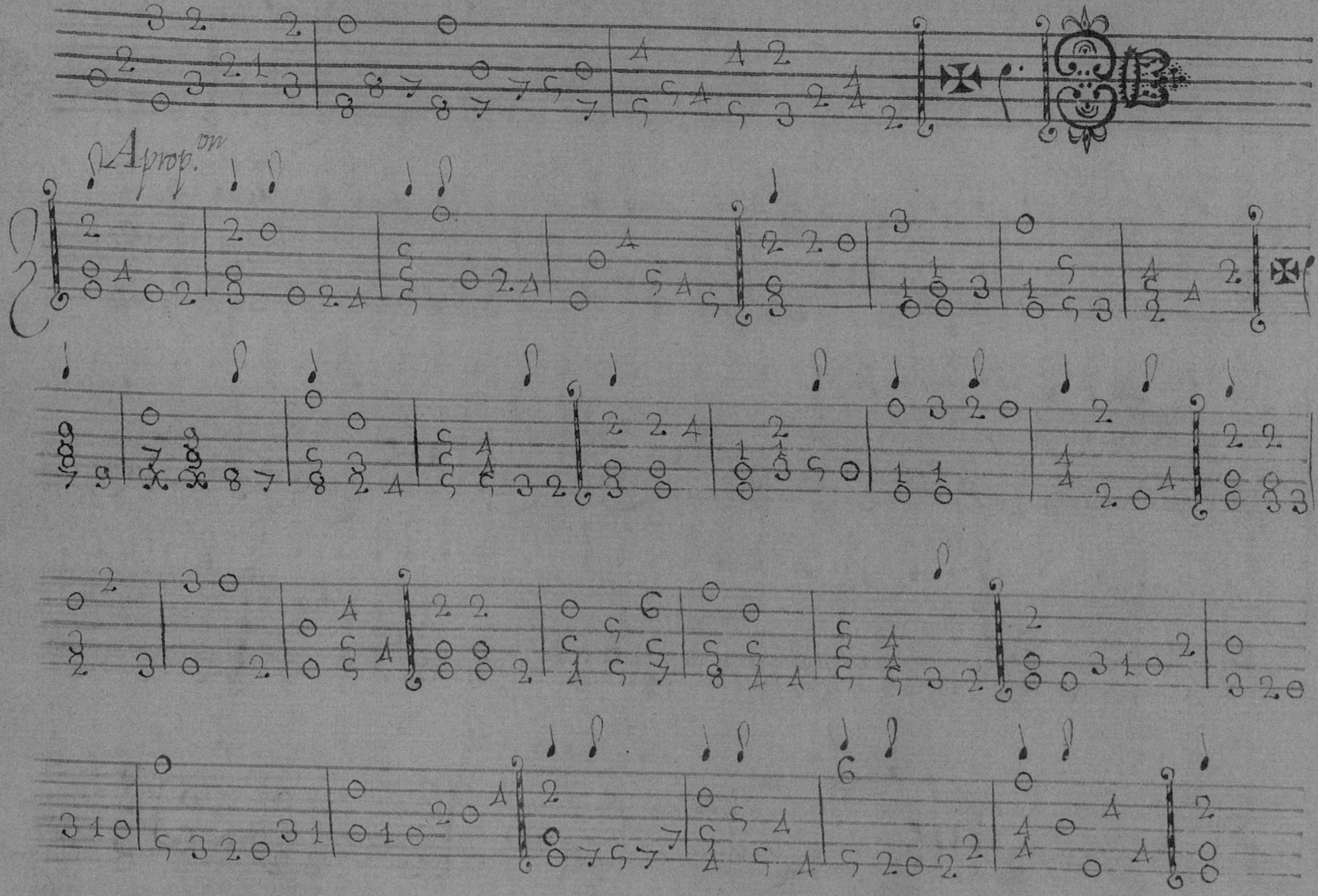
Aprop.on

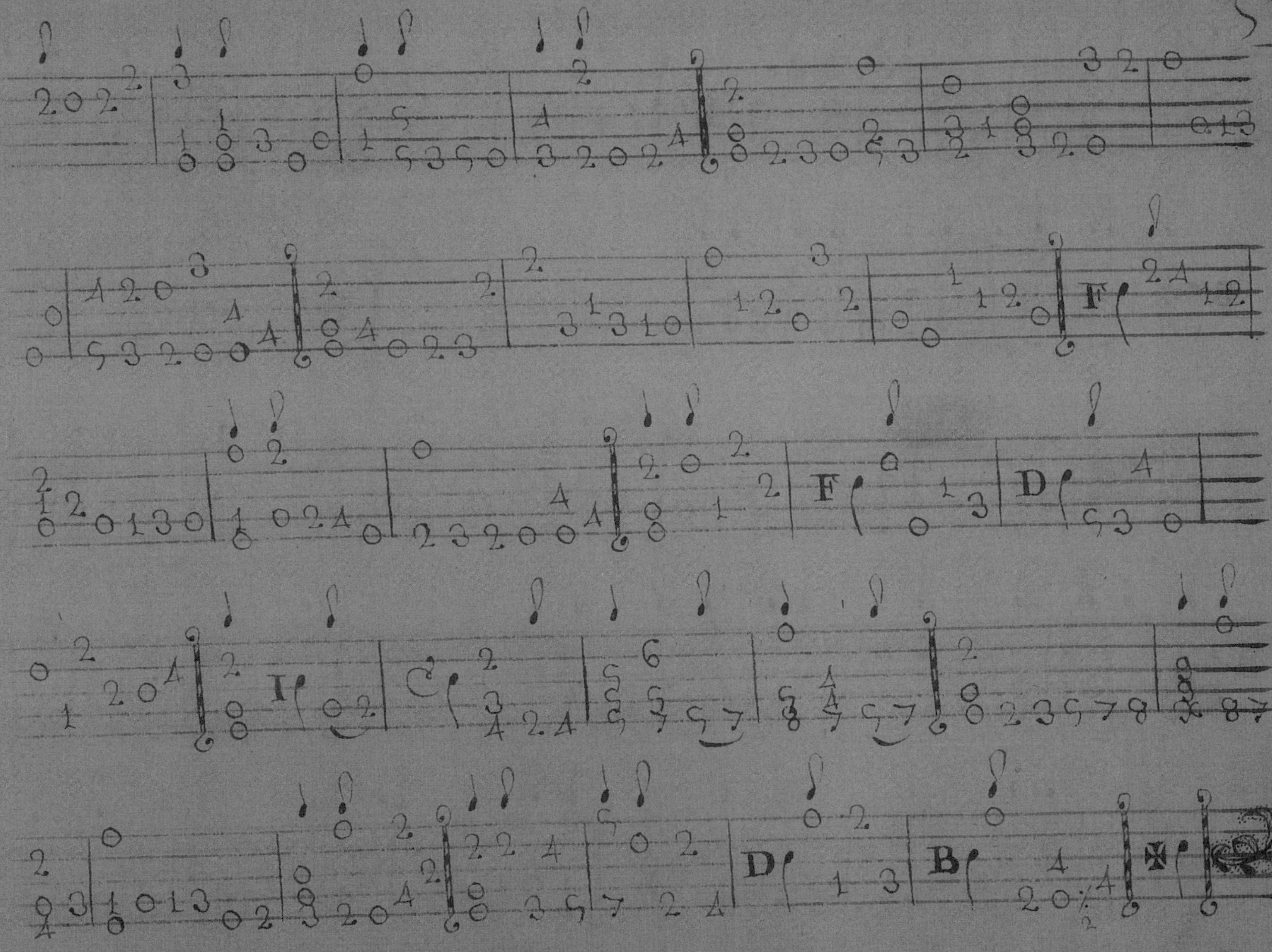

Pass.^s de Compa.^s por la B.

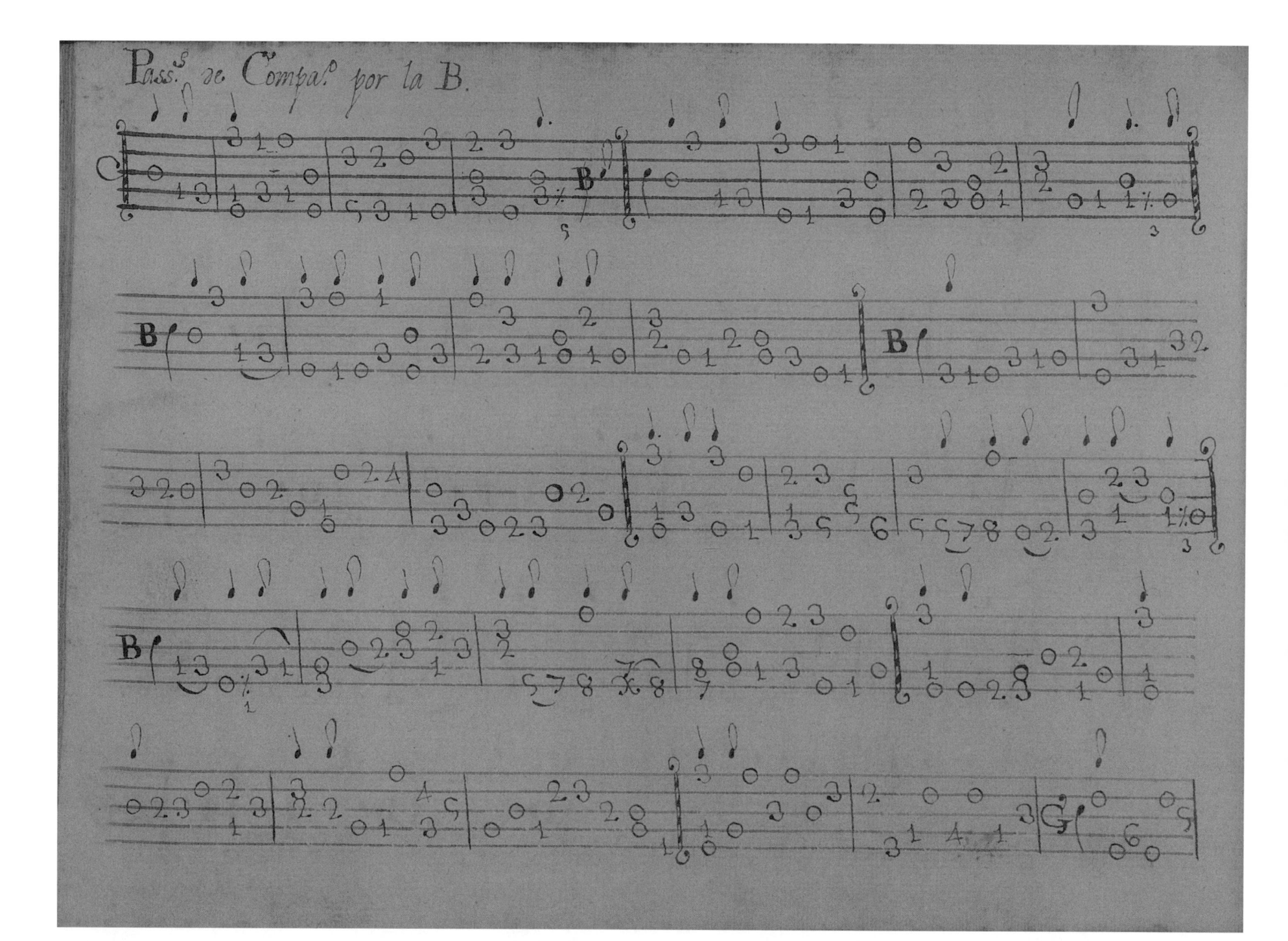

58

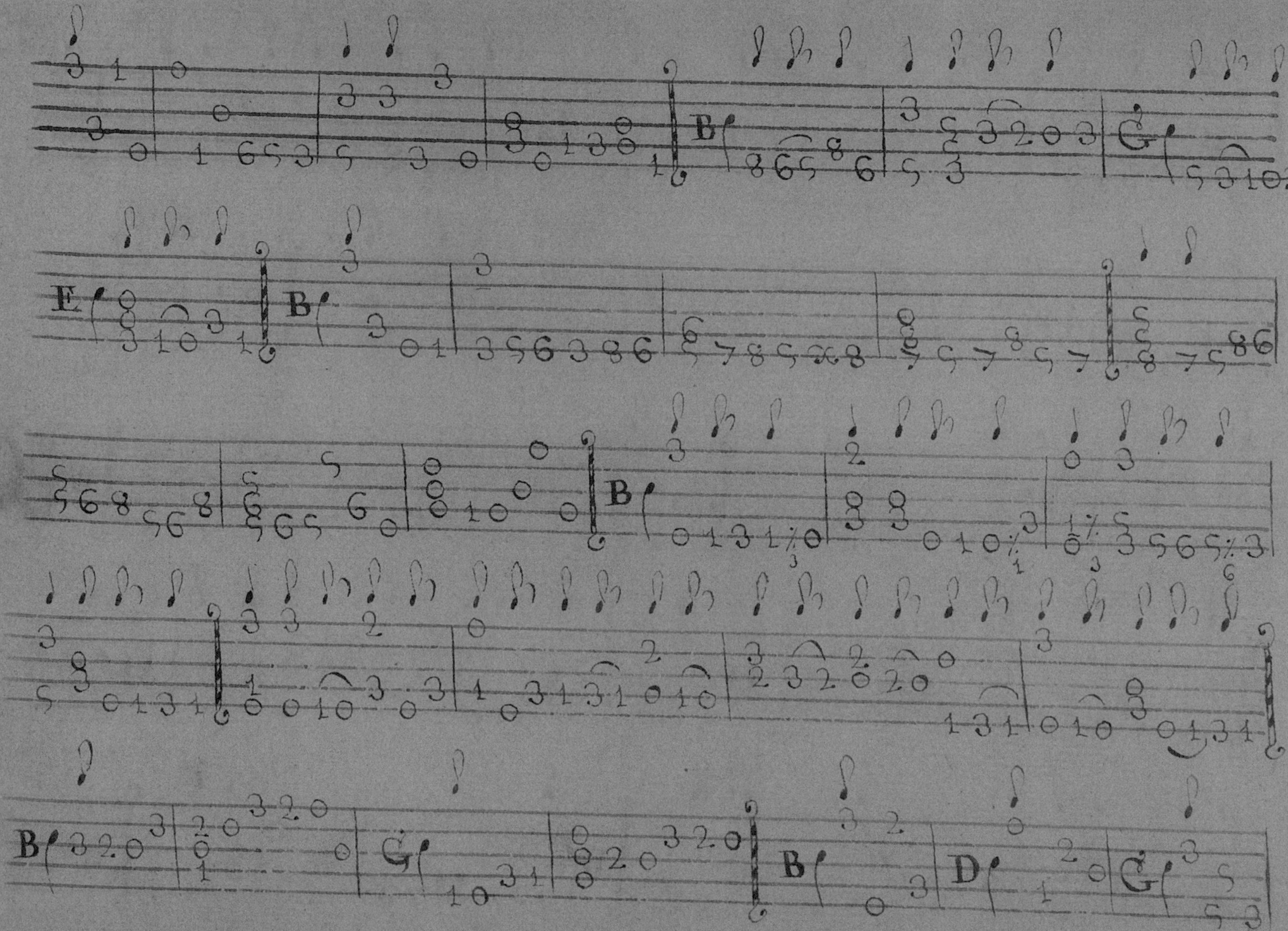

Passés de Compas: p.r la G.

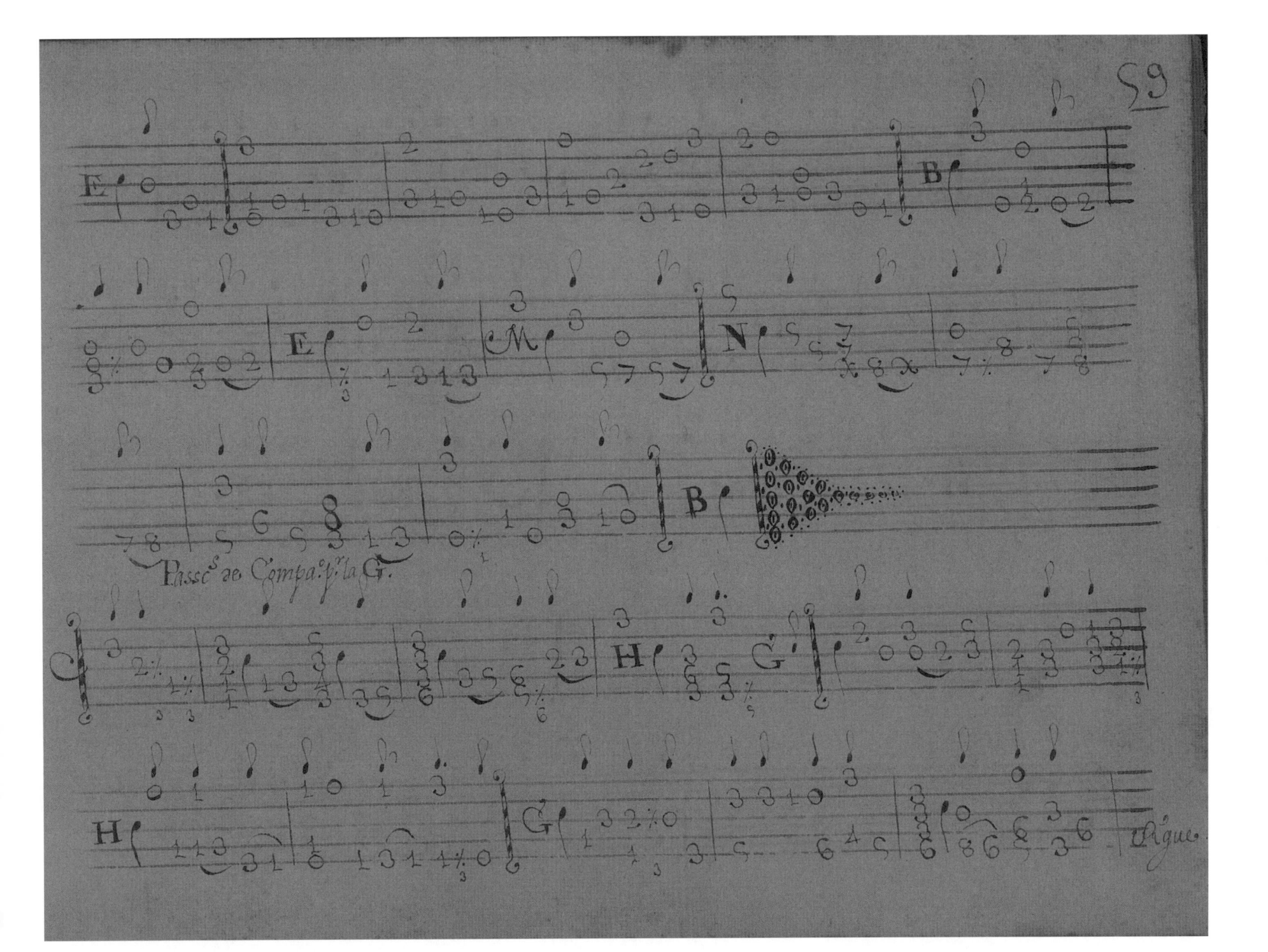

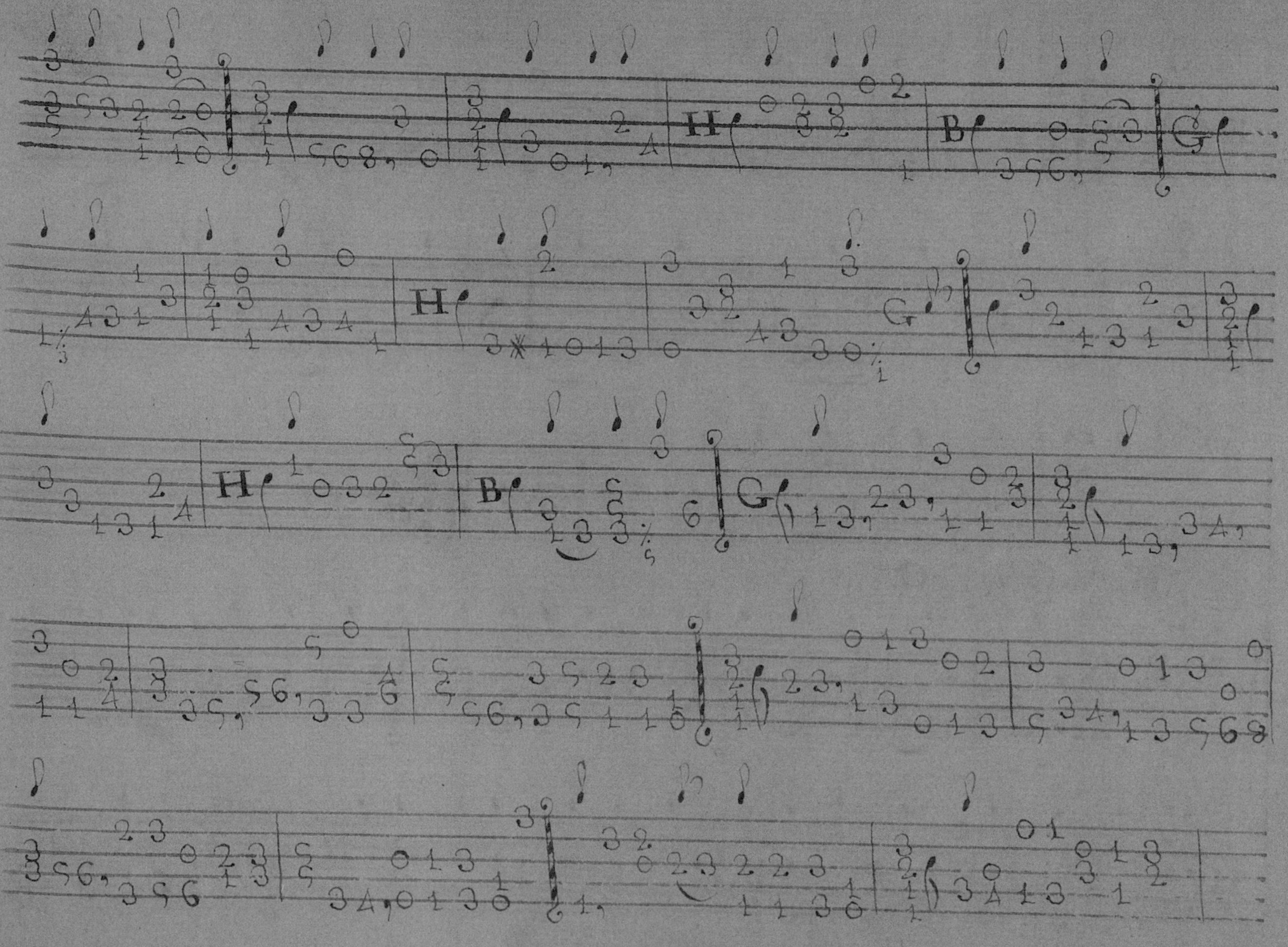

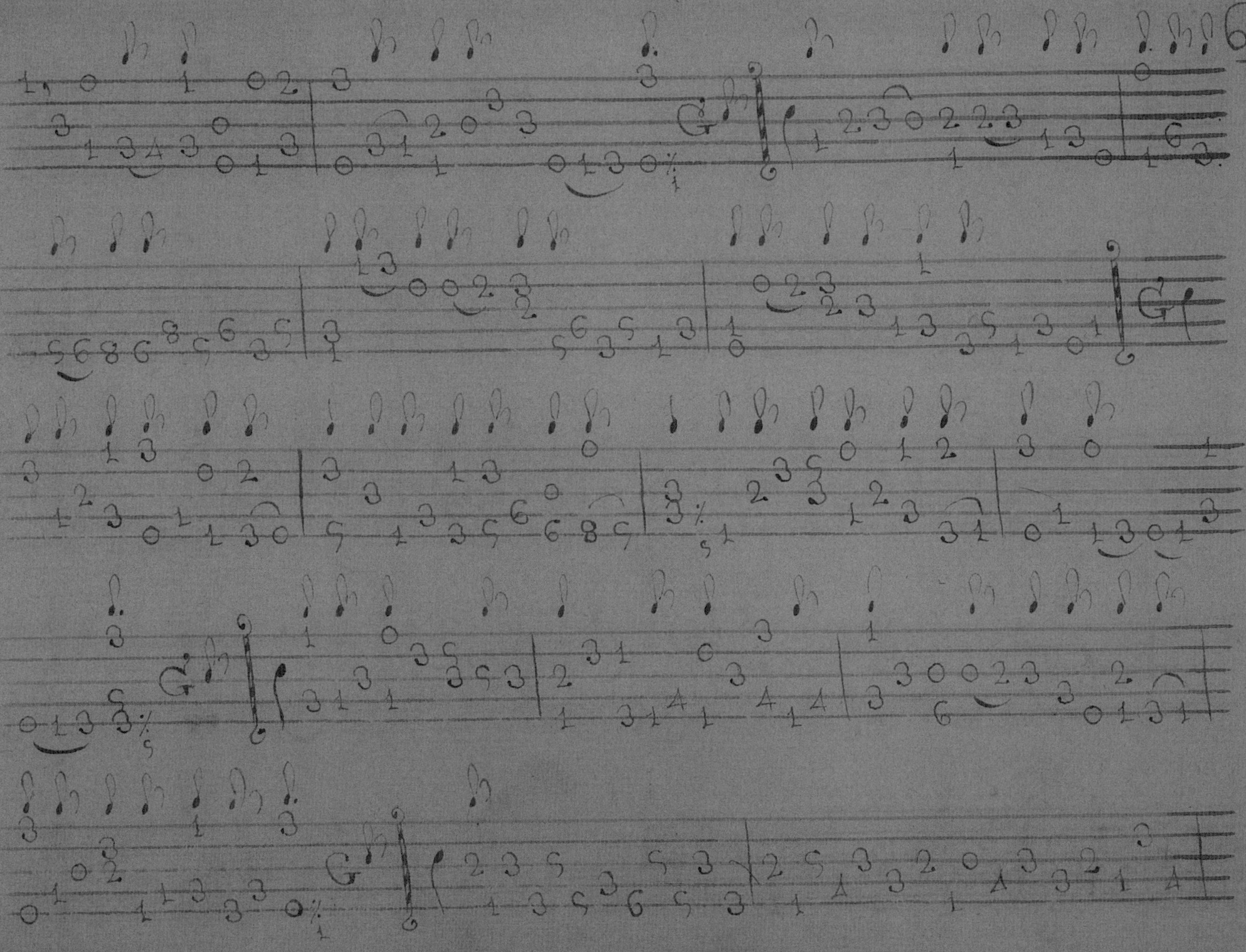

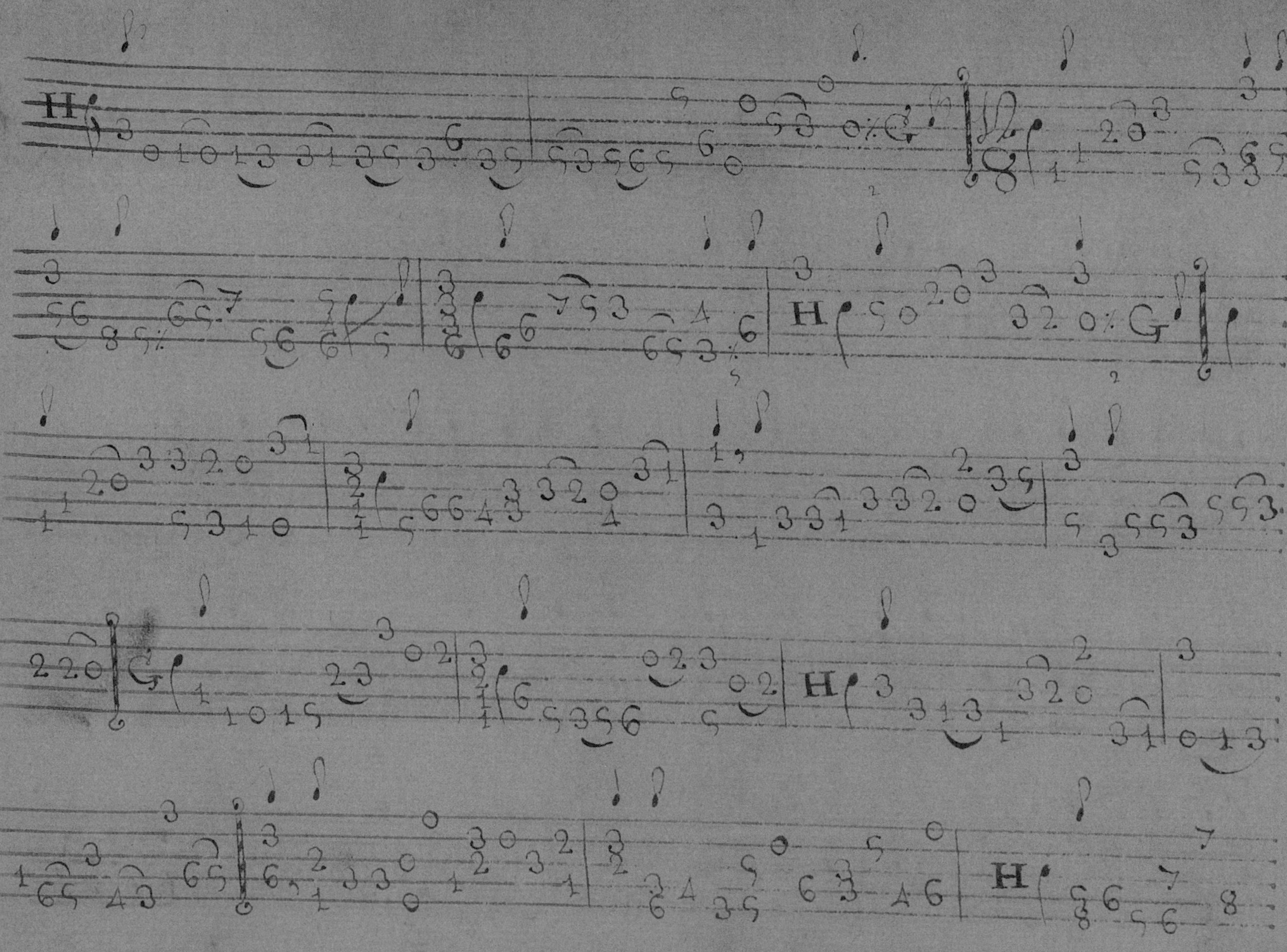

A prop.^on^

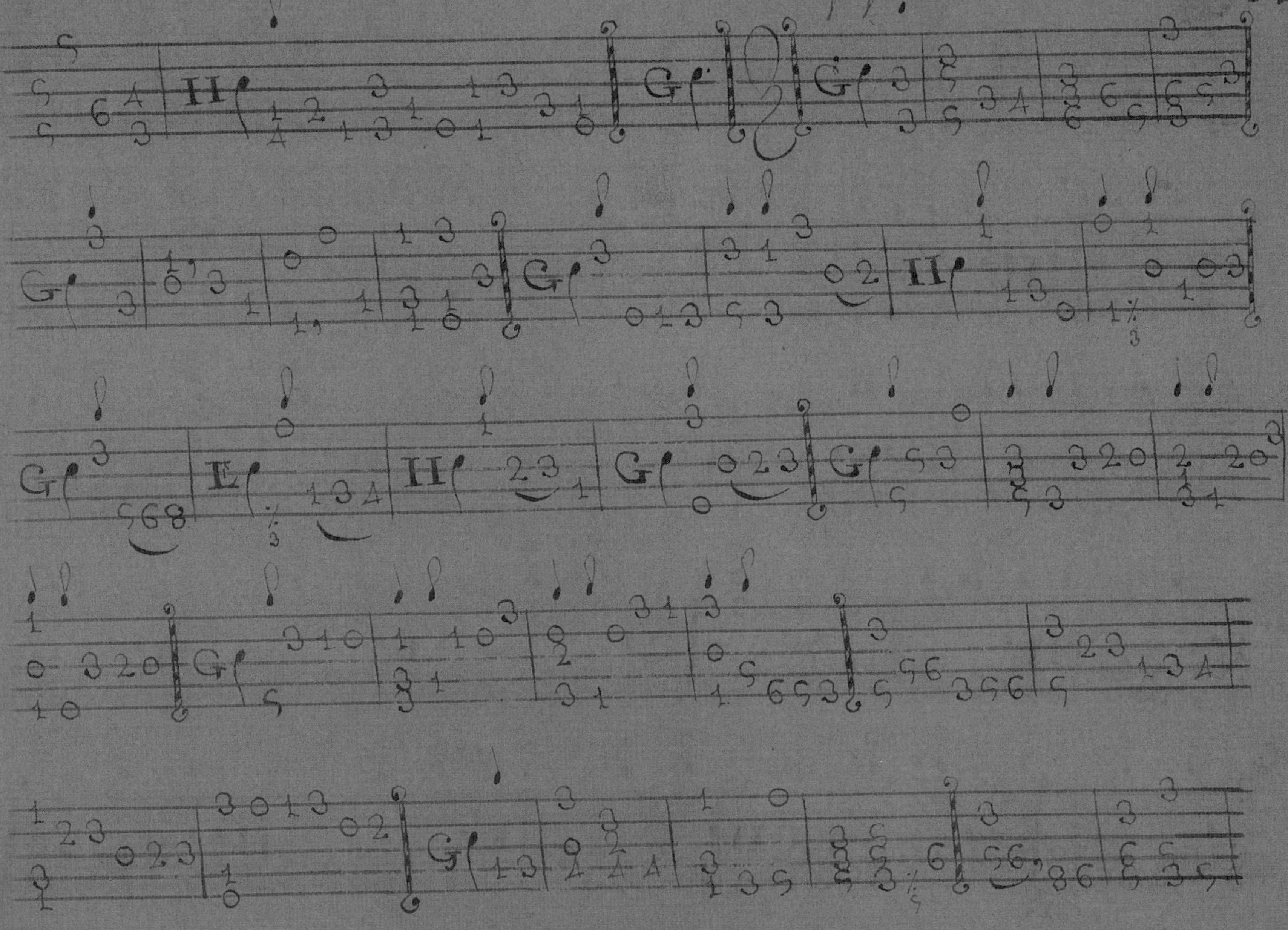

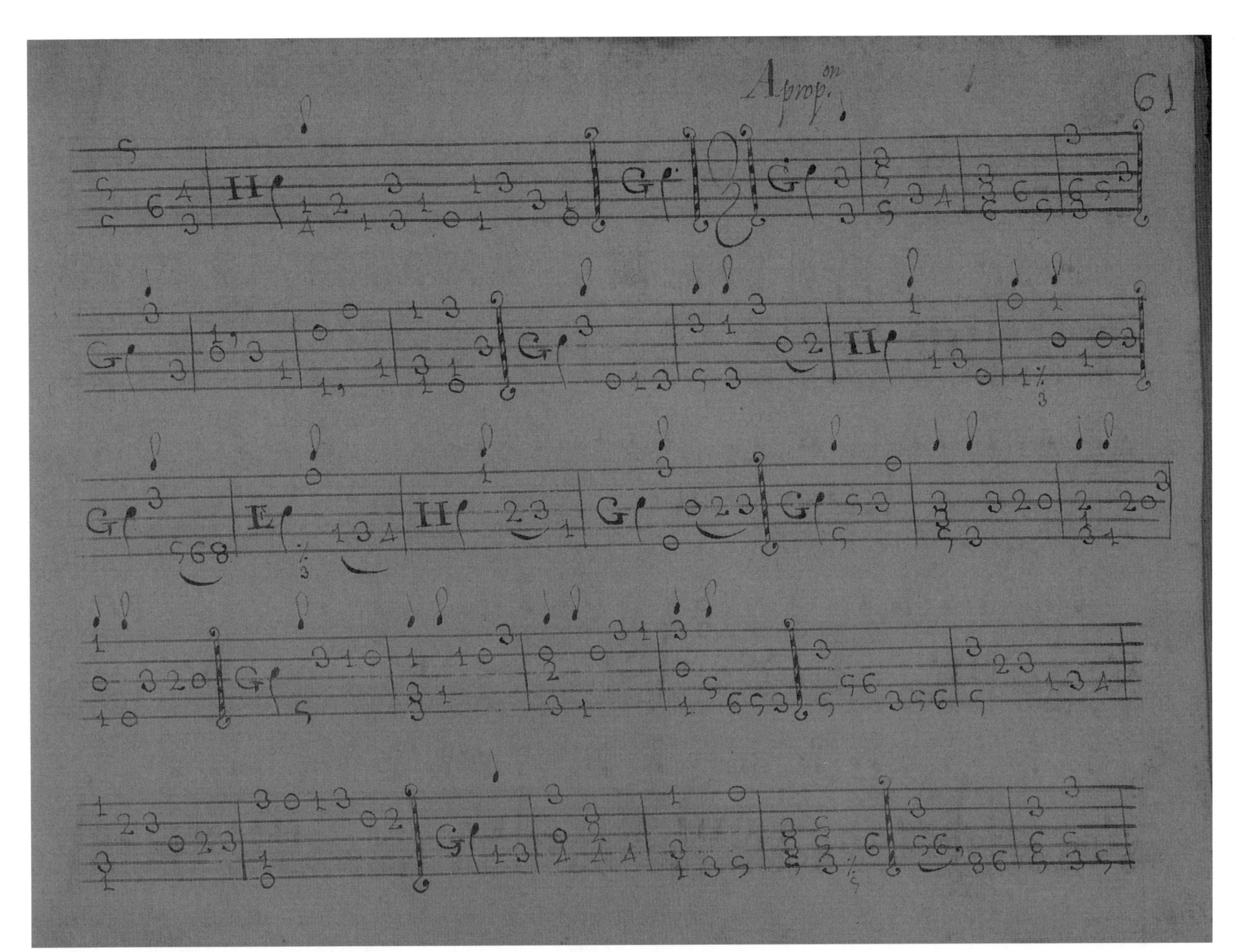

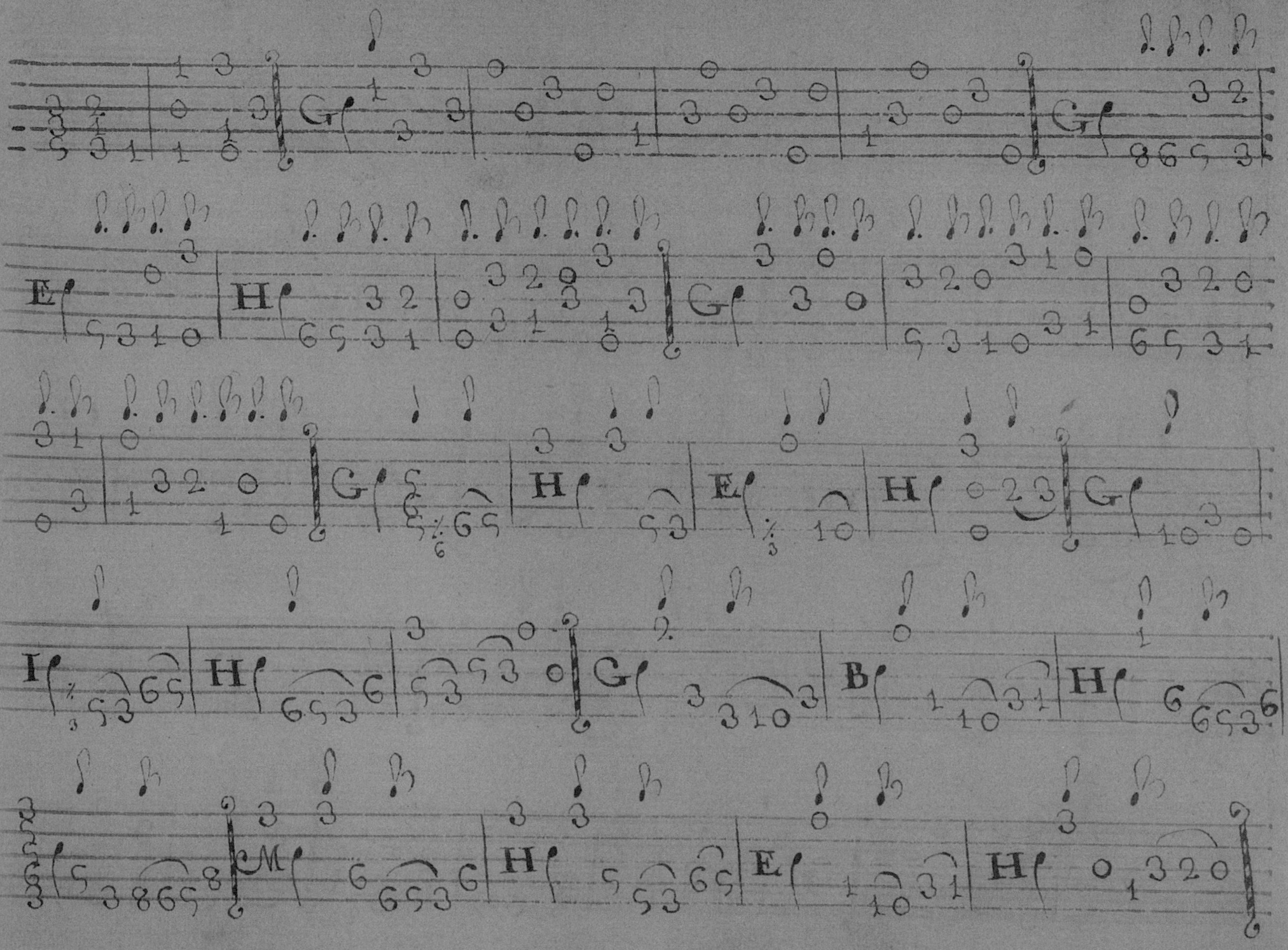

Passac.^s de Compasillo por la D

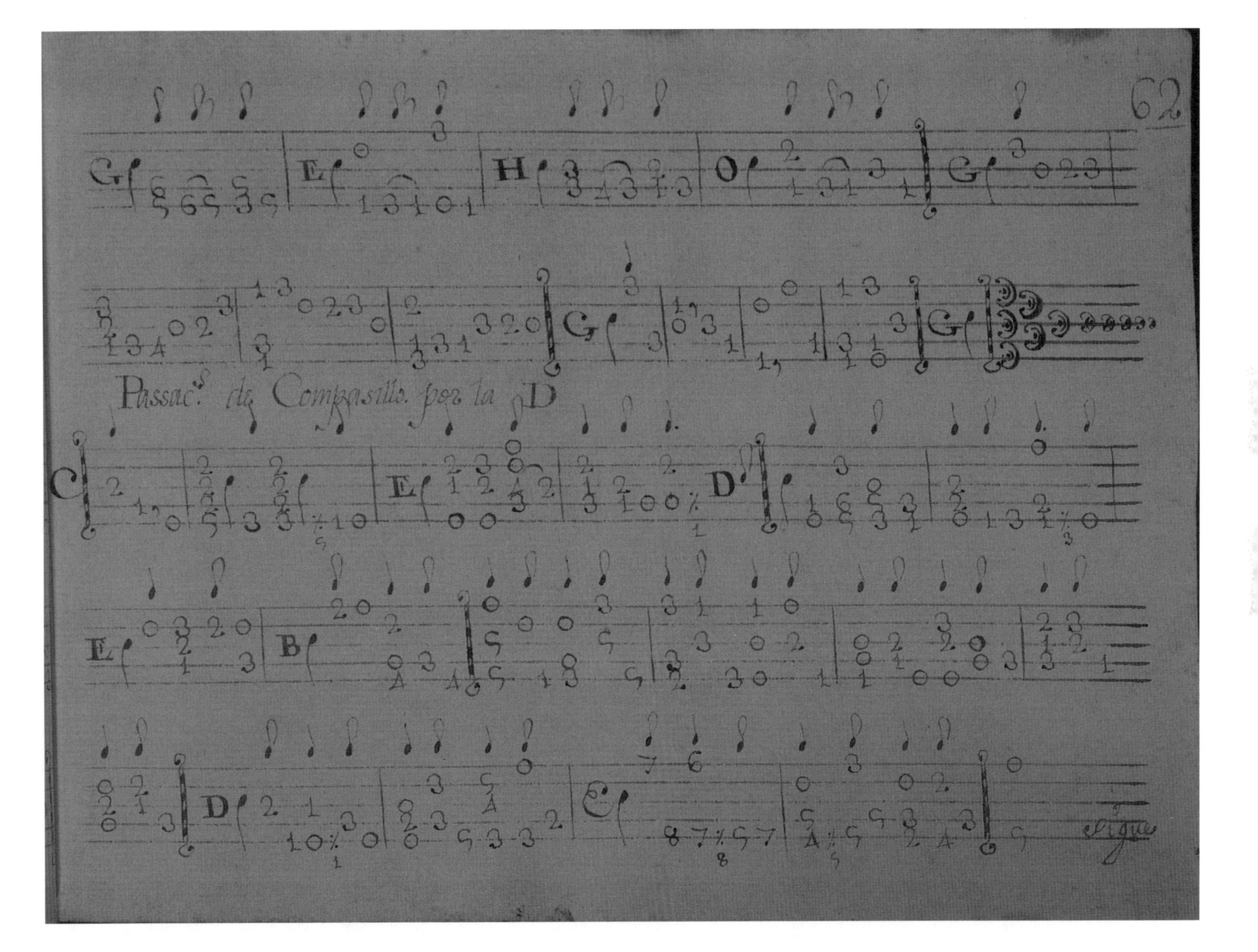

Sigue

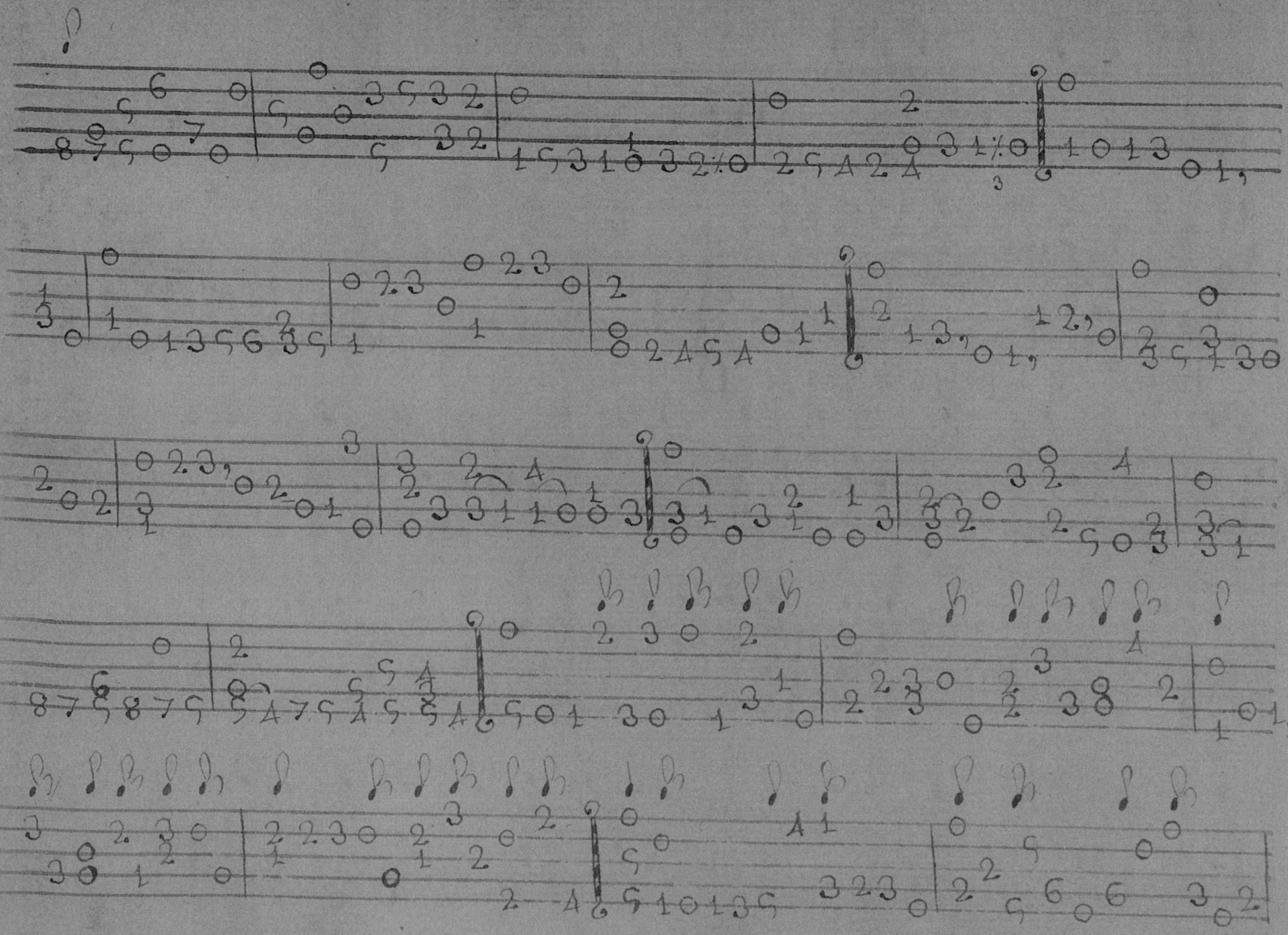

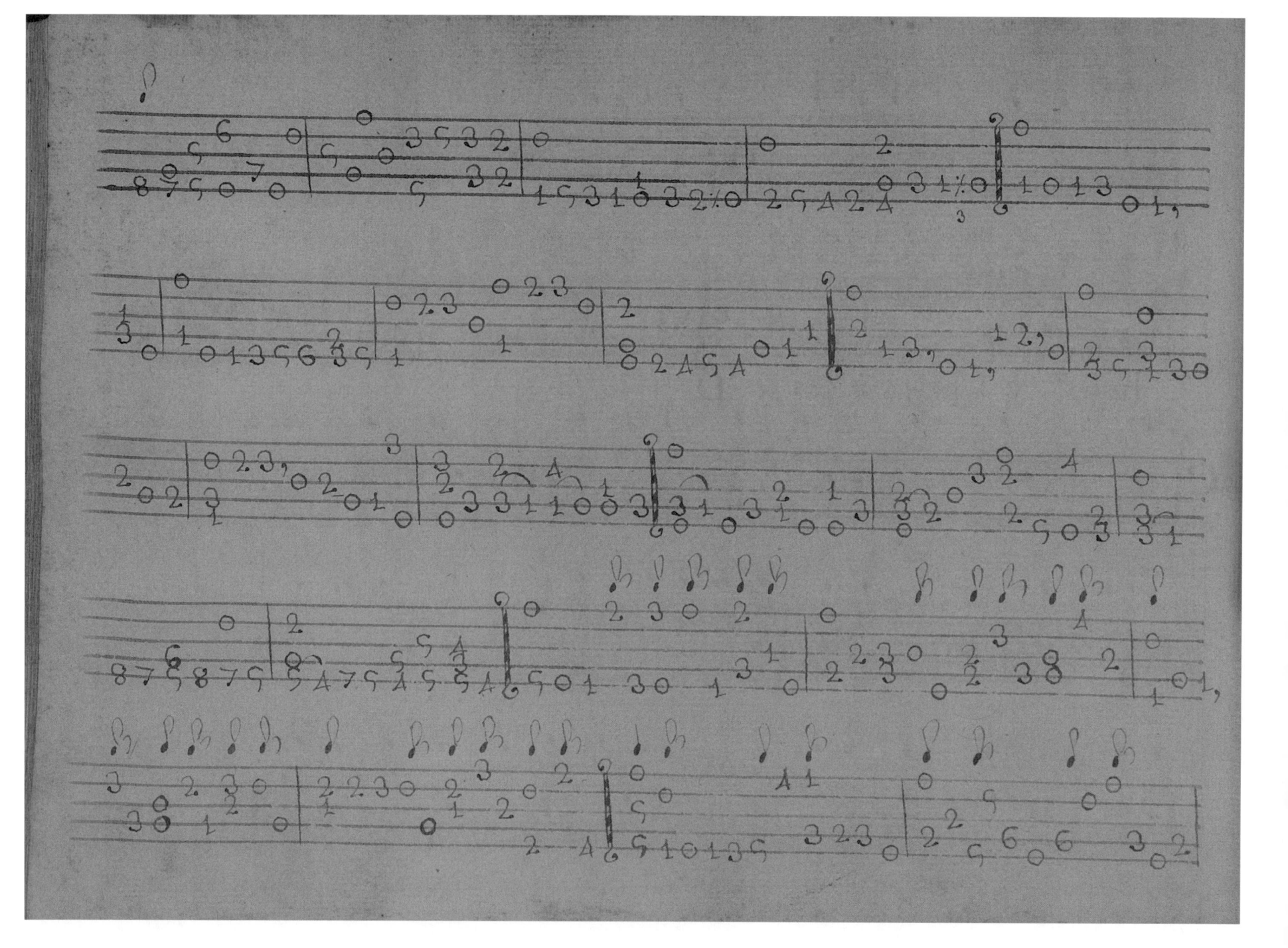

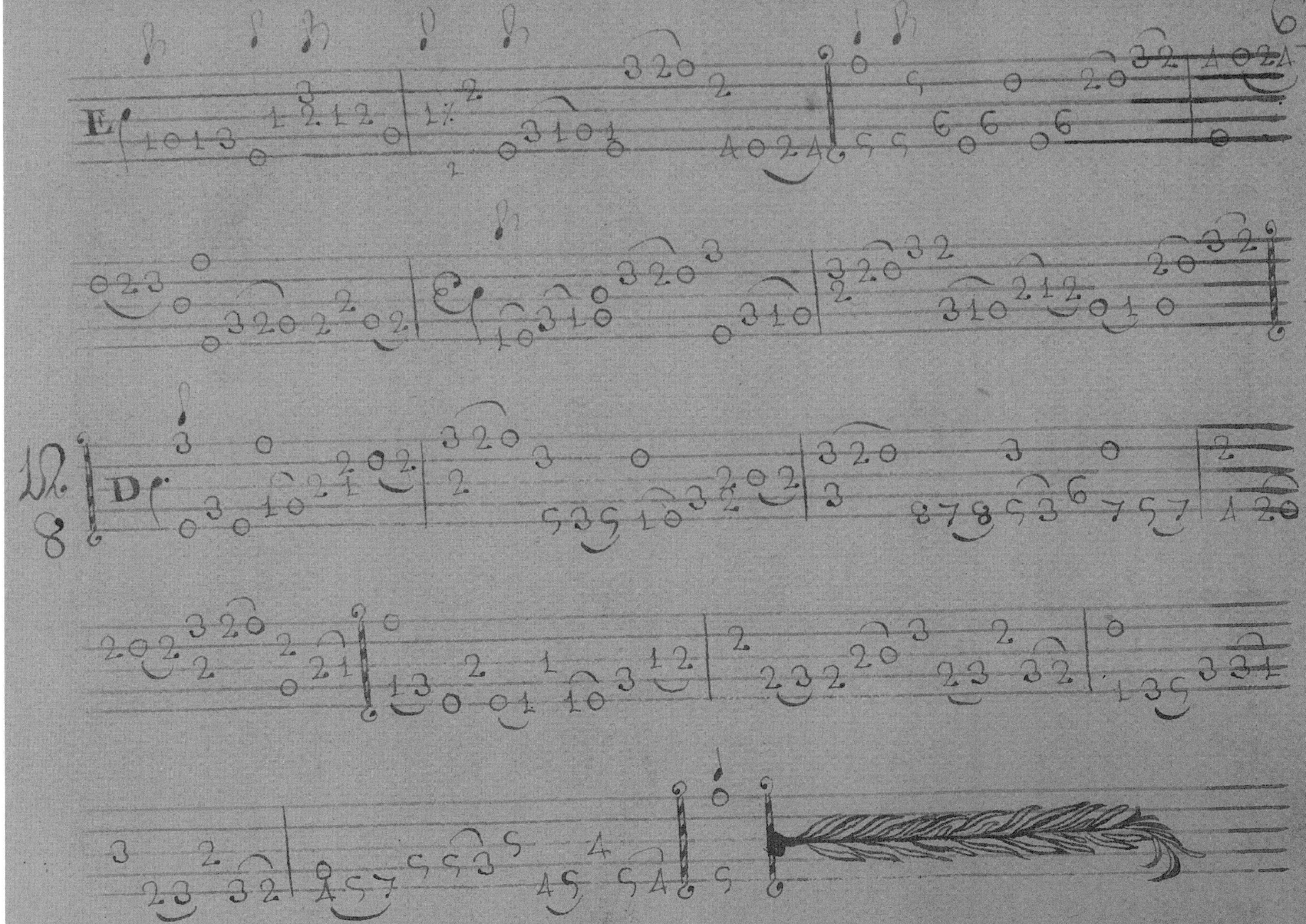

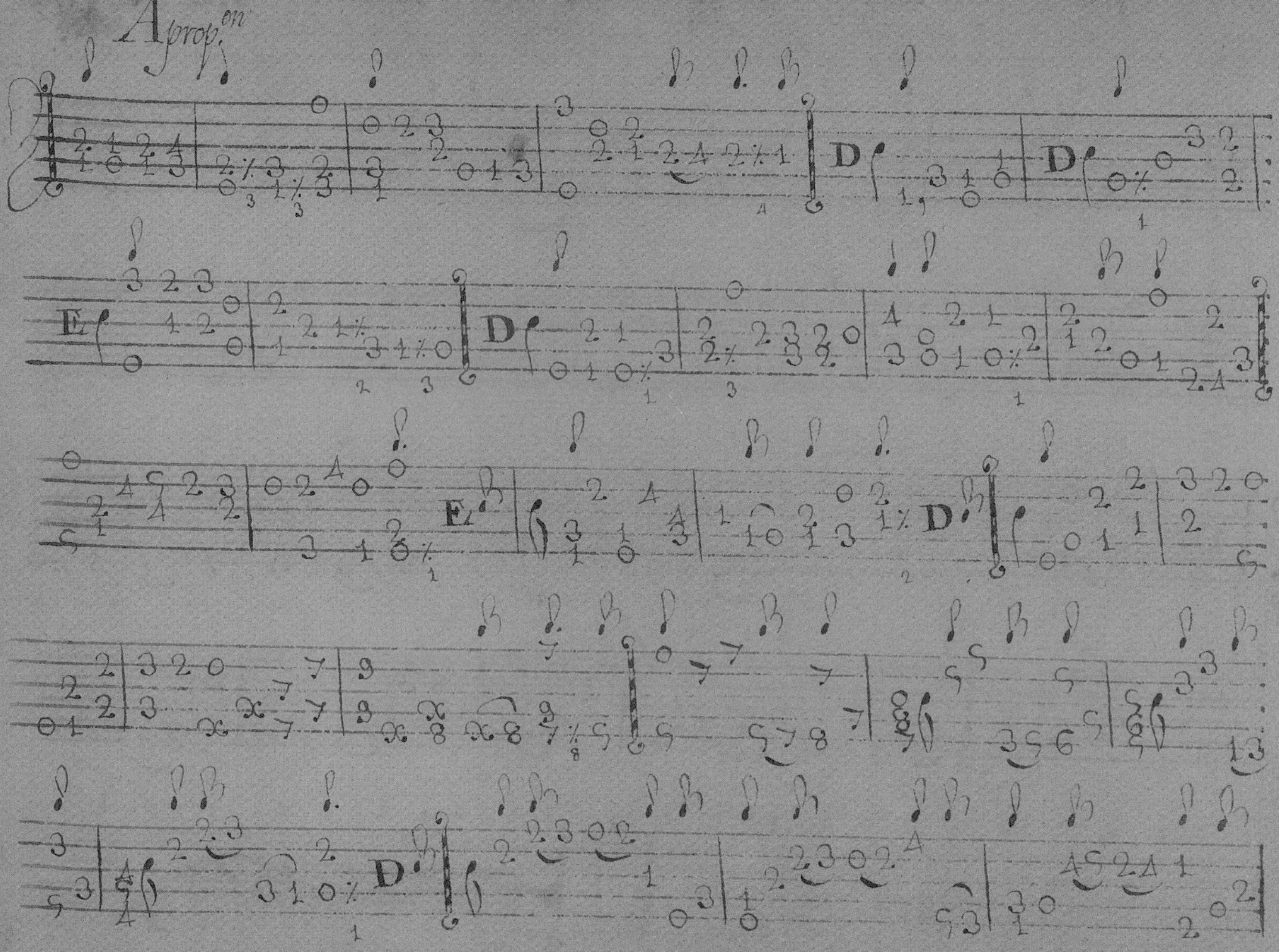
A prop.on

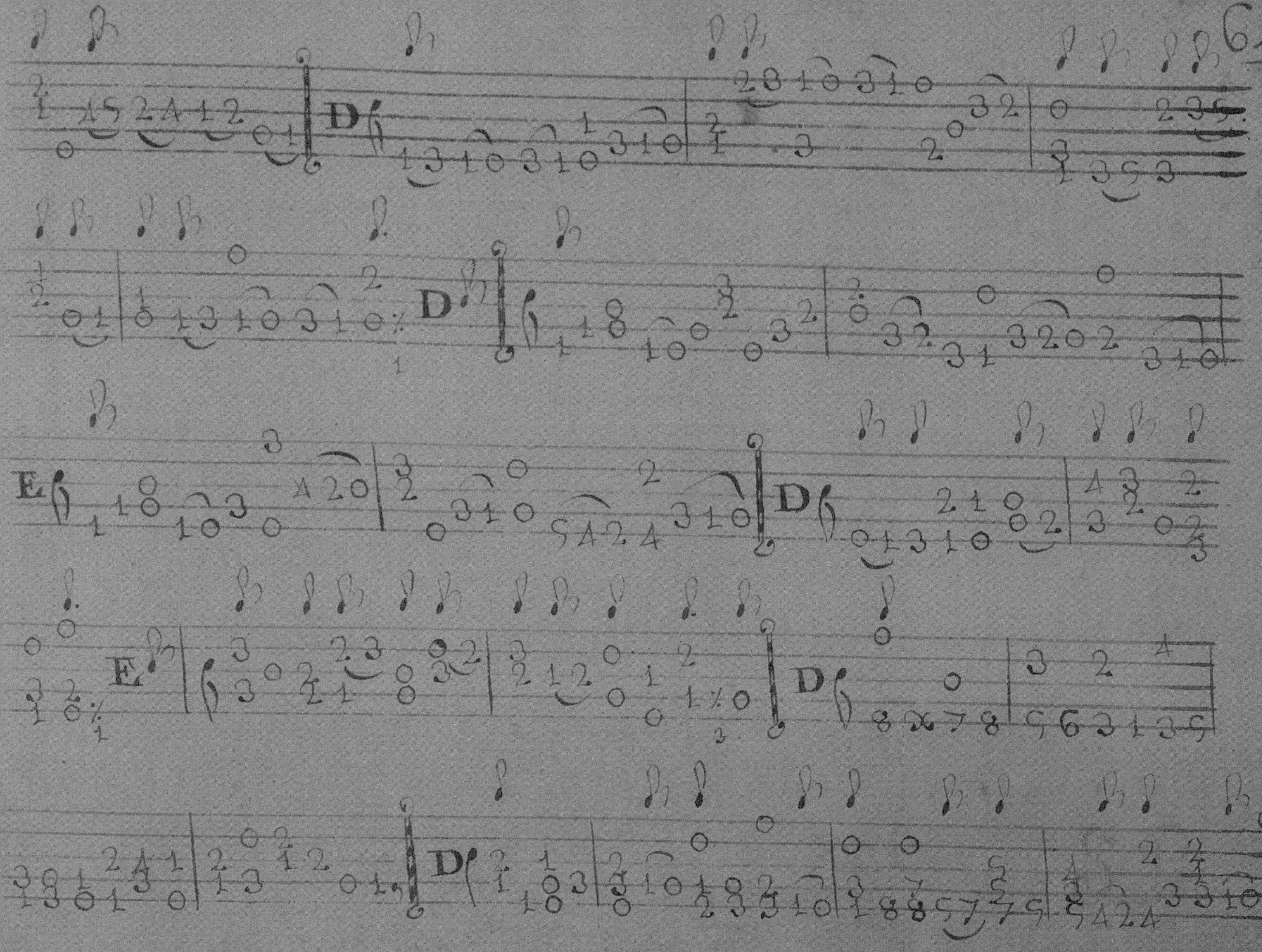

Passac.s A Clarinados p.r la C.ª ä Compä.

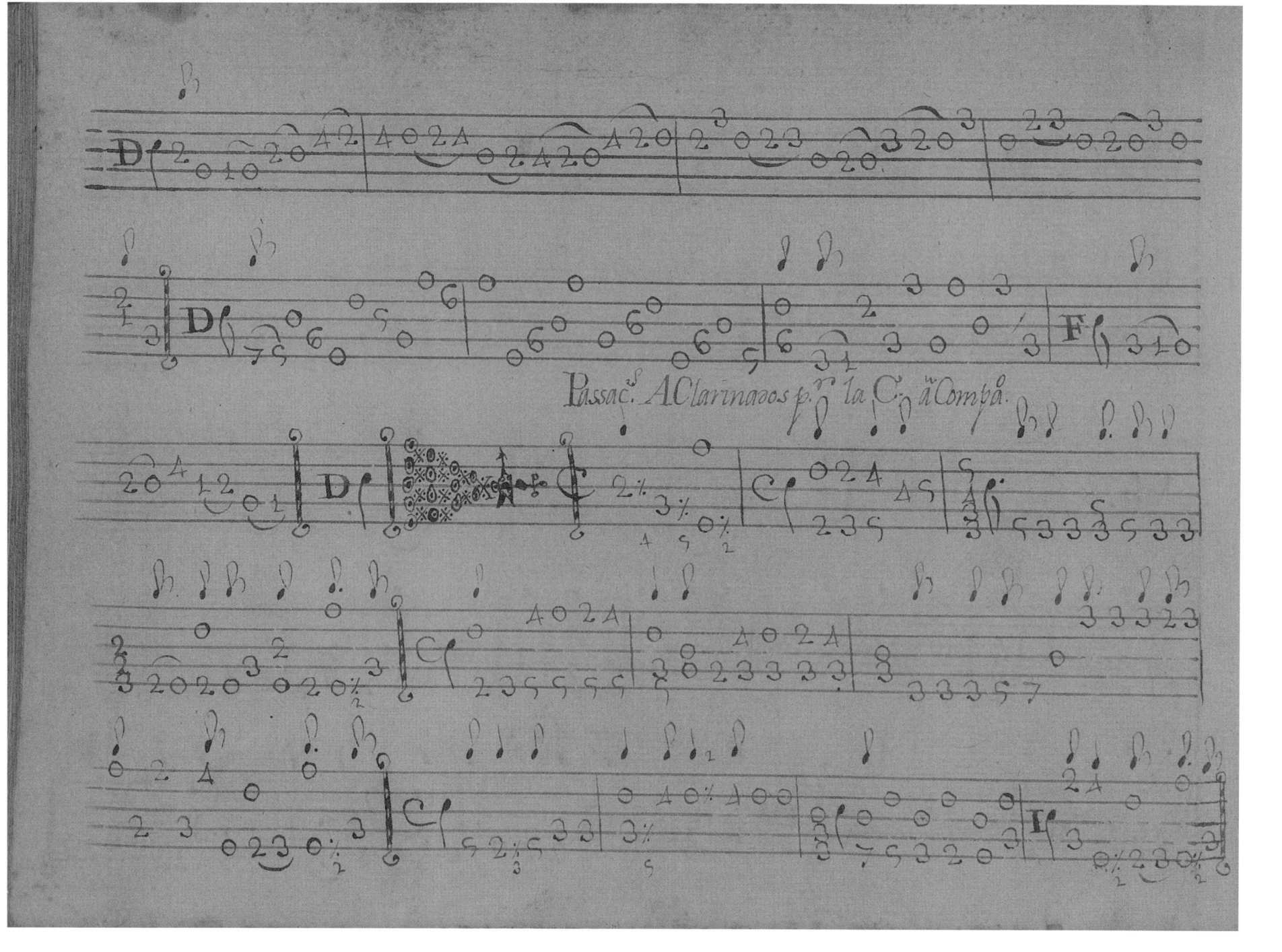

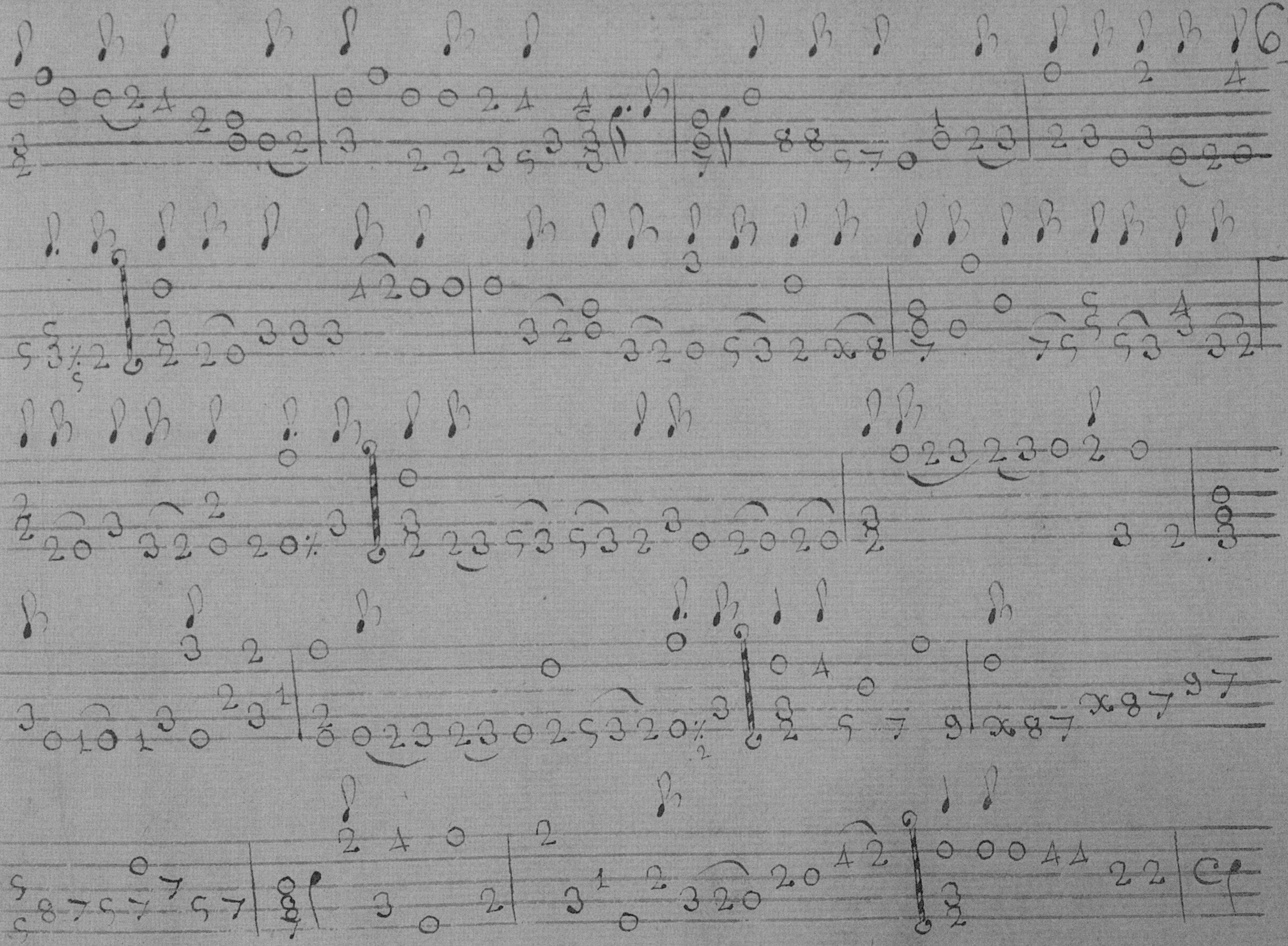

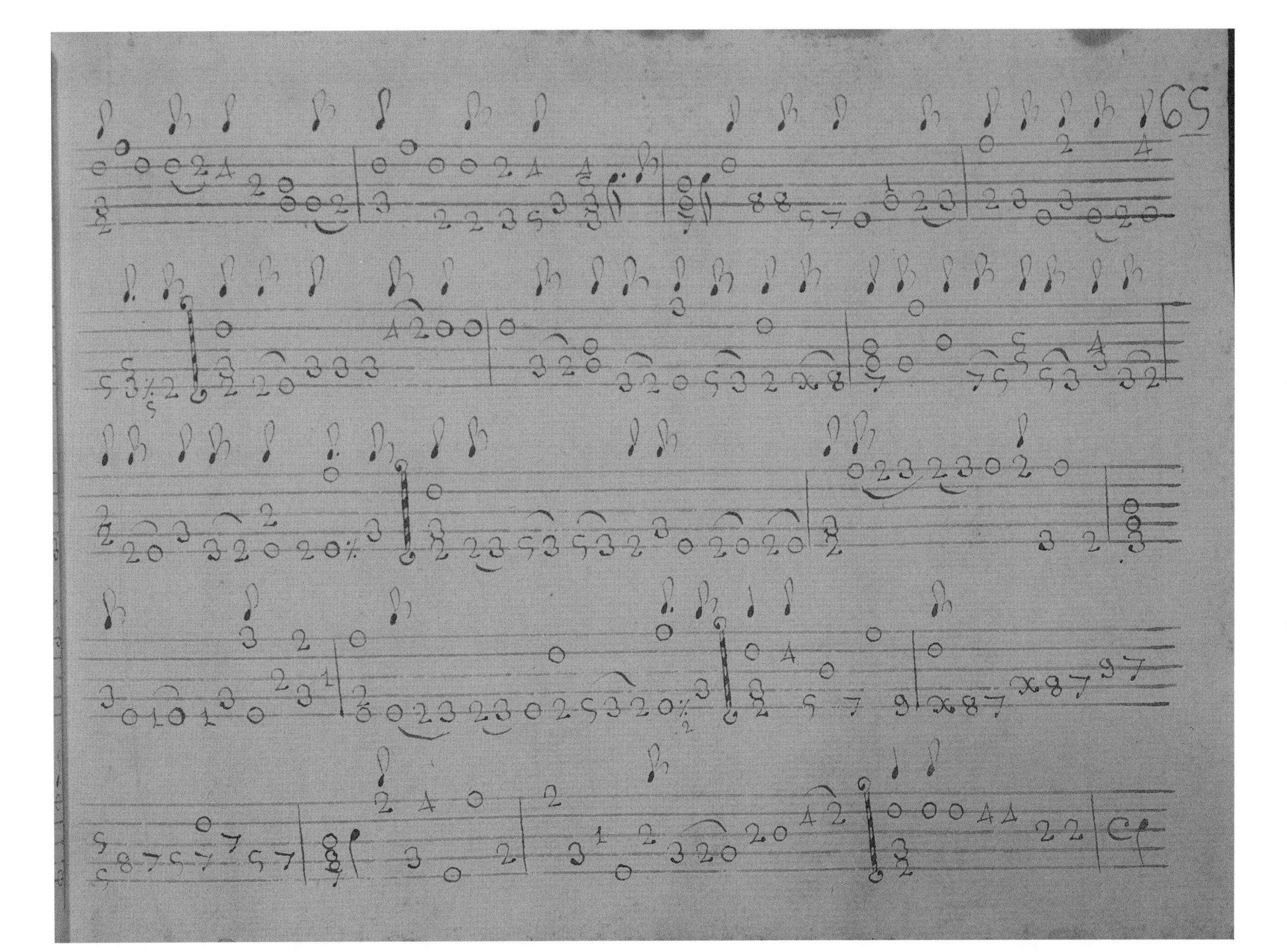

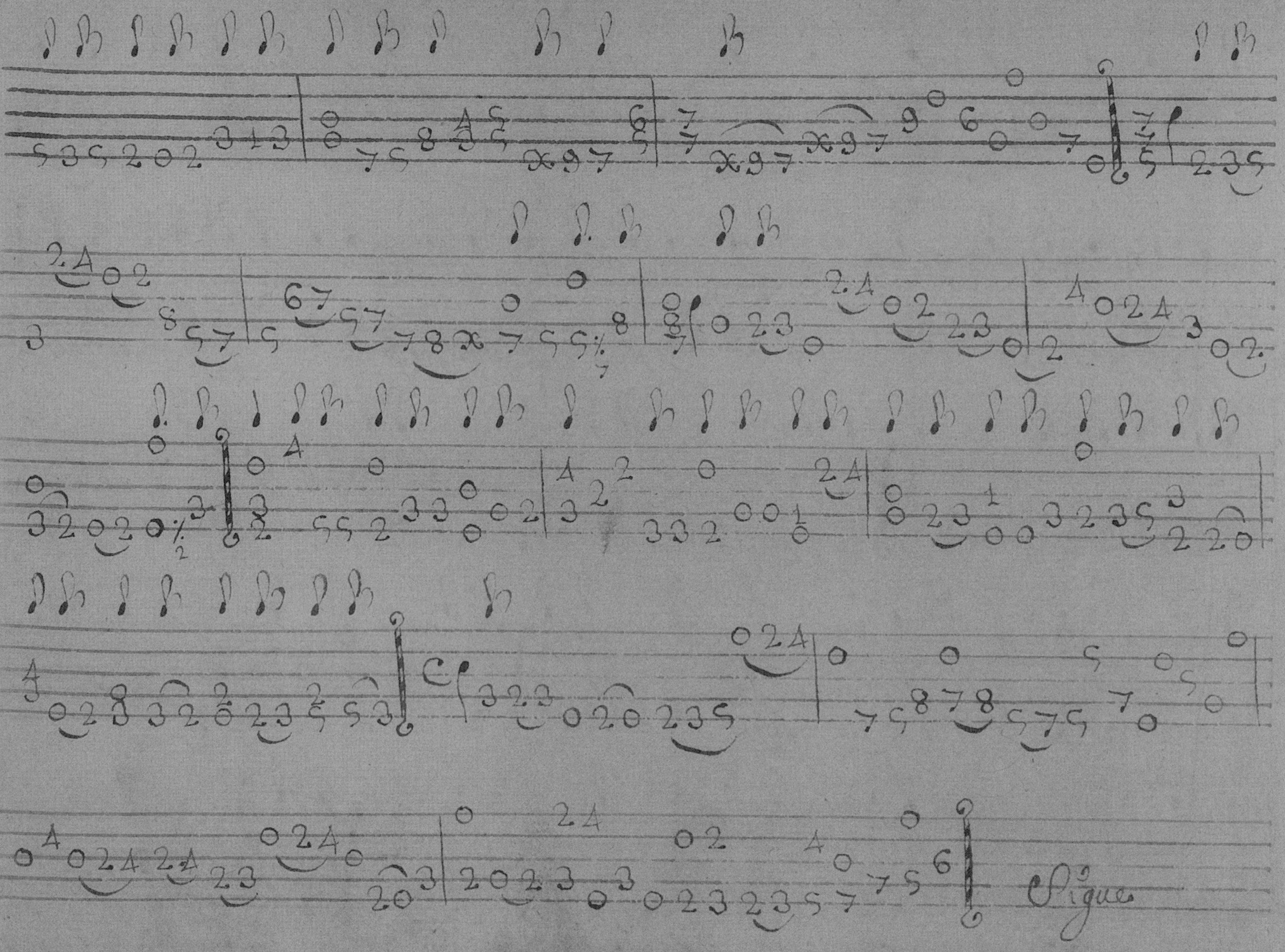
Gigue

Passac.º A Comp.º y por la H

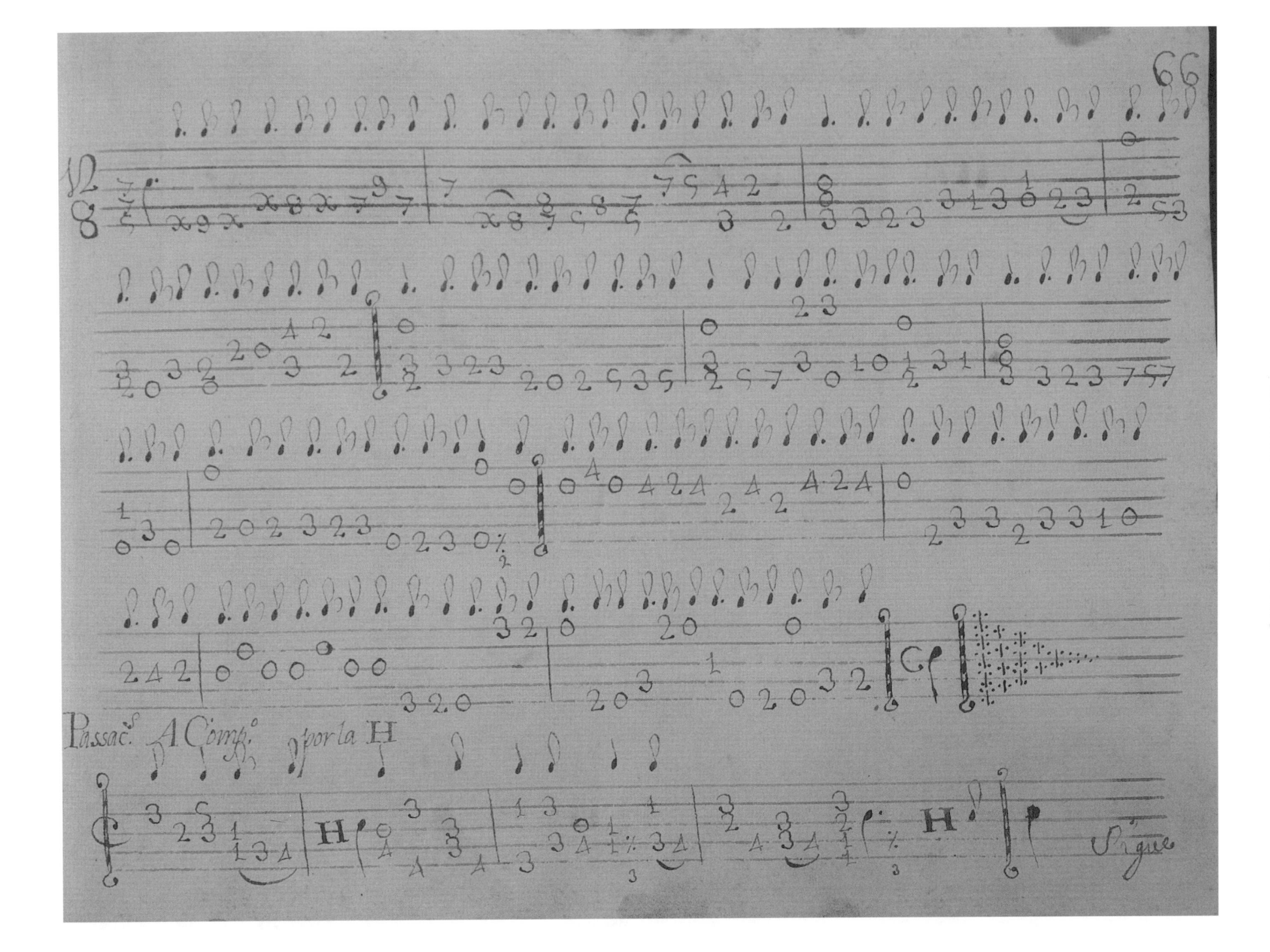

Sigue

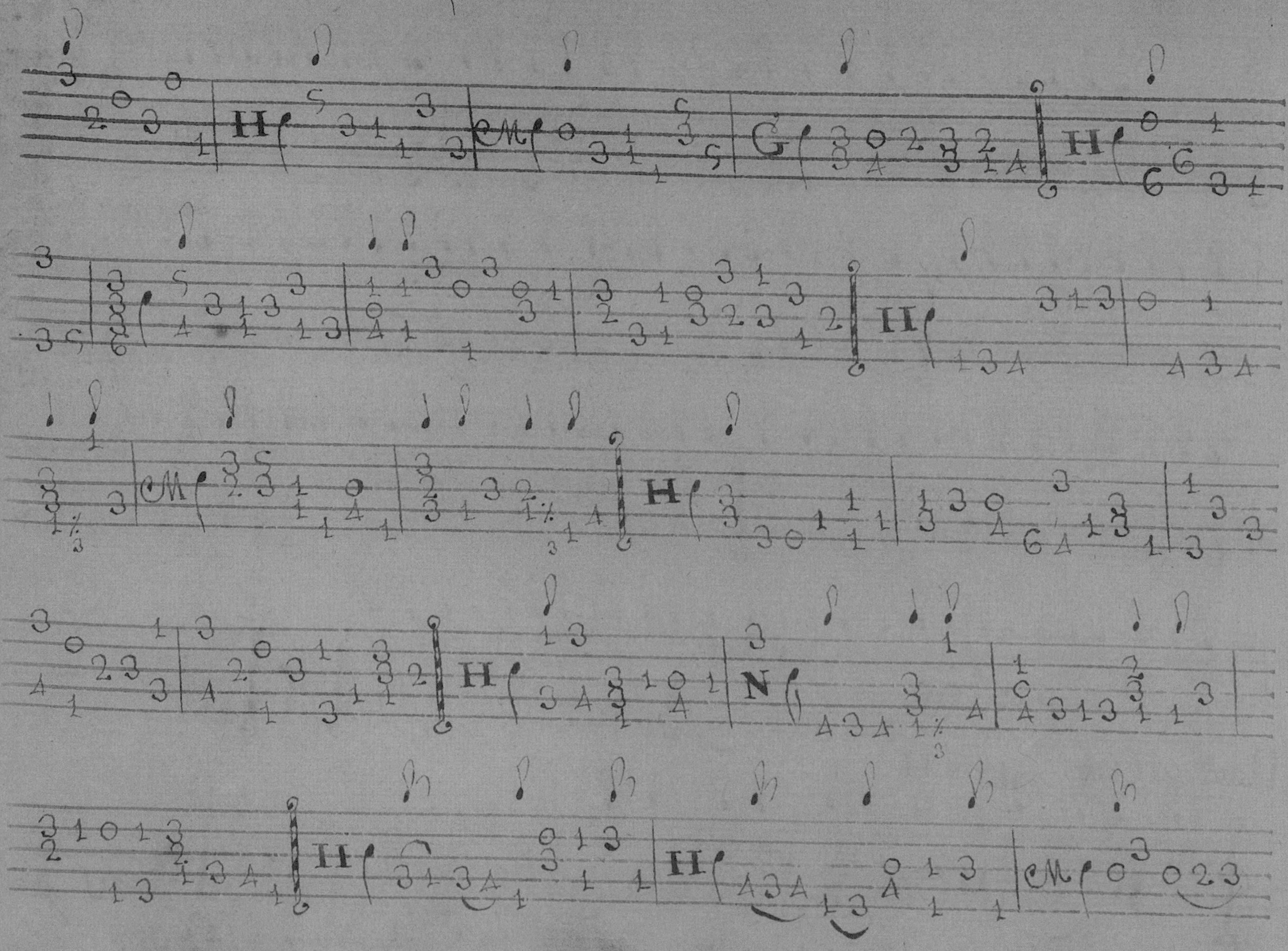

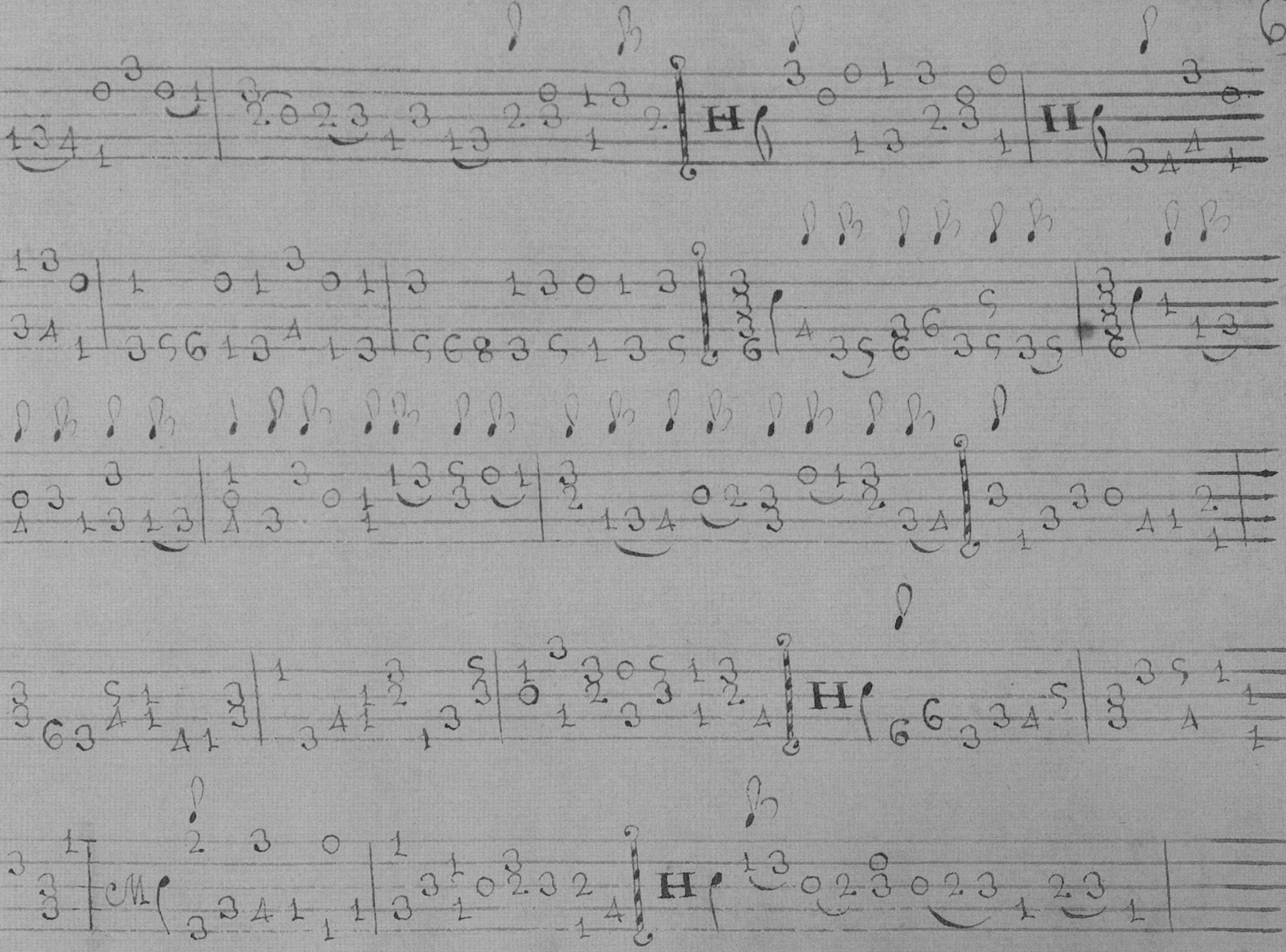

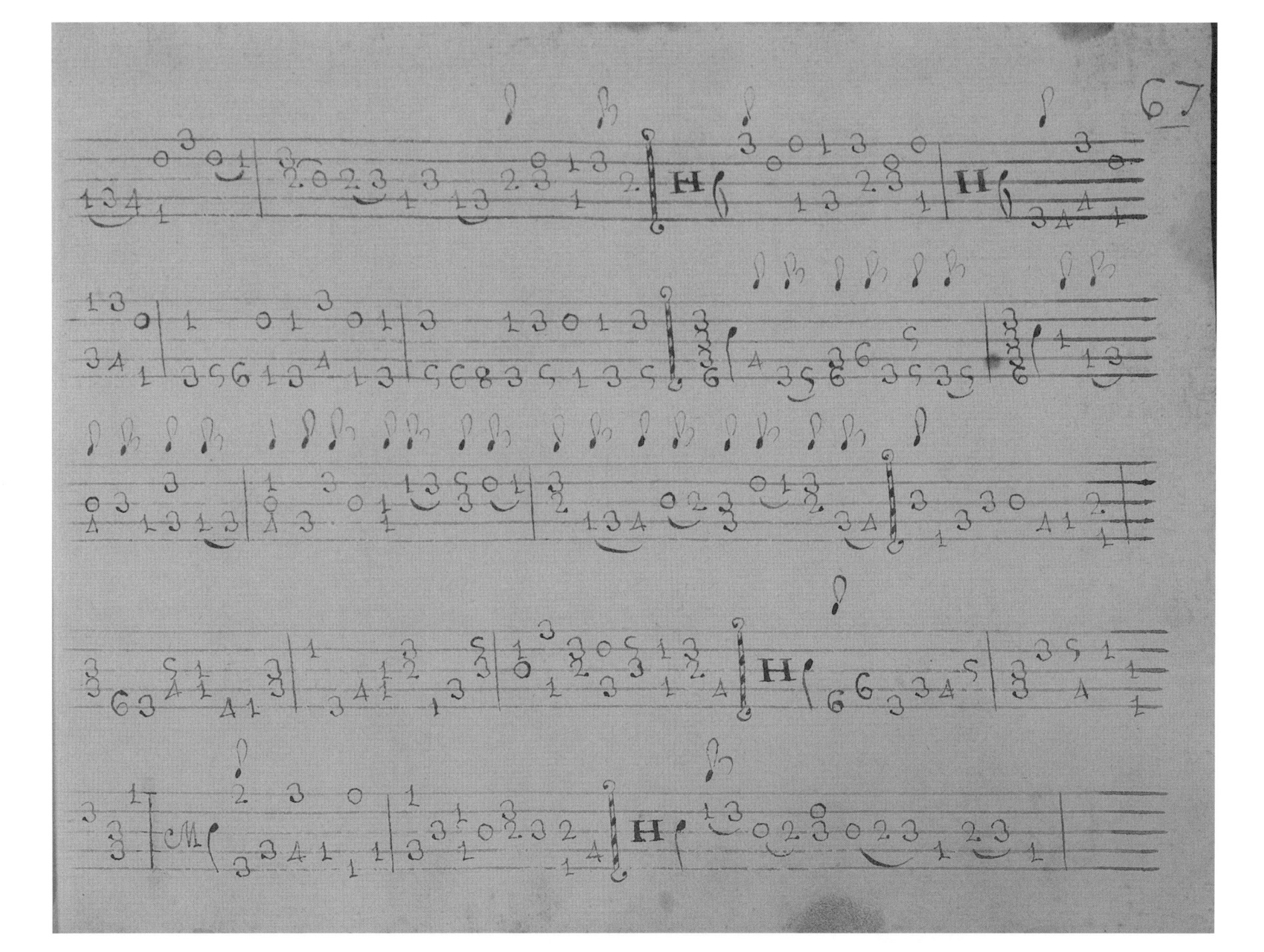

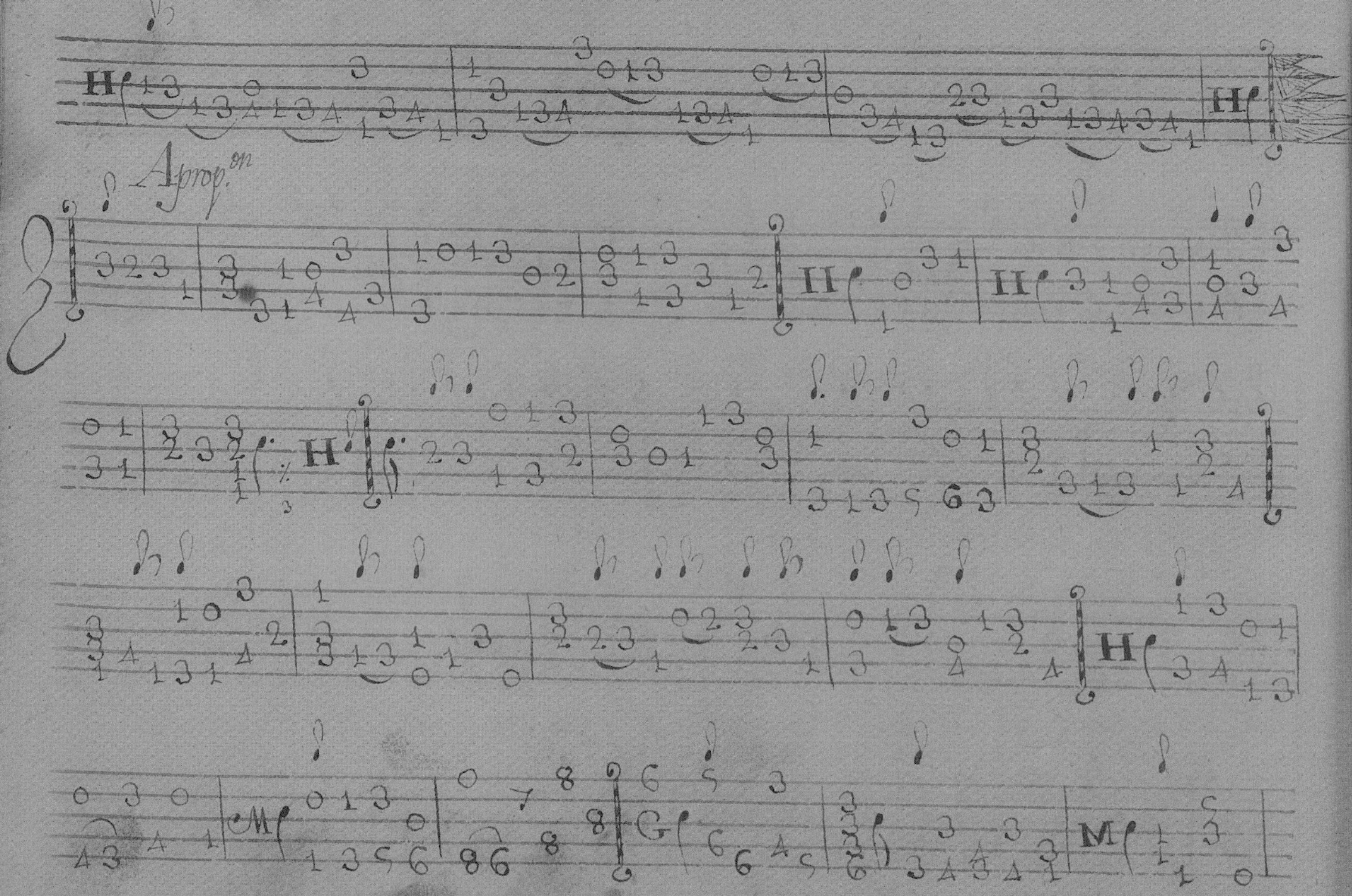
Aprop.on

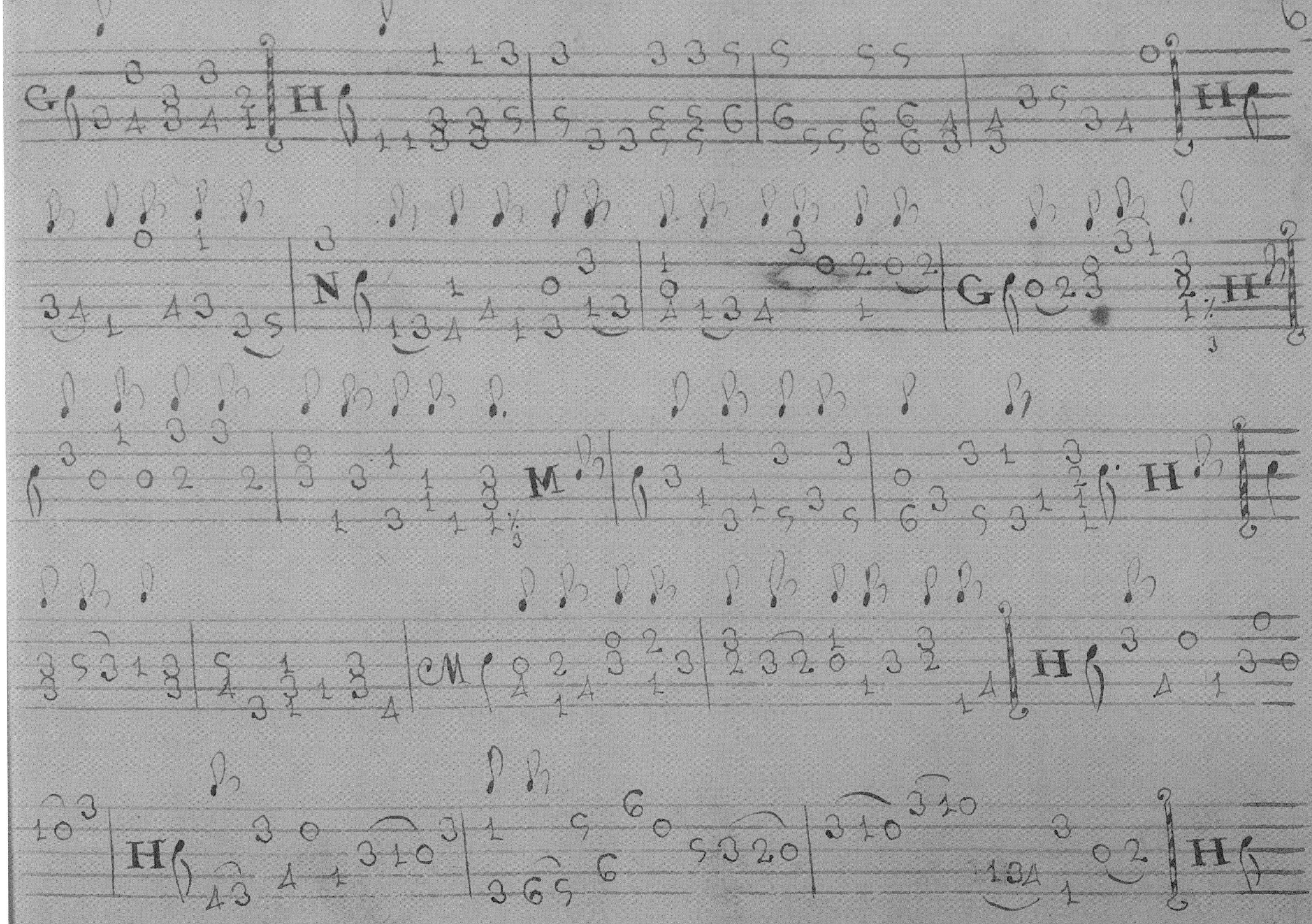

Passacº de Compasº por la A.

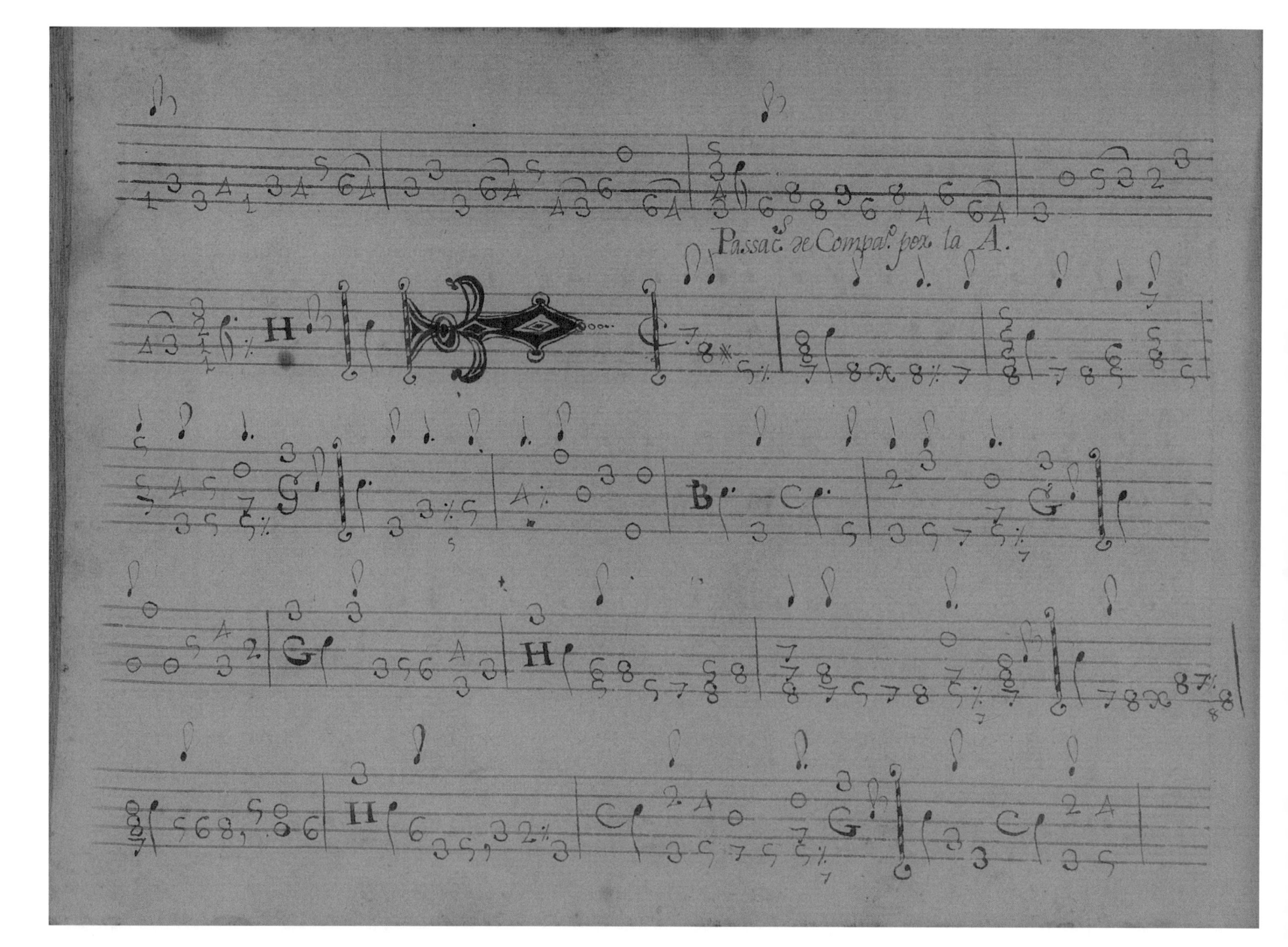

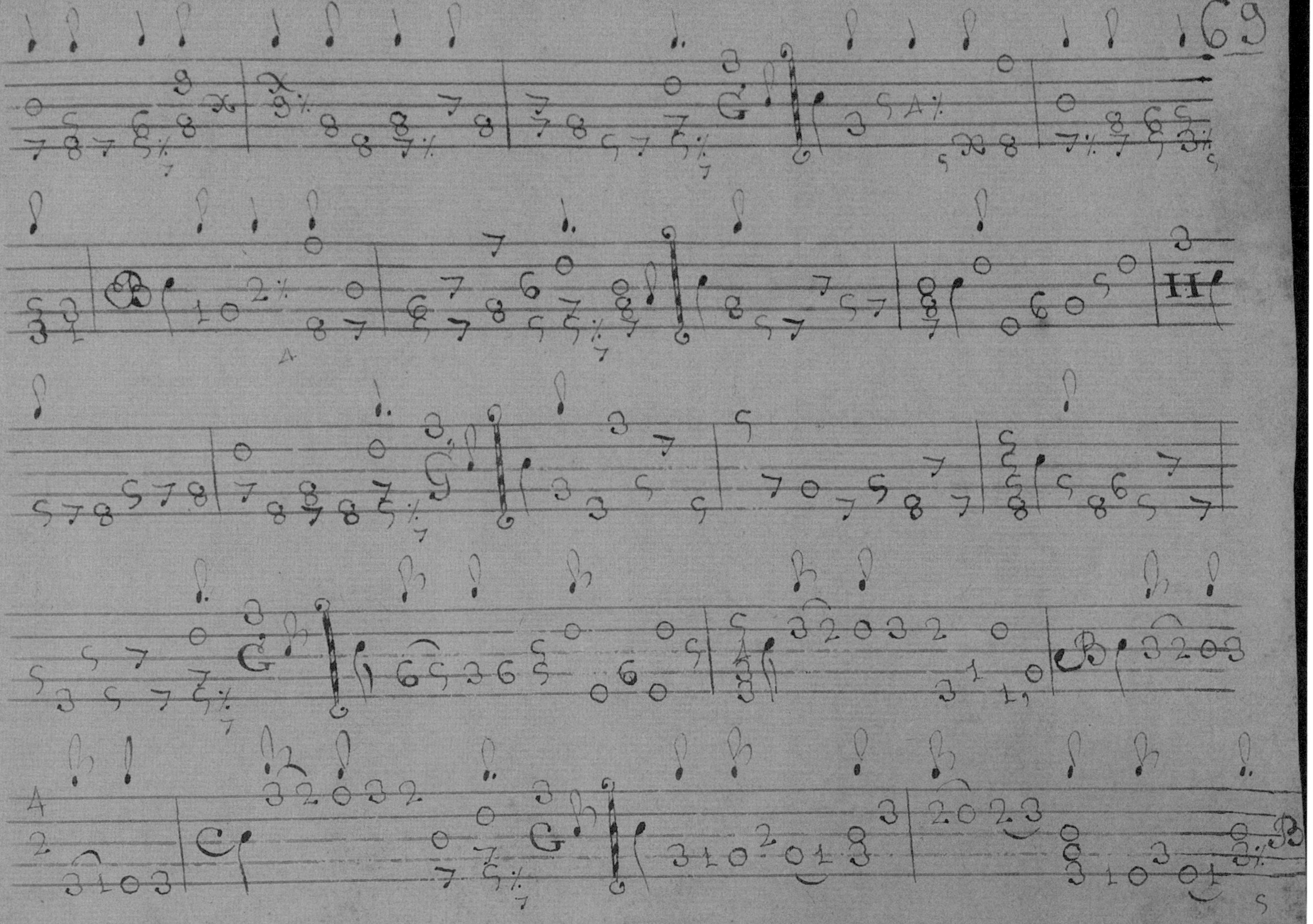

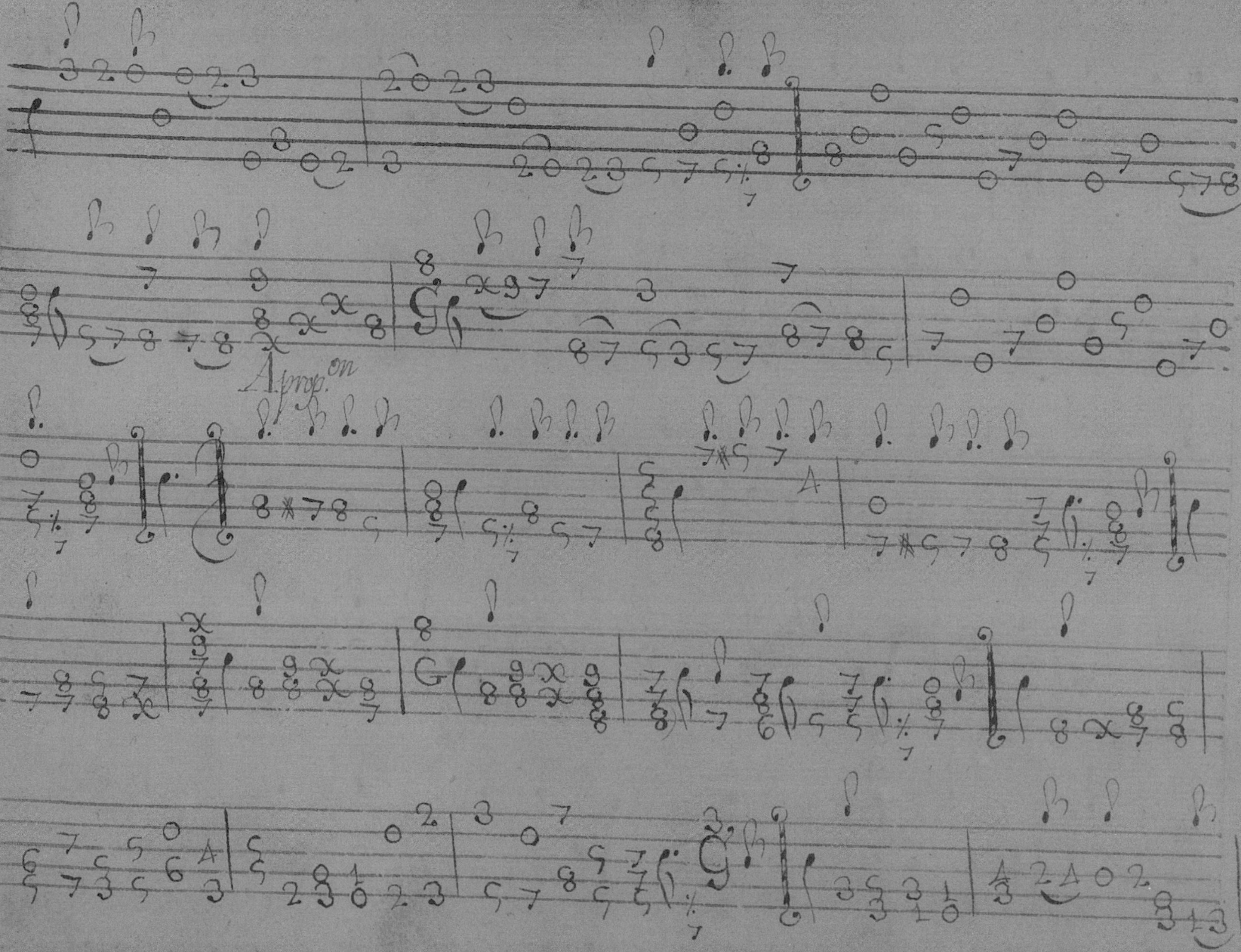
A prop.on

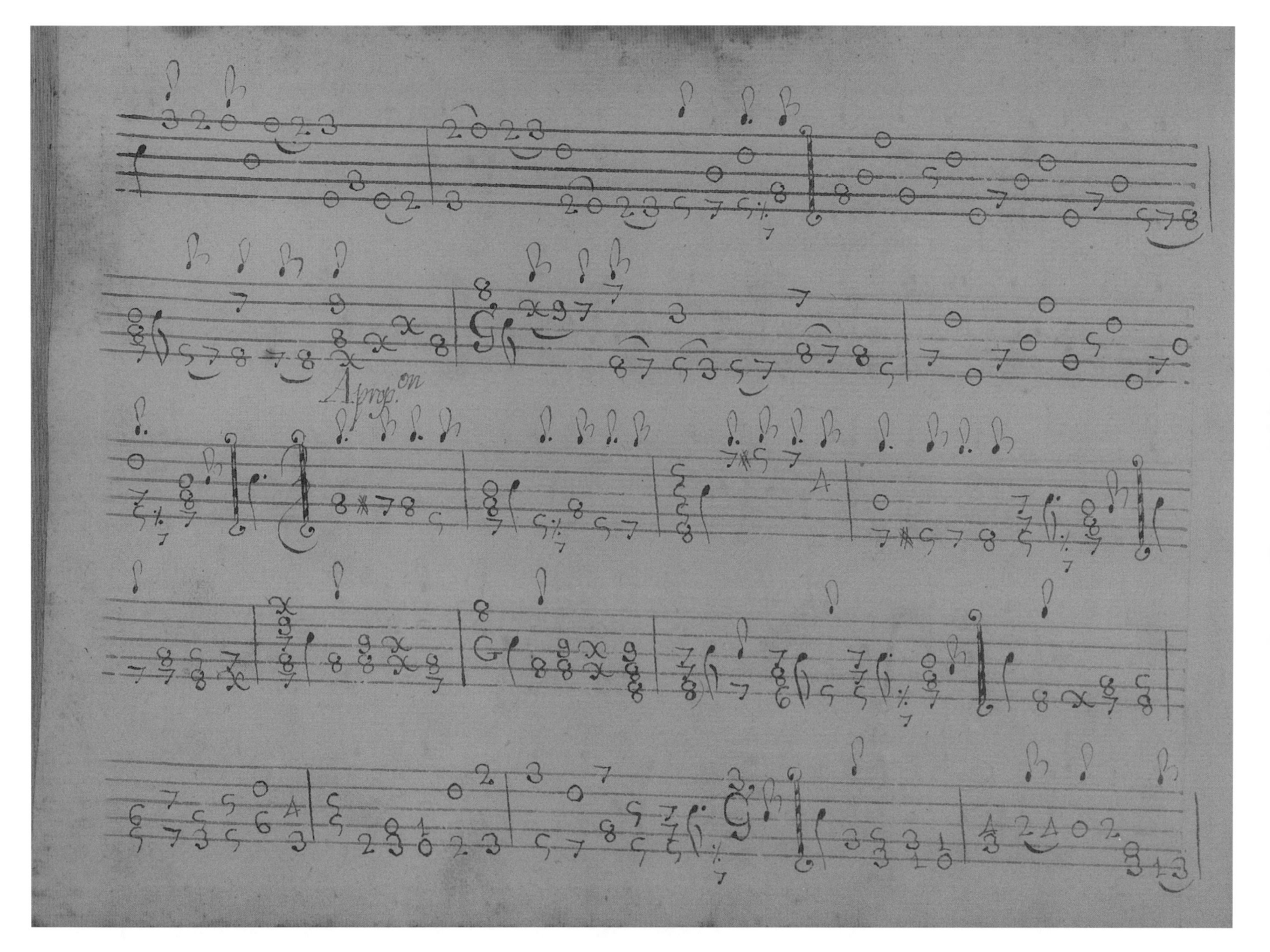

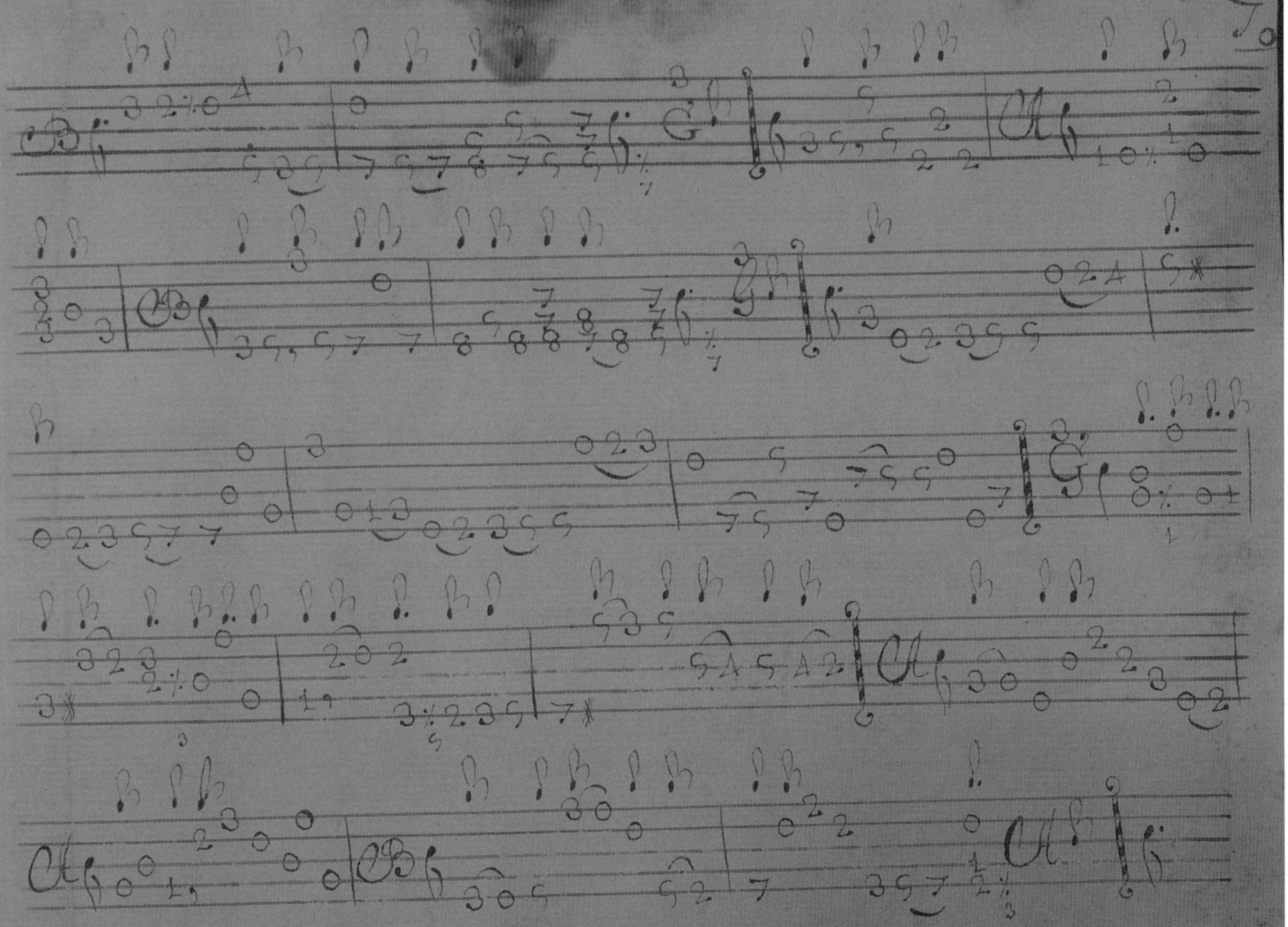

[Folio 71 and following are missing. Between folio 70 and the back cover is bound a copy of *Resumen de acompañar la parte con la guitarra* (1714); see page xv of the main edition for a discussion of this newly discovered copy of Murcia's book.]